景観人類学

身体・政治・マテリアリティ

河合洋尚 編

まえがき

社会・文化人類学が扱ってきたトピックは多様であり、親族、宗教、政治、経済、生態、医療、観光、都市など多岐にわたる。しかしながら、人類学の歴史において景観というトピックは、長いこと注目を集めてこなかった。ところが、一九九〇年代に入ると、景観人類学（landscape anthropology）という領域が英語圏を中心として新たに出現し、景観人類学を標榜する著作や、関連の論文が次々と刊行されるようになった。ここ数年、日本でも景観人類学に関心を寄せる研究者が現れており、景観をトピックとする著作や論文もみかけるようになっている。

こうしたなか、二〇一二年九月、本書の十一名の執筆者は、国立民族学博物館の共同研究会「ランドスケープの人類学――視覚化と身体化の視点から」を組織し、約二年半の間、国立民族博物館で数度の研究集会をもった。本書は、その共同研究会の発表および議論に基づき編集したものである。

本書の目的は主に三つある。第一は、景観人類学が日本でまだ馴染みが薄いことに鑑みて、この分野の基本的な視点や手法について紹介することである。特に、本書の序論で景観人類学の概略を説明し、また、各章で各々のテーマと関連する先行研究をとりあげる。第二は、景観人類学の視点や手法に基づき、各々の調査地における事例を考察することである。各執筆者は、事例の考察を通して、景観人類学がどのような問題に、いかように取り組むのかを示す。第三は、景観人類学の先行研究を各々の事例から批判的に検討し、新たな視点や切り口を提示することである。

国立民族学博物館での共同研究会や学会などを通して実感したのは、景観人類学を一冊の本にまとめるのは難しいということである。というのも、景観人類学にはいくつかの異なる潮流があるうえに、個々の研究者が思い描く「景観」（および類似語である「風景」「環境」）の概念、およびそれへの人類学的なアプローチのあり方に違いが大きいからである。実際、本書の執筆者の間でも、「景観」をどのように「人類学的」にアプローチするかの見解は必ずしも一致していなかった。

そうした多様なアプローチが存在すること自体が景観人類学の魅力でもあるため、本書は、各執筆者の見解を特に一つの枠組みに収めることはしていない。ただし、各章の内容や定義に不一致がないよう、本書では、景観人類学のいくつかの方向性のうち、社会・文化人類学、特に副題にもなっている身体・政治・マテリアリティをキーワードとし、その範囲内での議論に焦点を定めている。また、「landscape」のニュアンスからも知れるように、景観は「まなざし」（視覚）に重点が置かれる傾向が強いが、実際には視覚以外の身体感覚や記憶がかかわることもある。それゆえ、本書は、景観を「人間の文化的意味が埋め込まれた環境」と広く定義している。

本書の各章では、それぞれ異なるテーマが扱われている。具体的には、移民（第一章）、徒歩（第二章）、音風景（第三章）、村落（第四章）、巡礼（第五章）、コミュニケーション（第六章）、都市（第七章）、開発（第八章）、文化財（第九章）、エコポリティクス（第十章）、及び地図（第十一章）をテーマとし、それぞれを景観とのかかわりから論じている。地域的にも、日本、中国、カンボジア、インド、サウディアラビア、スペイン、アメリカ、ソロモン諸島、ツバルなど広範囲に及ぶ。各章のアプローチも一様ではない。ただし、いずれの章も、テーマ毎の研究史をレビューし、景観人類学の議論において新たな視点を導き出す工夫をしている。また、本書は専門書ではあるが、景観人類学という領域について紹介することが目的の一つにあるため、なるべく平易な文章で議論を展開するよう、各執筆者にお願いした。

景観人類学は、景観という脱領域的なトピックを扱っているだけに、地理学、建築学、考古学、文化遺産研究などの諸領域との対話や共同研究を促進する可能性もある。本書が、人類学だけでなく隣接領域との対話と協力を促し、新たに研究を進展させるきっかけのひとつになることを願っている。

編　者

目　次

目次

目次

序論　景観人類学の動向と本書の枠組み

河合洋尚

一　はじめに

景観人類学（landscape anthropology）は、比較的新しく確立された人類学の下位分野である。景観人類学という名称は、一九九〇年代から英語圏を中心に出現し、その後、数多くの著作や論文が英語で出版されるようになった。日本ではまだ広く知られる領域とはいえないが、この分野と関連する研究は次第に増え始めている。本書は、こうした現状に鑑み、各執筆者が調査してきた地域の事例から、景観人類学の先行研究を踏まえつつ、その意義と課題について考えることを目的とする。

景観は、長らく地理学、建築学、都市工学などが取り組むトピックであるとみなされてきたため、人類学においては周辺的な位置にあり続けた［Hirsch 1995: 1］。もちろん今日の景観人類学に通じる研究は早くからなされてきたが、それらは必ずしも景観研究の枠組みでは語られてこなかった。しかし、生態学、物質研究、都市空間論などの分野で、人間と景観の間の文化的なつながりに注目が集まるにつれ、人類学は景観の研究に正面から向き合うようになった。一九八九年には、ロンドン大学で景観人類学にまつわる学術会議が開かれ、この分野への関心が高まった。

景観人類学は、人類学の内部で独自に発展したというよりは、むしろ隣接諸分野の影響を受けて展開した。それだけに、同じ景観人類学と名乗っていても、いくつかの異なるアプローチがある。また、景観という言葉一つとってみても、環境の言い換えで用いられることもあれば、「landscape」の言葉に含意されるような環境（土地）への「まなざし」を指すこともある。それゆえ、本書は、景観人類学のいくつかのアプローチのうち、社会・文化人類学（以下、人類学と称する）、特に身体・政治・マテリアリティの三つのキーワードにかかわる範囲に議論の焦点を定めるに留めている。また、本書は、全体の統一を図るため、環境を「自然や建築などのマテリアリティ（物的存在）」、そして景観を「人間の文化的意味が埋め込まれた環境」［Crumley 1994: 6］と定義している（風景やランドスケープは基本的に景観と同義とする）。

二　内的景観と外的景観への視座

景観人類学は、人間と環境の間の関係性を考察する分野である。人間は、生活を営むなかで知識、価値観、行為などの「文化的意味（cultural meanings）」を周囲の環境に付与する。また、逆に環境に埋め込まれた文化的意味が、視覚などを通して、人間の認知や行為に影響を及ぼすこともある。景観人類学は、文化というフィルターを通して、人間と環境の相互性を読み解くことを、研究の出発点とする学問分野といえる。

こうした景観をめぐる研究は、実際には近年ようやく登場したというわけではない。特に、一九六〇年代以降に興隆した象徴人類学や認知人類学には、類似の視点に基づく研究が数多くある。たとえば、象徴人類学は、聖

／俗、男／女、陸／海のような二項対立の記号が、いかに家屋や村落などの環境に投影されているかを、現地語と文化的なカテゴリーから考察してきた。

しかしながら、一九九〇年以降に台頭した景観人類学は、二つの切り口ないし方向性がある点で新しい。この二つの切り口は、二種類の異なるタイプの景観を対象としている。英語圏で初めて景観人類学をタイトルとして編まれた『景観の人類学——場所と空間についてのパースペクティブ』の序論で、ハーシュとオハンロンは、景観人類学の二つのアプローチを次のように説明している［Hirsch and O' Hanlon 1995］。

一つは、現地に住む人びとが彼らの周囲環境を名付け、分類し、認識する過程を民族誌資料として提示するものである。この方向性は、象徴人類学や認知人類学による環境認知研究の系譜を組むものといえる。特定の民族集団がいかに彼らの世界観や宇宙観を環境に付与するかを探求する研究は、景観の概念を使わずとも、一九九〇年代に景観人類学が提唱される前から存在していたといえる。この方向性は、現地で生活を営む人びとが彼らの文化的意味を環境に付与する経緯を考察する。ここでは人びとの生活実践によって形成される景観Aを研究の対象とする。

もう一つは、学者、芸術家、実業家、プランナーなど文化表象の主体が、「他者」の環境を描き出す力学を考察するものである。外部者が現地の環境を描き出すことにより、風景画のようなエキゾチック、またはノスタルジックな景観を創造する過程が研究の対象となる。この方向性は、文化を書く学者や芸術家に限らず、実業家、プランナー、施政者など外部の観察者が現地の特色ある文化要素を拾い出し、それらを政治経済的利益のために環境に埋め込む力学を考察する。ここでは観光ガイドブックや都市計画で描かれるような景観Bの形成過程が研究の対象となる。

以上の二種類の景観（景観A／景観B）は、景観人類学の議論において、記憶の／としての景観［Küchler 1993］、一次的／二次的景観［Hirsch 1995］、外的／内的景観［Stewart and Strathern 2003］など、言葉を変えて繰り返し言及されてきた。

たとえば、スチュワートとストラザーンは、アイルランドの湖上住居の例を挙げ、二種類の景観の差異について説明している。湖上住居は現在「野性的かつ特異なケルト人」が住む景観として世間でみなされており、観光化にも活かされている。しかし、彼らによれば、こうした景観イメージは、十七世紀のイギリス軍が作成した絵地図に基づき、他者が勝手につくりあげたビジョンにすぎない［Stewart and Strathern 2001: 97］。湖上住居に住むアイルランド人は、彼らのしきたりや生活実践に基づき、こうした外部者から与えられた景観のイメージとは異なる、別の文化的意味を環境に付与しているのだという。この事例から、スチュワートとストラザーンは、実際に生活を営む「当事者＝内部者」が形成する景観を内的景観（inner landscape）、生活の外側にいる観光客など「他者＝外部者」が形成する景観を外的景観（outer landscape）と呼んで区別した。

このように内的景観と外的景観は、それぞれ景観Aと景観Bに対応している（本書は以下、内的景観と外的景観の用語を主に用いる）。内的景観と外的景観の違いについては、スチュワートとストラザーンだけでなく、これまでも多くの研究者が指摘してきた。そして、内的景観と外的景観、およびその関係性をめぐり、景観人類学では主に三つの研究の流れが生み出されてきた。

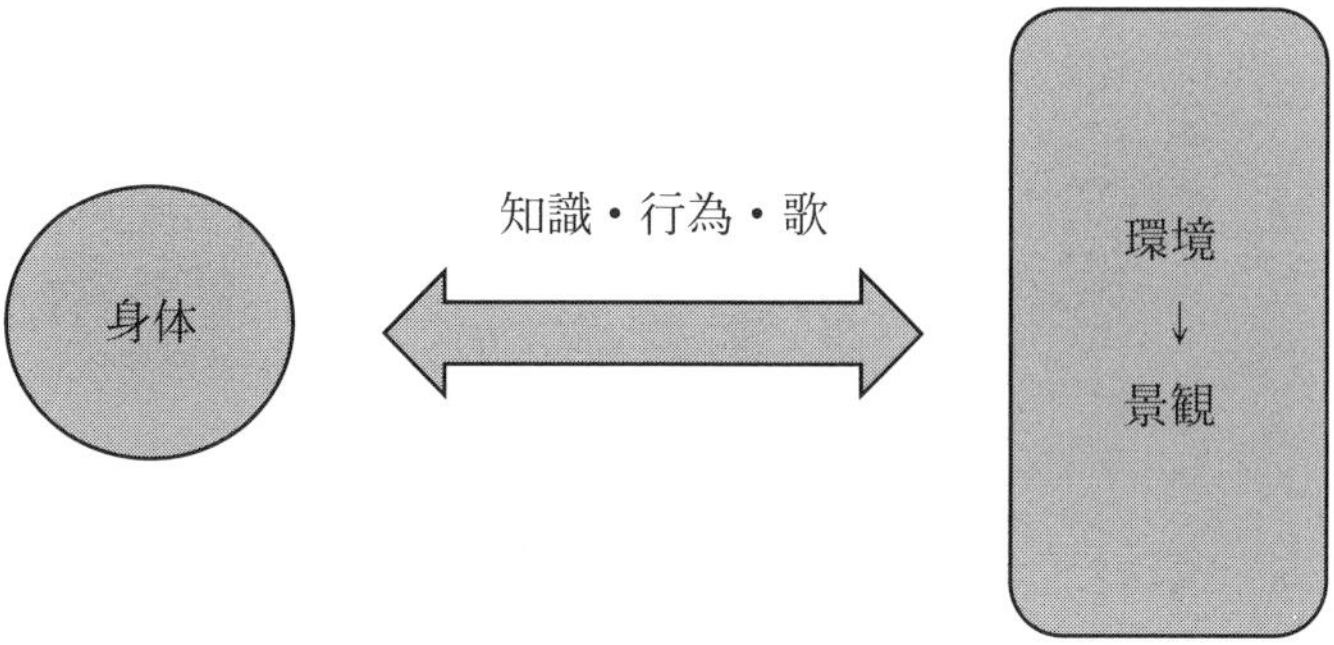

図０−１　内的景観の形成と作用

三　景観人類学における三つの研究動向

１　内的景観へのアプローチ

前述のように、人間と景観の関係性を論じる研究は、象徴人類学や認知人類学の環境認知研究で、すでに豊富な研究蓄積がある。とりわけ内的景観をめぐるアプローチは、これらの研究の延長線上にあるといえる。

内的景観をめぐる人類学的研究の出発点は、図０−１にみるように、日常における身体実践を通して環境に文化的意味を投影していく様相を解読することにある。景観人類学では、人びとの環境をめぐる知識とともに身体実践も研究の対象としている。たとえば、ある聖地は、礼拝したり歌ったりする行為が伴うことで、そこで生活する人びとにより、神聖であると認知される。人びとはまた、そうした聖性の再生産のなかで祠を建てたり岩に文字を刻んだりするため、環境というマテリアリティも不断に変化していく。逆に、マテリアリティの変化に応じて彼らの身体実践が再生産されることもある。

内的景観をめぐる研究は、このように身体実践とマテリアリティとの相互影響と再生産を基本的なアプローチとしている。ただし、一九九〇年代以降に登場した景観人類学の諸研究が、従来に比べて現地住民の

「個」や「動態」に、より着目するようになった点は注目に値する。つまり、象徴人類学や認知人類学は、二項対立的な記号や現地語に基づく分類を用いて環境への意味付与を論じてきたが、現地の多様性や時代による変化を考慮することが少なかった。それに対して、景観人類学は、現地の人びとによる環境認知が多様であり、時代により変わりうることを認めている。その一方で、個々の成員が対話を通じて景観の文化的意味を共有する側面について、関心を払うようになった。

一例を挙げると、アメリカの人類学者であるケイス・バッソは、アパッチの人びとが、道行くところどころに名をつけ、物語を付与する行為に着目した。彼は、その行為によって集団の価値観や起源神話などが環境に埋め込まれるとともに、その文化的意味が感覚的に共有されることで景観が持続している様相について指摘している。そのなかで、バッソは、このような文化的意味を所与のものとするのではなく、個々人の対話を通じて身体に刻みこまれ継承されていく動態的な過程を論じている［Basso 1996］。

こうした視点の転換の背景には〈場所〉をめぐる議論が関係している。〈場所〉は、人間の経験、思考、感情などが埋め込まれた領域であり、人びとはここで出自を確認し、親族や仲間の網の目に組み込まれ、記憶やアイデンティティを共有する、生活の舞台である［Tilley 1994: 15-21; オジェ 二〇〇二：二四四－二四五］。ただし、近年の人類学において、〈場所〉は、従来の人類学が想定してきた同質的な生活領域ではなく、個人や集団が対話や競合を通じて構築する生活世界としてみなされている［Appadurai 1988; Rodman 1992］。景観人類学では、こうした〈場所〉概念を参考とし、それまでの研究のように、一つの集団による一つの文化的意味を静態的にとらえようとはしない。さまざまな背景をもつ個人や集団が環境に働きかける、動態的な過程を探求しようとする。

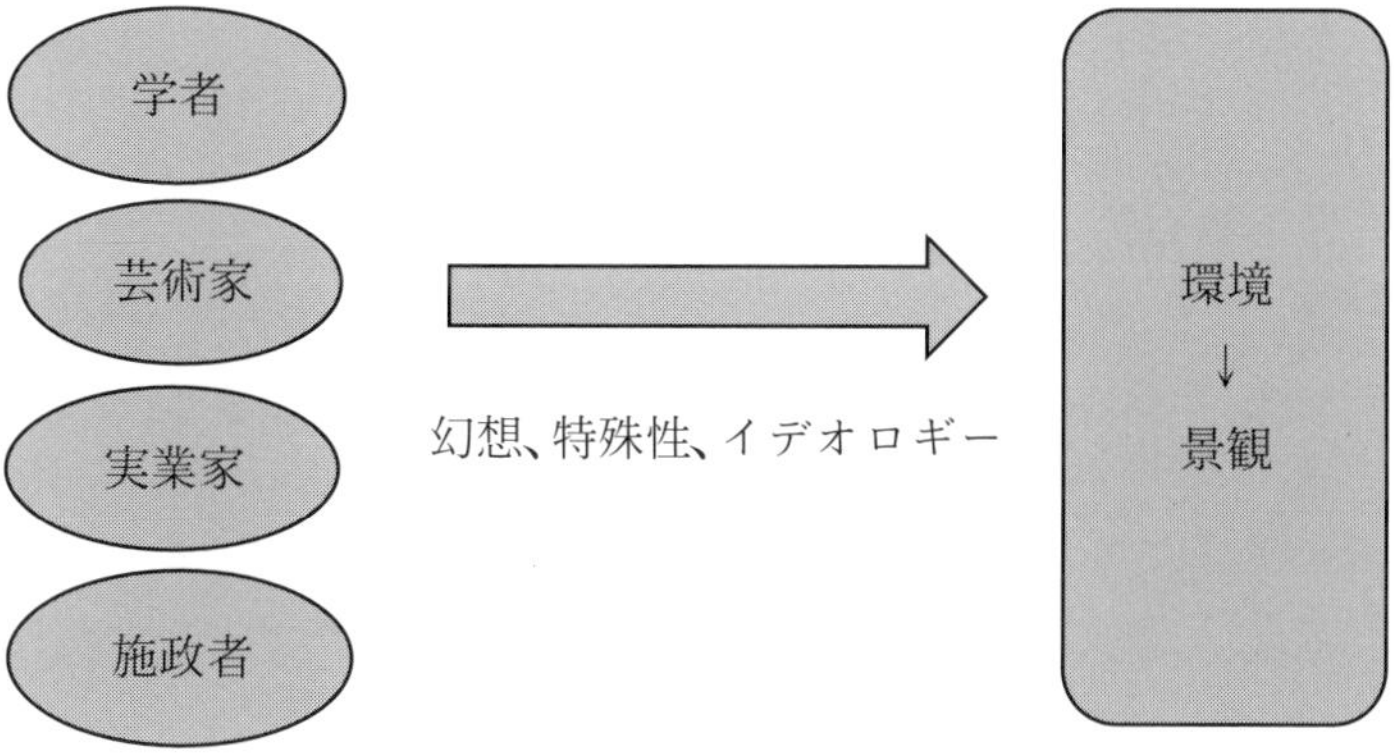

図０－２　外的景観の形成と作用

2　外的景観へのアプローチ

一九八〇年代後半、人類学においてポストモダニズムの影響が強まり、そのなかで文化を書くという民族誌的記述の営為に反省が促されるようになった。この問題は文化表象の危機とも呼ばれる。人類学者は、一般的に海外（時として国内）に赴いて長期のフィールドワークをし、現地の社会・文化を記録する。しかし、ポストモダニズム批判では、文化を書くことが決して中立ではなく、書き手の意図が恣意的に投影されることが問題視されることとなった［クリフォード&マーカス 一九九六］。そして、書き手の意図により部分的事実が捨象されることで、エキゾチックな、あるいはノスタルジックな異世界のイメージを生産してきたことに反省が促されるようになったのである。

文化を書くという問題において景観人類学が新しいのは、それを民族誌記述の技法の問題としてではなく、別の方向に発展させたことである。つまり、景観人類学は、文化の諸学が民族誌に主観的な恣意性を込めるのは避けられないことを前提としながら、それがどのように現実の景観を生み出す装置となってきたのかを追求する方向性を採択した。こうした問題意識は、文化表象を、レトリックの問題としてだ

写真0－1　中国の昆明長水国際空港では、ハニ族の景観を如実に表すイメージとして、キノコ型の家屋が使われている（筆者撮影）

けでなく現実社会を生み出す装置としてとらえる『アフター・ライティング・カルチャー』の議論［James, Hockey and Dawson eds. 1997］とも連関している。すなわち、文化を書くことにより、風景画のような空想（文化的意味）を現実の環境に付与し、外的景観を形成していく権力性が探求されるようになったのである。

すでに述べたように、外的景観とは、他者（学者、芸術家、実業家、施政者など）により政治経済的な目的で形成される景観を指す。他者は、異社会の特徴を認識し、自社会にはない一部の（特殊な）文化を拾い出し、それを資源となす。そして、他者は、それらの文化資源を環境に付与することで、風景画のような幻想の景観を現実につくりだすのである。

他者が政治経済的な目的で外的景観をつくりだすとき、基盤となる地理的領域が〈空間（space）〉である。〈空間〉とは、行為者が政治経済的な目的を達成するために線引きした資源領域を指しており、具体的には国家や地区など、政治的に境界づけられ資源とされうる領土が該当する。というのも、施政者などは、こうした政治領域を基盤として文化を資源化し、外的景観を形成するからである。

たとえば、中国という〈空間〉では、水墨画のようなカルスト地形の山、豪華絢爛な廟、風水によりつくられた村落などが特殊な文化として選ばれ、それが保護されたり再建されたりすることで、外的景観を形成する。より小さい領域をみると、中国のハニ族村落は、キノコ型の茅葺屋根を備えた家屋が特色ある景観とされ、保護される（写真0－1）。この種の住居は、ハニ族地域の全てにあるわけではないが、この民族の特色を表すという理由から、今まで使われていなかったものまで保護・再建の対象となる。しかし逆に、それ以外の「特色ない」伝統住居は破壊されるというように、〈空間〉のなかで排除のメカニズムがはたらくのである。

このように外的景観は、国家や企業などの利益に応じてつくられていくが、そこに住む人びとの生活を考慮したものになっているとは限らない。すなわち、外的景観を形成するメカニズムは政治的な営為であるため、人びとの身体実践とは噛み合わないことがある。そのため、実際に生活を営む人びとが形成する内的景観は、外的景観と対立し、齟齬をきたすことがある。

3　内的景観と外的景観の競合

このような異なる景観の間の対立や齟齬は、景観人類学において「競合」(contestation) の概念で表されることが多い。内的景観と外的景観の競合をめぐる研究において、最も豊富な研究蓄積があるのはオセアニアの民族誌的研究である。なかでもオーストラリア北部の諸研究では、先住民による内的景観と、白人による外的景観の差異と対立が、繰り返し論じられてきた。ロバート・レイトンらによれば、オーストラリア先住民は、「ドリーミング」（祖先の神話伝承）などを通して周囲の環境を祖先の創造物として意味づけ、個々人が、それぞれの土地と霊的に結びついている。それに対して、白人は、彼らの居住環境を功利的なまなざしでとらえ、空間を囲い込み、分割し、規制する景観として位置づけている［Layton 1997; Morphy 1993; Strang 2003; etc.］。ここから、レイトンは、オーストラリア先住民と景観との結びつきは感覚的なものであり、合理性を重視する西洋の環境知覚からはとらえることが困難であると論じた［Layton 1997: 138-140］。

このような内的景観と外的景観の対立や齟齬は、ペルー［Gow 1995］、ギリシャ［Caftanzoglou 2001］、マダガスカル［Harper 2003］などの事例でも報告されており、同様の研究は枚挙に暇がない。そのなかで、景観人類学が特に強調してきたのは、内的景観と外的景観の差異を理解したうえで、前者の重要性に、より注意を払うことである。人類学はフィールド科学であり、実際に生活を営む人びとの文化や世界観を調べることを主な研究目的とする傾向が強いからである。特に開発や文化遺産保護において、人びとの生活と密接にかかわる内的景観を重視することは、生活者の権益を守る応用的アプローチにもつながる。

四　景観人類学の三つの位相

このように景観人類学には、内的景観と外的景観の形成を個別に検討するか、もしくは両者の競合を論じるアプローチが存在する。それぞれを身体・政治・マテリアリティというキーワードのもとで再度整理すると、次のようになる（図０－３を参照）。

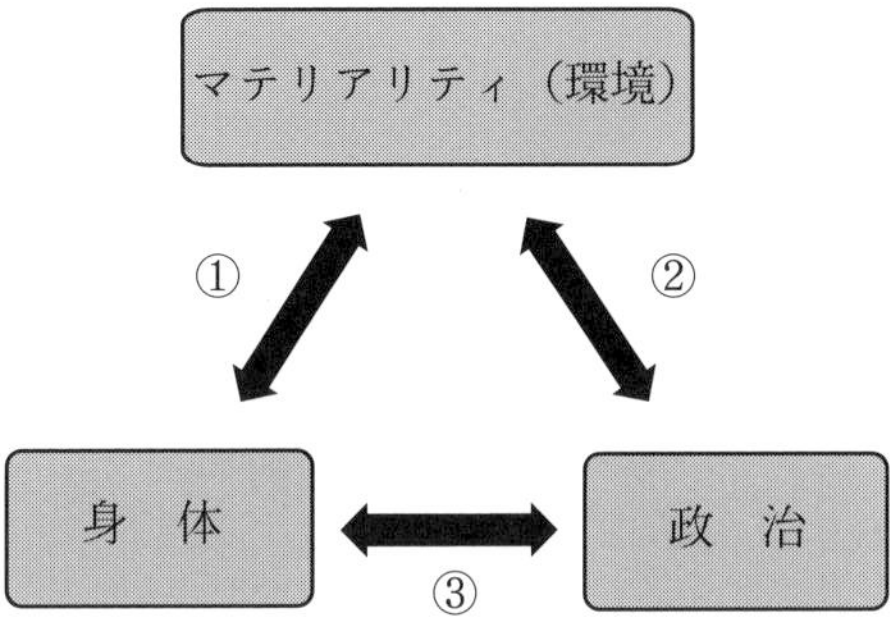

図０－３　景観人類学の三つの位相

第一に、内的景観をめぐる先行研究は、身体実践とマテリアリティ（環境）の相互関係に焦点を当てる。すなわち、一方で、人類学者は、生活を営む人びとが身体実践を通してマテリアリティに文化的意味を付与する過程について考察する。他方で、景観に埋め込まれた文化的意味が、人びと（地域住民など）のまなざしや行為に影響する側面も考察の対象とする（①）。

第二に、外的景観は、学者、芸術家、実業家、プランナー、施政者などの他者が、政治的権威や経済的利益を得るために、一部の「特殊な」文化を拾い出し、それを環境に付与することで形成される。それゆえ、外的景観をめぐる先行研究は、他者が表象したイメージ（文化的意味）がいかに使われ物質的に表現されるかという、文化の政治学に着目してきた（②）。

だが、ここで対象とされる文化的意味は、資源として政治的に利用されるものであるため、必ずしも身体実践と結びついていない。したがって、第三に、身体実践を出発点として形成される内的景観と、政治表象を出発点として形成される外的景観とでは、ズレや軋轢などの競合が生じるというのである（③）。

本書は、こうした身体・政治・マテリアリティという三つの位相よりなる図式を、仮に「景観人類学の三つの位相」と名づける。そのなかで従来の人類学は、象徴人類学や認知人類学に代表されるように、身体とマテリアリティの関係性に焦点を当てる傾向が強かったが、その反面、都市計画における民族文化の資源化などの、文化の政治学に対する関心は薄かったといえる。それに対して、一九九〇年代に台頭した景観人類学は、それまでの研究蓄積を継承しながらも、近代化、グローバル化、植民地主義、文化表象、視覚と審美眼の権力性といった視点を導入した点で新しい。言うまでもなく、このような視点が景観人類学に導入された背景には、当時の理論的動向であったポストモダン人類学において、ポリティカル・エコノミーや文化の政治学に対する関心が高まっていたことと無関係ではない。

ただし、景観人類学がさらに重要であるのは、景観をめぐるポリティカル・エコノミーや文化の政治学といった問題に配慮しつつも、それらに収斂されることなく、人びとの身体実践を描き出してきたことである。景観人類学は、近代化やグローバル化の波にさらされても、祖先から受け継がれた知恵や行為を重視したり、個々人やマテリアリティとの関係を通して新たな実践を生成したりするような、身体実践を追っていくことを研究の出発点としている。すなわち、景観人類学は、現地で生活を営む当事者の身体実践をフィールドワークにより調べることで、人間と土地（景観）との感覚的なつながりを論じることに、重点を置いている。また、この分野では、景観をめぐる多様な主体のせめぎ合いとポリティクスを考慮に入れつつ、祖先から受け継いできた土地とのつながりを論じることもある。そうすることで、本質主義に還元されない形で、〈場所〉における文化の蓄積や持続について論じることも可能にしているのである。

このように景観人類学は、景観論だけでなく現代人類学においても一定の意義をもつと考えられるが、その一方で、いくつかの課題を抱えている［河合 二〇一三］。とりわけ、景観人類学は、内的景観の担い手である「当事者＝内部者」と、外的景観の担い手である「他者＝外部者」とを二項対立的に区別する傾向がある。そのなかで、一体誰が当事者で誰が他者であるのかという議論がなされることは少ない。また、異なる主体により形成された内的景観と外的景観は、相容れぬ存在として対立的にとらえられており、両者の相互転換や併存が論じられることはほとんどない。したがって、景観人類学では、今その問題を改めてとらえ直すことで、二元論的区分に収斂されることなく、それを超える新たなアプローチを導き出すことが求められている。これもまた、本書の問題意識の一つとなっている。

五　本書の内容と構成

本書は、三部で構成されている。各章は、まず、景観人類学の視点と手法に基づき、あえて内的景観と外的景観を軸とする事例の提示と考察をおこなっている。そして次に、景観人類学の問題点と課題を再検討することで、従来の二元論的区分を乗り越えるアプローチをし、各自の調査データから模索することが共通の関心となっている。そのために、本書は便宜的に、全体を、身体とマテリアリティ、身体と政治、政治とマテリアリティの三部に分けて論じる。

1　身体とマテリアリティ関係の再考――移動性と一時性

内的景観をめぐる研究では、身体実践とマテリアリティ（環境）の相互行為に焦点が当てられることが多い。ところが、先行研究の多くは、その担い手として、地域住民のような、現地で長らく居住してきた当事者を想定してきた。しかし、身体実践をおこなう主体が地域住民ではなく一時的な移住者である場合、当事者とは誰かという問題が発生する。移住者は、現地において生活を営む当事者であると同時に他者でもあるため、当事者／

他者という二元論的区別からはみ出す存在となりうるからである。第I部の四つの論文は、移住者や一時的な利用者に焦点を当てることで、身体実践とマテリアリティとの関係性をとらえなおすことを目指している。

まず、第I部は、移民と景観の問題に焦点を当てることから始める。景観人類学において、グローバルな移住と景観をめぐる研究は、『競合される景観——移民・亡命・場所』に代表されるように一定の蓄積がある。その編者の一人であるバーバラ・ベンダーは、「移動内景観（landscape in movement）」の概念を提示し、移動先の見知らぬ土地で母国と似たような景観をつくりあげている点に注目するよう呼びかけた［Bender 2001: 7］。景観人類学の移民研究では、移民は異なる景観をもつ他者として描かれており、それが古くから居住する地域住民や学者といかに競合するかが論じられている［Ucko and Layton eds. 1999: Bender and Winner eds. 2001, etc.］。

これに対して、椿原論文（第一章）は、ロサンゼルスのイラン系移民に焦点を当て、移民たちが日常生活によって涵養される内的景観と、ホスト社会の価値付けによる外的景観の両方を内面化していることを指摘する。具体的に、椿原は、ロサンゼルス市の一角が市によって公的にペルシア・スクエアと名づけられていく過程について論じる。彼女は、イラン人居住者やイラン系ビジネスの集積度が高い地域が他に存在するにもかかわらず、ウエストウッド地域にペルシア・スクエアが現れた諸条件を検討する。なかでも、一時的に立ち現れる景観であるイラン暦の元日ノウルーズの祝祭が、内的景観と外的景観の交差する場としてペルシア・スクエアを出現させることに果たした役割を指摘している。椿原の論考は、移民たちの景観の一時性や複数性に着目することで、これまでの景観人類学で強調されてきた内的景観の担い手である「当事者」と、外的景観の担い手である「他者」という二項対立的差異化を乗り越える試みといえる。

次に、土井論文（第二章）は、徒歩という身体実践に着目している。前述のように、景観人類学の研究の大半は、特定の〈場所〉に定住する「移動しない人びと」を対象とするか、もしくは、アルジュン・アパデュライのスケープ論［Appadurai 1995］のような、グローバル規模の移動や流動性に着目してきた。しかし、土井の論考はそのいずれでもなく、イベリア半島北部にある「サンティアゴの道」という徒歩道を対象として、世界各地からやってくる遊歩者が、方角、進路、リズムを共有することで、類似した景観をともに認知し、形成することを民族誌データから示している。本章の研究対象である「サンティアゴの道」はユネスコの世界遺産にも登録されており、壮大な大聖堂などの目立つ建築物がある。しかし、土井によれば、見栄えの悪い道端の小石の山なども遊歩者にとっては大聖堂と同等の価値をもつ物理的要素であり、彼らは双方のランドマークをとり入れながら、独自の景観をつくりだす。土井の論考は、徒歩という身体実践を通して、旅行ガイドブックで描かれるような外的景観をとり入れつつ内的景観をつくりあげるという、興味深い論点を提示している。また、本章は、徒歩と景観という、あまり馴染みのない領域を新たに切り開くものとなっている。

続いて辻本論文（第三章）は、音の景観（風景）、すなわちサウンドスケープをとりあげる。一般的に景観というと特にまなざしを連想させるため、景観人類学では視覚に着目する傾向が強い。しかし、視覚と聴覚は分けて考えることができない。人びとは、歌、音楽、環境音を聞くことで、景観を視覚的に想起したり、景観に内在する文化的意味を読み取ったりするからである。もちろん景観人類学において聴覚が全くとりあげられてこなかったわけではない。辻本論文は、まずサウンドスケープにまつわる先行研究を紹介した後、香港の龍舞をめぐる事例から、音を出す身体性の問題を論じている。

辻本によれば、龍舞の担い手であるN会は、政府公認の団体ではあるが、練習場を提供されていないため、

「ホンモノ」の音を出すことができない。あまり大きな音を出すと周囲から苦情がくるからである。しかし、旧正月になると龍舞が出す音は、香港人がイメージする正月風景の一部として一時的に受け入れられるため、演奏者は、その状況を利用して「ホンモノ」の音を演奏する技術を習得する。この事例から明らかであるのは、市民の音をめぐる価値観の変化に合わせて、音を出す主体としての身体が構築されていくということである。

他方で、里見論文（第四章）は、ソロモン諸島のマライタ島に住む「海の民」あるいはアシの人びとを研究対象とし、オセアニアをめぐる景観人類学的研究に再考を促している。オセアニアは、内的景観をめぐる人類学的研究が最も盛んになされてきたエリアの一つである。その先行研究の多くは、現地の人びと（特に先住民）が彼らの歴史や社会関係を環境に付与し、儀礼などを通してそれを読み取る姿を、人類学者が記述するというものであった。しかし里見は、このモデル（彼はこれを表象–解釈モデルと呼ぶ）には、人びとと景観との間の豊かな文化的意味や、ゆるぎない関係性が予め想定されてきたことを批判する。それに対し、彼が研究対象としてきたアシは、マライタ島の内陸部から海上へ、さらには海上から海岸部へという複雑な移住を経てきた人びとであり、それゆえこの人びとにとって、現住地の景観は、祖先と関わる知識を安定的に提供してくれるものではない。加えて、二十世紀を通じたキリスト教の受容により、この人びとと景観との関わりは大きく変化してきた。たとえば、かつて祖先崇拝儀礼が行われていた「バエ」と呼ばれる巨大な樹木の茂みは、キリスト教徒になったアシにとって不安を与える景観となっており、「バエ」をめぐる偶発的な出来事がアシの意識や行為を常に揺り動かしているという。この事例は、マテリアリティのあり方が身体実践を不断に左右していく動態的な過程を明らかにしている。里見の論考は、移住や歴史的変化に着目することで、当事者と他者の対立項を切り崩し、身体とマテリアリティの関係が予定調和的でなく、状況依存的であることを示している。

以上の章は、一つの〈場所〉に定住していない人びとを対象とすることで、景観の移ろいやすさや不確定性について論じている。もちろん本書は、身体とマテリアリティの間の安定的な意味付与を論じた従来の内的景観の議論を、否定するものではない。里見が表象―解釈モデルと呼ぶものは、古くから〈場所〉に定住する人びとを研究対象とする場合には、何の違和感もなく受け入れることができるかもしれない。しかし、第Ⅰ部の各章の事例と考察から明らかであるのは、時として当事者／他者という区分は曖昧だということである。また、日常的な身体実践が、一時的に他者がイメージする景観に転換されるなど、内的景観／外的景観の区別を固定的に見ていては説明できないような事象を、移動性や一時性に注目することで垣間見ることもできる。

2　身体と政治関係の再考――競合と相律

前述のように、景観人類学では、内的景観と外的景観を分け、両者が競合する過程について論じられてきた。第二部では、こうした競合論のモデルに従い、内的景観と外的景観のズレと軋轢が、どのように生じているのかを考察することから始めている。そして、内的景観と外的景観の競合を再検討することで、新たなアプローチを導き出す。

まず、安田論文（第五章）は、イスラームの聖地として有名なマッカ（メッカ）をめぐる景観問題をとりあげている。二〇〇〇年以降、サウディアラビア政府がカアバ聖殿周辺の再開発プロジェクトに着手し、高層のアブラージュ・アル＝バイト（ザムザム・タワー）や高級ホテルを次々と建設するようになった。サウディアラビア政府にとって、これらの建造物は、マッカ巡礼の近代化、イスラームとしての自信と誇り、聖地の守護神としての威信を付与した外的景観である。ところが、こうして創出された新たな外的景観は、「商業主義の象徴」として巡礼者により否定され、失望のまなざしをもってとらえられた。そのなかで巡礼者の間で急速に広まったのが「セルフィー」（自撮り）である。巡礼者は、聖地での自撮りをおこなう際、アブラルージュ・アル＝バイトや高級ホテルなどの景観をカメラの枠から外し、カアバ聖殿と聖モスクをバックに撮影することを好む。さらに、個々の巡礼者は、その自撮りした写真をソーシャル・メディアに掲載し、それを確認し合うことで、「イスラームやマッカ巡礼をめぐるホンモノの意味」が付与された内的景観を共有していくのである。

安田の論考は、外的景観と内的景観の齟齬を論じているだけでなく、新たな情報技術を通して、内的景観の意味が〈空間〉を超えて形成されていることを指摘している点で斬新である。

次に、第六章の岩田論文は、京都の先斗町と嵐山を比較し、類似した価値観やコミュニケーション様式をもつ社会空間＝「場」に着目している。岩田によれば、先斗町では二〇〇一年に地域景観づくり協議会が発足しており、その「場」では、先斗町の景観をどのように維持していくかの規範が共有されている。先斗町は人の入れ替わりが激しいものの、新参者は、この「場の空気」を理解することで、景観をめぐる共通のまなざしを共有していくのである。他方で、嵐山では、企業が比較的高層の施設を建設すると、一部の住民が抗議団体を結成し、彼らの思い描く嵐山の景観を守るための反対運動を展開するようになった。岩田は、個々人が抗議団体や、その後身である嵐山景観まちづくりサロンという「場」に参入するなかで、内的景観をめぐるまなざしを共有していく動態的な過程を論じている。同時に、彼女は、企業側と住民側の競合だけでなく、両者が求める景観の調整や折衷の現象についても論じている。

続いて、河合論文（第七章）も、内的景観と外的景観の競合を論じることから始めている。河合が注目するのは、社会主義体制下にある中国の都市景観である。

中国では、一九九〇年代に市場経済原理を本格的に導入してから、各都市の特色をもつ景観をつくりあげようとする動きが顕著になっている。この動きは、政府の主導のもとで推進されているが、河合が特に注目するのは、民族学者による「文化の類型化」が景観の特色づくりに重要な作用を及ぼしてきたことである。すなわち、表象の主体である学者は、中国各地の文化を「呉越《ごえつ》文化」「巴蜀《はしょく》文化」「嶺南《れいなん》文化」などに分類し、その文化圏の特徴とされる建築や生活様式を選定する。政府や開発業者は、「科学的に」権威づけられた特徴を用いて、外的景観をつくりあげてきたのである。しかしながら、学者や政府により特色とみなされてきた景観は、外部者のイメージに適合するように選ばれているので、実際にそこに住む人びとが接触し保護しようとする内的景観とはズレが生じる。このことについて、河合は、客家地域を例にとり、外的景観と内的景観がなぜ競合するのかを考察する。他方で、河合は、一部の地域住民が内的景観の本質を維持したまま外的景観を自らつくりだす現地の動きに着目し、両者が競合するだけでなく、調整・併存する「相律」のメカニズムついても指摘している。

これまで人類学では、異なる集団により異なる意味が付与されることにより、景観が競合する側面を主に論じてきた。景観をめぐる多様な集団の競合というモデルは、第Ⅱ部の諸事例が示しているように、確かに多くの地域で確認することができる。しかし、この部では同時に、競合論の枠組みでは説明することができない現象が示されている。つまり、内的景観と外的景観は常に対立しているわけではなく、互いに調整し併存することもできる。さらに、外的景観が地域住民にとりいれられることで内的景観に転換することもあるし、逆に内的景観が学者や役人に発見されて外的景観の一部として資源化されることもある。

内的景観と外的景観は、水と油のように相容れない存在なのではない。時として相互に補完し合ったり、相互に転換したりすることもありえる。第Ⅱ部の各章では、内的景観と外的景観の競合が論じられるだけでなく、両者のダイナミックな関係をとらえるアプローチが新たに提示される。

3　政治とマテリアリティ関係の再考――政治表象と応用実践

本書の第Ⅲ部では、人類学者が、実際にどのようにマテリアリティをめぐる政治的行為（表象・修築・保護など）に参与していくべきかという、応用実践の問題に焦点を当てる。

景観を研究の対象とすると、景観問題をどのように解決するのか、どのように景観をデザインするのかといった実践的な方策が問われることが少なくない。しかし、景観人類学では、そこまで展開しない研究が大半を占める。このことは人類学という学問自体の性質と無関係ではない。人類学者のなかには、研究者は中立であるべきで、現地の社会問題にむやみやたらに干渉すべきではないとする立場をとる人びともいるからである。

ただし、人類学では、研究者が現地で活動する限り中立ではありえないという考えから、現地の関心事や社会問題に貢献すべきであるという意見もある。人類学者による社会問題への関与と貢献は、応用人類学やパブリック（公共）人類学［山下編 二〇一四］として展開されている。実際、景観人類学でも、応用実践の問題にまで言及する研究はいくつか存在する。そのうち最も顕著なのは、すでに述べたように、内的景観の重要性と保護を唱える研究である。

そのような立場からトラブルを減少させる可能性を探求することは、景観人類学の一つの視点となっているともいえる。たとえば、西村正雄は、ラオス南部の文化遺産であるチャンパサックを事例として、政府による遺産管理の問題を指摘するとともに、地域住民によるチャンパサックへの記憶や利用形態を調べた。そこから西村は、地域住民による遺産管理のあり方に人類学者がより着目することで、より良い遺産管理が可能になることを指摘した［西村 二〇〇七］。

こうしたアプローチは、第Ⅲ部の出発点となっている。小西論文（第八章）は、景観をめぐる異なる集団の競合に、より深く切り込むことで、インド西北部のタール沙漠で風力タービンが設置されたことによる、一連の葛藤について論じている。

タール沙漠は、他者により沙漠のロマンに溢れた景観としてとらえられ、ラクダに乗って「無」の世界を体験するキャメル・サファリが観光客の人気を博してきた。しかし、最近になりラージャスターン州政府と風力発電所が風力タービンの建設に着手してから、沙漠の景観は大きく変わり、さまざまな葛藤が生み出されるようになった。まず、政府や企業は、この地を支配していた王侯士族集団に特権を与え、その反面、風力タービンの予定地に地域住民が立ち入ることを禁止した。政府や企業にとって、この建設予定地は、栽培に適さない「不毛」な土地であった。しかし、地域住民とっては、英雄神や女神の祠が置かれた聖なる景観であり、彼らの内的景観を構成する重要な要素であった。他方で、風力タービンの出現により、他者が思い描くロマン溢れる沙漠のイメージも崩れ、そのイメージを領有して商売をしていた不可触民やトライブの利益も損なわれた。ただし、風力タービンの設置により王侯士族系の住民は利益を得るなど、階層問題も先鋭化することになった。

小西は、風力タービンの設置により内的景観と外的景観（さらには異なる内的景観の間や異なる外的景観の間）の競合が生み出された経緯を、民族誌データで仔細に描きつつも、〈場所〉において蓄積された知覚（聴覚を含む）・実践・マテリアリティの豊かな混合を重視する必要性を強調している。

石村論文（第九章）も似たような視点から文化遺産保護の問題を議論している。石村は、カンボジアの文化遺産であるアンコール遺跡とロンヴェーク遺跡を比較し、文化遺産と景観保全の問題について触れている。アンコール遺跡は、一九九二年にユネスコの世界文化遺産に登録され、国家組織であるアンコール・シェリムアップ地域文化財保護管理機構（APSARA機構）が遺跡管理などをおこなっている。アンコール遺跡の範囲内にはいくつもの町や村を含み、今なお多くの住民が居住しているため、遺跡の保護と住民の利益が相反することも珍しくない。他方で、世界遺産にはまだ登録されていないロンヴェーク遺跡においては、国家的な管理が十分になされているとはいえない。しかし、そこで石村が注目するのは、ロンヴェーク遺跡内の過去の寺院が衰退・廃絶した後も、同じ所に引き続き寺院が建てられ、信仰が継続している側面である。過去の遺跡や遺物が今日の仏教もしくはネアック・ター（土地神）に転用されることで、ロンヴェーク遺跡は、「リビングヘリテージ」として現在に生き続けている、と石村は指摘する。本章では、地域住民が外的景観の一部を内的景観として取り込んでいく姿を発見し、それをヒントに現地の人びとと協力して遺産を保護するという、応用実践の手法が提示されている。

続く大西論文（第十章）も、日本国内にある文化遺産を扱っている。大西が着目するのは奄美大島である。奄美群島は、二〇一三年に「奄美・琉球」の一部として、ユネスコの世界遺産暫定一覧表に記載され、現在、世界自然遺産への登録を目指している。そのなかで、奄美に暮らす人びとは、自らの歴史、文化、環境などを改めて学んでその価値を発見しようと、「奄美遺産」の運動を展開するようになった。そのうち、奄美の文化的景観の代表例として注目されはじめたのがカミ山である。カミ山は、地域住民から聖地として認識されてきたため、生物多様性が守られ、原生林的な生態系が維持される領域となっている。それは、確かにまぎれもなく自然環境ではあるが、同時に文化的意味が付与された景観でもある。大西は、現地の人びとがカミ山に付与してきた文化的意味とその下での社会的実践の重要性をとらえて、それを保護する草の根の力を考察する。

この章では、地域住民が自らの文化的価値観でもって島の内的景観を発見し、それを外的景観に昇華しようとする試みが論じられている。つまり、内的景観と外的景観を対立的ではなく連続的にとらえ、前者の重要性を評価しつつも後者に接合させていく応用実践のアプローチが、この章では提示されているといえよう。また、内的景観を外的景観へと昇華させる役割を果たす鍵となっているのが、地域住民でありつつ行政に顔の利くインタープリター的人物であることも、付け加えておかねばならない。ここでも当事者／他者の二元論的区別に当てはまらない人物が、景観の形成において重要な役割を果たしているのである。

これまでの三つの論文と比べ、最後の小林論文（第十一章）は、外的景観に、より注視しつつ応用実践にアプローチしている。本章のテーマは地図である。とりわけ小林は、紙の地図に代わってインターネット上で表されるグーグルアースをとりあげ、ツバルの外的景観をめぐる権力性を論じている。小林がフィールドワークをしてきたツバルは、海面上昇により将来的に島が沈むといわれており、それが他者によるツバルのイメージをつくりだしてきた。小林は、島が沈む前にそこの全住民である一万人の顔写真とコメントを掲載する、日本の「ツバル・ビジュアラーゼーション・プロジェクト」を対象とするが、そこではツバルが常に「海面上昇の被害を受けている気の毒な国」と表象されていると指摘する。時折、ツバルの島民が「海面が上昇するとは思わない」というコメントを書き入れても、「万が一のために…資源の無駄遣いはやめるべきだ」というリプライにより、ツバル＝沈む国という表象が再生産される。小林は、新たなメディアの出現により外的景観がいかに再生産されているかを検討する、興味深い論考を提示している。第五章の安田論文と同様、新しいメディアの出現が景観の形成過程に影響している側面は、今後の景観人類学の研究に斬新な視点を提示するものと考えられる。

さらに、小林は、ツバル＝沈む国という外的景観は、一方では危機管理の促進に役立つが、他方で、それを絶対視するのではなく、景観をめぐるせめぎ合いのなかで生産されたイメージであると提示することも、人類学の役目であると主張する。景観人類学の応用アプローチは、内的景観の重視や保護に偏る傾向にあるが、本章は、外的景観の扱いについても論じている点で新しい。

以上にみる視点は、人類学者が景観問題に関与する際に、外的景観を理解するだけでなく、内的景観にも注意を払う必要性について論じている。もちろん景観人類学でいう内的景観は、同じ共同体内であっても多様性をはらむものであり、往々にして、生活者が言葉で語ることのできない感覚的なものである。だから、人類学者は、現地の一部の有識者との話し合いだけで問題解決の糸口を探るのではなく、長期間のフィールドワークにより内的景観を理解したうえで、少しでもトラブルを軽減する方法を探っていかねばならない。

ただし、景観人類学は、闇雲に政策を批判し内的景観の重要性を主張する偏狭な環境保全主義に陥らないよう、注意する必要があるだろう。むしろ、内的景観のあり方を調べたうえで、いかに空間政策および外的景観との折り合いをつけていくのかが求められる。そのためにも、本書の第Ⅱ部で提示してきた、内的景観と外的景観の流動性や調和・併存を考察するアプローチは、こうした折り合いを検討するための一つの糸口になりうるかもしれない。

このように、景観人類学には、現地の人びとと協働して景観問題に取り組むパブリック人類学の方向性が開かれている。しかし、人類学の調査成果は早急に解決に結びつくものではなく、長期のフィールドワークにより事例を積み上げる作業が基本となる。それゆえ、人間と景観との相互関係を丹念に記述していく民族誌的作業を通して材料を提示し、応用実践の可能性を広げていくことから始めねばならない。

第Ⅰ部　移動性と一時性

第一章　移民と／移民の景観

椿原敦子

一　はじめに

チャイナタウン、リトルトーキョー、コリアタウン、リトルエチオピア等々…、これらはいずれもロサンゼルス市の街区につけられた名前である。市によって公式に命名されたことを示すべく、通りには街区の名前を記した標識が掲げられている。あたかも、抽象的なオブジェの横に付けられたタイトルのように。こうした標識なしに、私達はそこを移民の街として見出すことができるだろうか？　外国語の看板の林立がそれを知らせてくれるかもしれないが、ある移民集団がそこに暮らす様子を、通りの眺めから想像するのは難しいだろう。

建築批評家チャールズ・ジェンクス［Jencks 1996］は、ロサンゼルスには大きく分けて二つのエリアがあると述べている。そのひとつは、単一のアイデンティティを持つエリア、たとえばリトルトーキョーやコリアタウンなどである。もうひとつは、人びとが異なるアイデンティティを付与する、「マルチクレーブ（multiclave）」と彼が呼ぶエリアで、たとえば、カルバーシティやダウンタウン・ロサンゼルス、ウエストウッドなどが挙げられる。

二〇一〇年三月、ジェンクスがマルチクレーブと呼ぶ、単一のアイデンティティを持たないエリアに、イラン人移民にちなんだ街区が出現した。ロサンゼルス市西部のウエストウッド通りの一角が、ロサンゼルス市議会によって「ペルシア・スクエア（Persian Square）」と命名された。ウエストウッド周辺地域はイラン出身の居住者や商店が集中している。このため地元の商店主など複数のグループによって地区の命名を試みる動きがあったが、どこを、どのような名前で名づけるかについては長年にわたって関係者の間で議論や調整が行われてきた。

場所への名づけは、集団による景観共有の重要な側面であり、名づけることによってその場所について知覚し、解釈し、語り、想像することができると考えられてきた［cf. Feld and Basso 1996］。しかし、名づけに関わらない多くのイラン人たちはこの地域を単にウエストウッドと呼び、市議会による命名が行われた後も、ただウエストウッドと呼び続けたのである。ウエストウッドを往来するイラン人たちの景観とはどのようなものだったのだろうか。また、マルチクレーブとされるエリアで長らく不可視の存在だったイラン系移民が、どのようにして前景に立ち現れたのか。本章では、こうした問いを通じて移民と／移民の景観を考察する。

二　グローバルな景観と「フィールド」の変容

一九七〇年代以降、領土や集団、資本や資源など近代国民国家が排他的に領有・管理してきたものの帰属や境界が、曖昧になる状況が急速に進展した。これが、一般にグローバル化とよばれるものの特徴である。グローバル化という語は一九六〇年代から人口に膾炙するようになり、一九八〇年代からは分析用語として用いられるようになった。当初グローバル化とは環境主義や社会的公正など普遍主義的な倫理観に基づいた地球規模での協同を可能にするものとして肯定的に用いられていた。やがて、ネオリベラリズムの拡張がもたらす弊害への批判として、グローバル化は否定的な含意を持って用いられるようになった［Tsing 2000: 330－332］。概して、グローバル化の論者達はシステムの標準化がもたらす帰結に関心を寄せていたといえる。

一九九〇年代に入り、グローバルなシステムの標準化は均質化をもたらすものではないことが明らかになるにつれて、研究者たちの関心はそのメカニズムの解明へと移行した。一九九〇年代は、人やモノの移動、情報の流通が加速すると同時に、「民族」や「領土」をめぐる紛争が世界各地で噴出した時代である。アルジュン・アパデュライ［二〇〇四］はグローバル化の特徴を、エスノ（民族）スケープ、メディアスケープ、テクノ（技術）スケープ、ファイナンス（金融）スケープという五つのフローによって説明した。これらが異なる形で重なり合うことにより、局所的な諸現象をもたらすというのが、グローバル化のメカニズムだとアパデュライは説明する。ローカルな諸現象は本質的な差異に基づくものではなく、次元の異なるフローが節合されることで産出されるという考え方は、一九九〇年代以降の人類学におけるグローバルとローカルの連関についての一つの見解として定着していった［e.g. クリフォード 二〇〇二］。こうした見解は、人類学的における「フィールド」という概念が前提としてきた集団や空間の境界を問い直すための手がかりともなった。

しかし、地球規模で移動する人びとの生きる空間は、生活の営みの後景をなす「フィールド」として扱われるか、あるいは頻繁な人の移動により特徴を失った〈非―場所〉とみなされてきた。マルク・オジェ［二〇〇二］は空港やスーパーマーケットといった特定の目的を果たすだけの〈非―場所〉が、ある人びとにとっては特別な意味を持つ〈場所〉であることを指摘した。しかし往々にして、こうした意味づけは、空間を編成する政治経済的な趨勢とは無関係に、現れては消える微細なものとして扱われてきた。二十世紀以降に発展したパリやロンドン、ニューヨークやロサンゼルスなどの大都市はグローバルなネットワークの結節点であり、大規模な資本や人の流入が急激に都市環境を変容させる。マクロな眺望の変化が、人びとの足下からの眺めや経験を変えることはこれまでも論じられてきたが［cf. ハーヴェイ 二〇〇七；ソジャ 二〇〇五］、人びとのミクロな生活の営みが、都市環境とどのように関わり合い、環境そのものを変えていったかについては、十分に検討されてこなかった。移民たちの日々の営みの中で行われる空間への「微細な意味づけ」は、より大規模な人の流れや資本の投下、そして都市計画や移民政策のような空間の境界の策定とどのようにかかわっているのだろうか。

三　ロサンゼルスにおける移民の景観

タバコ産業で財をなした富豪アボット・キニーが二十世紀初頭に湖沼を埋め立てて運河と海岸を作り、イタリアのヴェニスを模した海辺の歓楽街「ヴェニス」を作ったように［Walker 1976］、ロサンゼルス(1)は、幾層にも重ねられた移住者たちによる環境改変の歴史から成り立っている。乾燥地に水を引いて宅地を作りながら拡張を続けるロサンゼルスは、世界中の富裕層が好んで居住し、不動産への資本投下をおこなう場所でありながら、水不足や地盤沈下、地震など、今も様々な環境リスクを抱える「砂上の楼閣」といえる。

そしてロサンゼルスは、十八世紀末にスペイン領メキシコからの開拓民の入植以来、「よそ者」が作り出した街である。十九世紀末のゴールドラッシュに伴う中国とアメリカ東部からの移民、二十世紀初頭以降の日本などからの農業移民に加え、第二次世界大戦後はアメリカ南部から、そして一九六四年の移民法改正以後はメキシコやアジアからの移民が流入した。人種やエスニシティといったカテゴリーは、こうしたよそ者たちの栄枯盛衰を

写真１－１　湖沼を埋め立ててつくられたヴェニスの海岸の夕暮れ：近くには造成者の名に因んだ「アボット・キニー通り」がある（筆者撮影）

集団の特徴として理解し、支配社会へと回収する枠組みとして人びとの間に深く浸透している［町村　一九九九：二五］。他方で、グローバルな資本の移動やフレキシブルな生産体制といったネオリベラリズムの理念を受け入れた現代の「よそ者」たちは、社会階層によって自らの置かれた立場を確認する。実際にはジェンダーやエスニシティなどによる差異化の作用を受けながらも、当人たちはそうした立場が個人の自発的選択や自由競争の結果だとしばしば考えているのである［Ong 1996］。

人種やエスニシティ、階層による都市の分断は、日々の移動によって経験される。十九世紀末より発展していたロサンゼルスの鉄道網は二十世紀初頭になると自動車交通に取って代わられ、ロサンゼルスはフリーウェイによって分断／節合された碁盤の目のような街区として拡張を続けた。このため、ロサンゼルスの景観は移動の手段によって異なる。ショッピングモールや自宅の近所では徒歩で移動するが、海岸での散歩を楽しむためにも多くの人は車を使う。ガソリン代の高騰により通勤や通学にバスや電車を使う人も近年増加しているが、それでも交通網は広大な都市の隅々までカバーしていないため、大多数の人はやむを得ず車で移動し、路上の駐車スペースが見つかるまで何度も同じ街区を回る羽目になる。自宅とオフィスに駐車スペースが確保されている人びとと、車はあるが駐車スペースを持たない人、そして車を持たずバスと徒歩で移動する人びととは、同じ通りを全く異なる速度や見方で通過しているのである。

本章ではロサンゼルスのイランからの移住者たちの景観を対象として考察をおこなう。そこで注目するのは上で述べたようなネオリベラルな人間観、すなわち平等な個人による自由競争という考え方と、「イラン人である」という自他を峻別する枠組みとの間で自己を確立する人びとの、場所ごとに異なる「振る舞い」である。多くのロサンゼルスの人びとがそうであるように、イラン人たちは広大なロサンゼルスを移動しながら日常生活を営んでいる。ある者はビバリーヒルズに、また別の者は郊外のゲーティッド・コミュニティに居住し、ダウンタウンやウィルシャー通りのオフィスビルで働き、週末はオレンジ郡に住む親兄弟を訪ね、ウェストウッド通りやピコ通りに立ち寄って買い物をする。居住地と生産・消費活動の場、宗教実践や社交の場は地理的に大きく隔たっており、ひとつの地域で日常生活が完結することがない[2]。人びとは空間を横断する過程で、どのように振る舞いを使い分け、異なるアイデンティティを持つのだろうか。こうした問いから、ロサンゼルスの複数の場を往還する人びとの営みを検討し、「ペルシア・スクエア」の成立過程を考察する。

四　テヘランゼルス

一九七〇年代からのイランの経済発展に伴い、就学の機会を求めてイラン国外へと移住する人びとが増加した。当初は非移民ビザによる一時的な滞在が中心であったが、一九七九年のイラン革命を契機としてそのまま居住国に留まった人も相当数に上った。また革命期には政情不安を避けるために家族で避難した人びとが、その後にはイラン・イラク戦争（一九八〇～一九八八）の間に徴兵を忌避する人びとが相次いで国外へと移住した。難民・亡命者として定住したスウェーデンなど他国からの移住、学業を終えた後に就業機会や家族との同居の場を求めてのアメリカ国内からの移住など、イラン人のロサンゼルスへの二次的な移住は頻繁に見られる［Modarres 1998］。全米のイラン人口がおよそ六十万人と見積もられ、そのうち約半数がロサンゼルスを中心とするカリフォルニアに居住している［Mostashari and Khodamhosseini 2004］。

イラン人とほぼ同時期に南カリフォルニアに移住したほかの集団は、自称／他称として独自の名前で呼ばれる場所を持っていた。たとえば一九七〇年代中葉には、ベトナムからの難民がウエストミンスター、ガーデングローブ、サンタ・アナ市にまたがって居住し、「リトル・サイゴン」と呼ばれる地域を形成した。(3) モントレーパークは一九八〇年代から台湾や香港出身の中国系移民が集住し、「リトル・タイペイ」という非公式な通称が付けられている。(4) イランからロサンゼルスへの大規模な移住の開始はこれらの事例と同時期に遡るが、人びとは居住地・商業地のいずれについても、集団にまつわる名前で呼ばれる場所を形成することはなかった。

そのかわり、イラン出身者たちはロサンゼルスを「テヘランゼルス」あるいは「イランゼルス」といった造語で呼ぶことがある。一般に、イラン国外で最大規模の人口がいるから、テヘランの次に大きいイラン人の都市だ

写真１－２　ビバリーヒルズ
人口の相当数をイラン系住民が占める（筆者撮影）

からという意味でテヘランゼルス、イランゼルスと呼ばれるのだと説明される。あるいは「テヘランゼルスはシンボルで、特定の場所を指すわけではない。革命の後すぐにLAに来た人びとはロイヤルファミリーとその側近だった。彼らがイランのアッパークラスの文化とアメリカ文化の混合を指してテヘランゼルスと言ったのだ」というように、ロサンゼルスに住むイラン人の特徴を指すと説明する者もいる。いずれにしても、特定の街区を指すのではなく、広大なロサンゼルスに散らばって暮らす人びとを一つの総体としてとらえる語である。

イランからロサンゼルスへの移住者は一九八〇年代初頭に急増したが、それ以前の一九七〇年代には、イランの富裕層による投資目的での、ロサンゼルスの不動産の購入が進んでいた。不動産業を営むイラン人男性（五十代）は、投資ブームは経済的な要因だけでなく、多分に「イラン人の性質」によるものだったと指摘する。「投資ブームは口コミの情報に

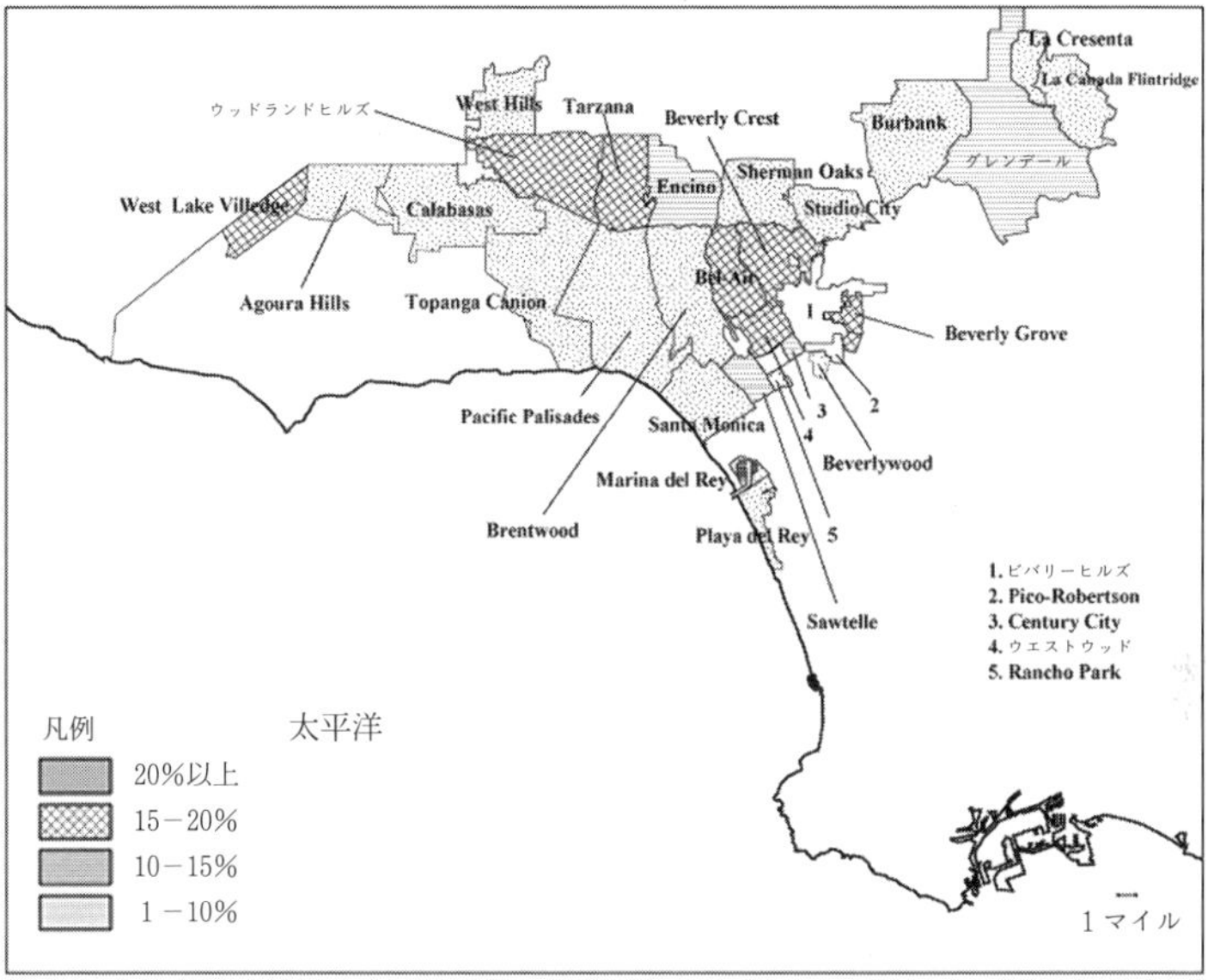

図１－１　イラン生まれとイラン系出自を持つ者の人口集積度
（参考：The Los Angeles Times ‘Mapping L. A. Project’（http://projects.latimes.com/mapping-la/neighborhoods/ retrieved 13 Dec., 2011）

よるものだった。私たちイラン人は競争好きだ。誰か近所の人がビバリーヒルズに家を買ったと聞けば、その隣に家を買おうとするだろう。お金があれば市街地に、お金がなければ郊外に買う」。

しかし、こうした選択は単にイラン人の選好の問題ではなく、世界的な資本の流れがもたらした現象だと説明されることもある。貿易商の男性（四十代）は彼の家族がビバリーヒルズに家を持ったことを次のように説明する。「イラン人だけではなく、世界中の人びとがビバリーヒルズやロサンゼルスの気候に魅せられて住みたがる。一九七〇年代には一ドル一トマーンだった。だからイランに投資するのもアメリカに投資するのもたいした違いはなかった」。したがって、どこに移住するかは資本の差だったという。

ロサンゼルス・タイムズが二〇〇〇年の米国勢調査局の人口統計に基づいて集計した情報によれば、イラン系の人口は、ロサンゼルス市西部と、市北部のサンフェルナンド・ヴァレー地域西部に集中している。イラン系の人口が数の上で最も多いのはグレンダール地区で二万四〇八九人とされ、その大多数がアルメニア教徒である。地区ごとの総人口比でイラン系が最も多い地区はビバリーヒルズ地区で、イラン系人口は一万一九七八人、総人口の三五・四%にあたる。[5] 次いでウエストウッド、ウッドランド・ヒルズ地区の人口が多く、それぞれイラン系人口と総人口比は九三四二人（一五・六%）、八四六二人（一七・六%）である（図1－1）。

このように、いくつかのイラン系人口集積度の高い地域が存在するものの、どこかが中心としての役割を果たすことはなかった。しかし、広大な地域に散らばって暮らすイラン人たちの階層や宗教的帰属などの差異は、イラン人の間で、ある程度共有されている。ビバリーヒルズに住むある女性は、次のように述べた。「ビバリーヒルズには沢山のイラン人、大きく分けて二種類のイラン人が住んでいる。私のようなムスリムとそれから（イラン系の）ユダヤ人。[6] ピコとオリンピック、そしてウィルシャー沿いには特に沢山住んでいる。イラン人は日本人と同じで美しい所が好きだからね。本当に沢山住んでいる。お金持ちも多い。［……］ダウンタウンにはイラン人の店がずっと続いている。ショッピングセンターではなくて、バーザールみたいに軒を連ねている。そこに行けば野菜だって安く手に入るし、何でも揃っている…」。続けて彼女は、イラン映画が見られる映画館、評判のイラン料理のレストランなどを列挙した。

ロサンゼルスに住むイラン人たちは、同国出身者の空間的な布置を容易に描き出すことが出来る一方で、イラン人コミュニティという、一つの共同体が存在しないと説明する。たとえばロサンゼルス在住十五年の女性（五十代後半）は次のように語る。

革命前にはLAにはお金持ちのイラン人が住んでいた。ビジネスチャンスがあったから。ダウンタウンに店やレストランを持っていた。あとは学生としてきた人びと。彼らも裕福な家庭の出身者が多い。家族の援助なしに留学している人はごく少なかった。金持ちの人びとは政治には興味がなかった。なぜなら不満がないから。政治に関わる人は貧しい家の生まれが多い。革命の後は政治に関わった人びとがやってきて、LAにはお金持ちから貧しい人までいろいろなイラン人が住むようになった。（英語での）コミュニティの定義ってわからないけど、ここにはイラン人コミュニティというものはないと思う［……］ただコンサートがあってディスコがある、それだけだ。

ロサンゼルスへ移住した人びとの出身階層の違いは政治的な立場の違いとも結びついており、このことは個々人の移住の理由やプロセスの違いとなって現われる。英米の支援を受けた一九五三年のクーデターによりモハンマド＝レザー・パフラヴィーが権力の座に就くと、イランはアメリカとの関係を強め、一九六〇年代からアメリカへの人の移動は活発になった。軍事訓練などを目的とした政府からの派遣や、子弟を修学させるための家族での移住など、両国の良好な外交関係を背景に移住した人びとだけでなく、イラン政府の独裁政治に異を唱え、反体制活動をおこなう留学生もまたアメリカにいた。イラン革命直後には、かつての反体制派がイランに戻り、旧体制派がアメリカをはじめとする国外に逃れた。しかし、事態はそれだけにとどまらなかった。革命政権がイスラーム共和制を樹立し、革命の一翼を担っていた左翼勢力を排除するようになると、再び国外への移住者は増加した。かくして、対立する政治的信条を持つ人びとが生活の場を求めてロサンゼルスへと行き着いたのである。

こうした階層や政治的立場の差から、ロサンゼルスのイラン人たちは、集団アイデンティティを確立するよりも、消費を通じてイランでの生活を取り戻し・維持することを優先してきた。(7) どこに住むかは、そうした生活環境の維持にまつわる選択のひとつであり、先に述べられていたように「お金があれば市街地に、お金がなければ郊外に」、あるいはより資本のある者はゲーティッドコミュニティに居住して、休日にはお互いに友人や親族のもとを訪れる。

点と点をつなぐ人の往来によって人間関係が維持される一方で、イラン人たちが「集まる」いくつかの場があった。そのうちの一つがウエストウッドである。

五　ウエストウッド——マルチクレーブな景観

イラン人の投資家は住宅地だけでなく、ロサンゼルスの中心市街地の不動産にも多くの投資を行ってきた。資産の規模に応じて、彼（女）らが資本を投下したのは、ダウンタウンLAのファッション地区やジュエリー地区などの老朽化したビルから、ウィルシャー通りの高層ビルやビバリーヒルズの商業地の中心であるロデオ・ドライブの高級ショッピングモールまで多様な不動産だった。現在こうした不動産に、医者や弁護士から零細小売商まで、あらゆるビジネスを営むイラン人の自営業者が入居している。しかし、不動産オーナーと賃借人の双方がイラン人であるとしても、それはビジネスパートナーが「偶然イラン人だっただけ」であると説明する。加えて、賃借人である自営業者たちは、対象としている顧客をイラン人には限っていないことを強調する。

ウエストウッドでもイラン人の投資家たちが不動産を所有しているが、路面に店やオフィスを構えるイラン人たちはそれが誘因となってウエストウッドに来たのではないと言う。彼（女）らは、自分のビジネスは広くアメリカ人を対象にしているのだと述べる。しかし同時に、彼（女）たちはイラン人同士の関係を、ビジネスをおこなう上で重要なものであると考えていた。

たとえば、ウエストウッドにオフィスを持つ画家の男性は、次のように述べる「私がウエストウッドにオフィスを持ったのは、イラン人とのコネクションを広げることで、ビジネスの利便を図るためだ。このテナントを見つけることが出来たのもイラン人のコネクションがあったからだ。テナントのオーナーはイラン人ではない。イラン人の顧客を期待しているわけではない。ここはビバリーヒルズとサンタモニカの間に位置しているので、著名人が訪れるのに良い立地だ」。また、あるファッションデザイナーの女性はペルシア語地元雑誌でのインタビューに答えて、次のように述べている。彼女が「お金持ちや著名人、政治家が行き交う」ブレントウッドからウエストウッドにオフィスを移転したのは、ウエストウッドが「ビバリーヒルズとベルエアーの間に位置し、著名人やスポーツ選手が訪れる場所であり」、更には「親愛なるイラン人の中心地」だからであるという[8]。

二人は、ウエストウッドを「二重の基準」で測っている。ウエストウッドは「エスニック」タウンではなく、富裕層のショッピングの場である。同時に、ウエストウッドはイラン人のネットワーク形成の拠点であると考えられている。画家の男性もファッションデザイナーの女性も、富裕層向けのビジネスをおこなう上でウエストウッドの立地が適していると述べる。しかし二人がウエストウッドにオフィスを構えている理由はそれだけにとどまらず、そこにイラン人が多く集うからだという。

南北に伸びるウエストウッド通りはカリフォルニア大学ロサンゼルス校（ＵＣＬＡ）を北限に、ピコ通りに位置する大規模ショッピングセンターを南限にして、通り沿いにビジネスが集中している（図１－２）。ウィルシャー通り以北の「ウエストウッド・ヴィレッジ」と名づけられた地域は、一九二〇年代に不動産会社によって開発された商業地区である。ウエストウッド・ヴィレッジは大学と居住区が隣接する「ショッピング、ビジネス、娯楽の施設を兼ね備えたモデルコミュニティとして名高い」地区だった［Wanamaker 2010: 8］。一九五五年に不動産会社が撤退した後は、コンドミニアムやオフィスビル、教育施設がウエストウッド通り沿いに建てられた。高層オフィスビルに勤務する人びと、学生や高級住宅の住民などがウエストウッドに足を運ぶようになった。次第に映画館やカフェ、レストラン、ファーストフードショップ、大手書店、スーパーマーケットや衣料品店がオフィスビルの間に並び、オフィス、小売業、居住地が混在する街区へと発展した。

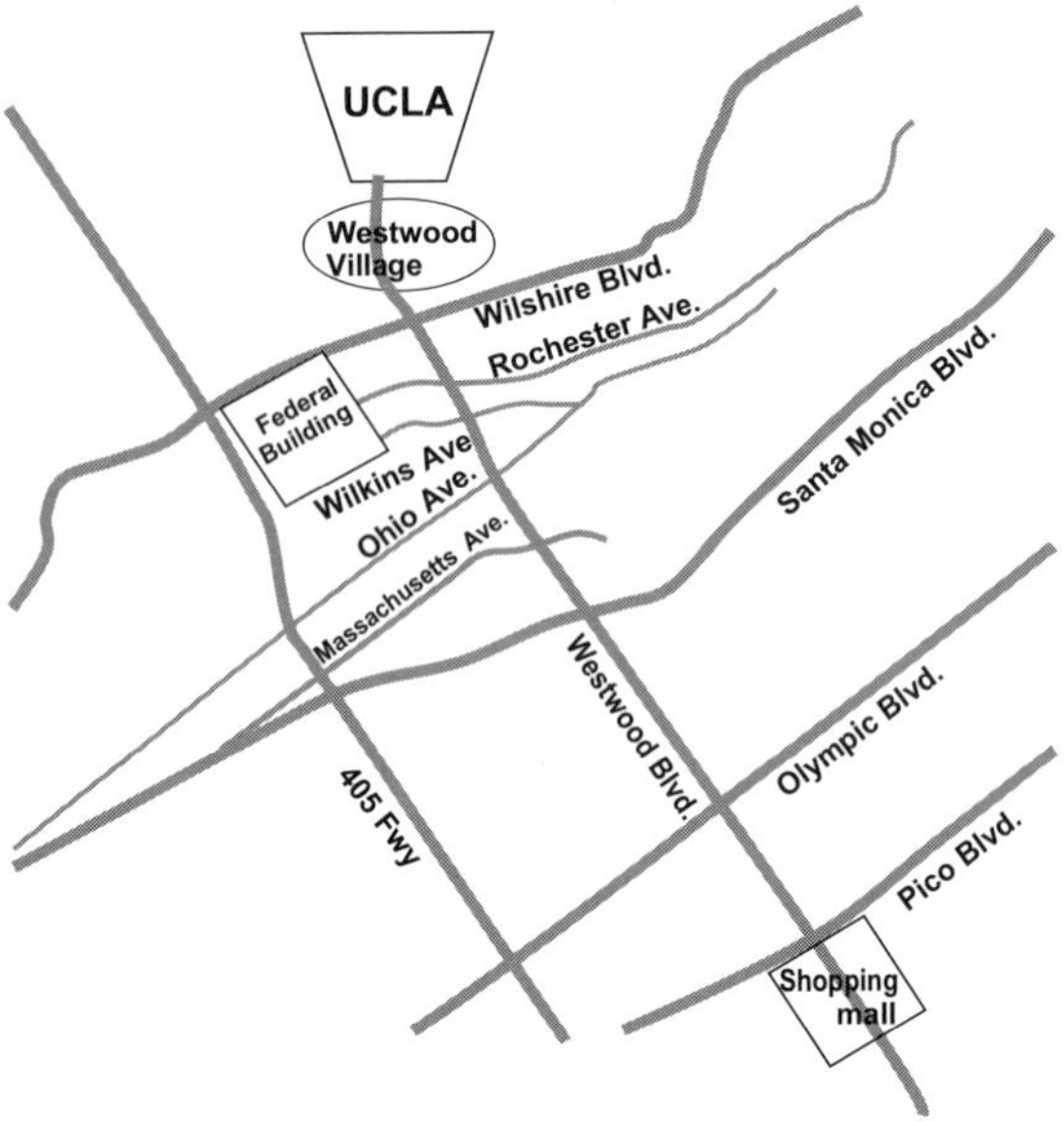

図１－２　ウエストウッド通り周辺図

　イラン人の経営するビジネスはウィルシャー通り以南のウエストウッド通りに集中している。近隣商店の組織化を進めている関係者によれば、二〇一〇年時点で、ロチェスターとマサチューセッツ通りに挟まれたウエストウッド通りでは、およそ六〇〇のイラン人によるビジネスが営まれている[9]。これ以外の区画にもイラン人の経営する商店は拡がっており、食料品店、旅行会社、美容室、法律事務所、病院などがペルシア語の看板を掲げている。通りにはレバノン、タイ、インド、ギリシャ料理などのレストランも並んでいるが、これらの一部もイラン人によって経営されている。

一九七〇年代には、ウエストウッドにはイラン人の経営する店はごくわずかだった。イランから輸入した食材や日用品を扱う小さな雑貨屋と、ウエストウッド・ヴィレッジにあるキャバーブ屋などがあるのみだった。現在ウエストウッドにあるペルシア語の書籍を扱う書店のオーナーは、当時の様子を次のように回顧する。

ウエストウッドで最初のイラン人の店は、イラン人女性がやっている小さな雑貨屋だった。この界隈の学生たち――その大半はＵＣＬＡの学生だった――は、授業の後に店に立ち寄った。やがてその近所にイラン料理のレストランができた。それから次々とイラン人によるビジネスが通りで開業し、多くのイラン人がレストランやカフェに集うようになった。食料品店や書店さえ社交の場になった。

一九七〇年代からのウエストウッドを知るイラン人たちは、書店主とほぼ同様の歴史を語る。ウエストウッドで最初の店といわれるイラン人女性による雑貨屋や、ウエストウッド・ヴィレッジのキャバーブ屋は、すでに閉店している。現在もウエストウッドにある商店の多くは、一九九〇年代に他の地域から移転してきた。たとえばウエストウッドにあるイラン料理のレストランの多くは、革命前から北ハリウッドやビバリーヒルズにて営業していた店が一九九〇年代に移転したものである。(10)

ウエストウッドは、ロサンゼルスの他のイラン人ビジネスが集中する地域と比べて二つの特徴を持つ。第一に、業種が多様であること、そして第二に、他の地域では見られない業種がウェストウッドに見られることである。ウェストウッドには美容院や法律事務所、旅行代理店など、より多様なビジネスが展開されており、ペルシア語でのサービスを提供している。加えて、ペルシア語の音楽ソフトや書籍を扱う店舗があるのは南カリフォルニアでもほぼウェストウッドだけに限られている。一九九〇年代後半には五つのペルシア語書籍を扱う店がウェストウッドにあった。

ウェストウッドの書店主たちの多くは、単に本を売るために書店を開いているのではないと主張する。彼らは、イランにおける書店がそうであるのと同じく、文芸サロンとして店を用いているのだと言う。彼らの多くは、編集者やジャーナリスト、作家など何らかの形で出版と関わる経歴を持つ。また、過去にプロとしての経験を持たなかった者でも、書店を持ちながらイラン国外で発行される小規模な出版物に寄稿したり、TVやラジオ番組を持ったりすることで、ほとんどの場合、原稿料や出演料をもらうのではなく、逆に支払いながら「文化活動」に関わっているという意識を得ている。

ウェストウッド通りでのイラン人によるビジネスは増え続けているが、地域のマルチクレーブ性は保たれたままである。その理由は第一に、「エスニックな」[11]ビジネスが、一定以上増加しなかったためであった。第二に、エスニックなビジネスを含むイラン人が経営するあらゆる業種は、英語での対応を基本とし、特にイラン人に特化したサービスを行っていないためである。

二〇〇〇年代初頭には、ペルシア語音楽ソフトや書籍販売店、イラン料理店、食料品店などが飽和状態に達した。これらの業種に新たに参入した者の大部分は長くは続かず、既存の商店もまた、生き残るための戦略を図った。食料品店ではイスラーム教徒向けの食材を扱う店と、ユダヤ教徒向けの食材を売るなど、差異化がはかられている。また、既存の店舗のいくつかは収益の減少に伴って経営規模を縮小し、ウェストウッド通りの空いたテナントに移転した。既存店や新規参入店は、同業種の店が閉店した後の空き店舗に入店する。たとえば閉店したレストランのテナントにはレストランが、食料品店のテナントには食料品店が入居するといった具合である。

売り手・買い手の匿名性と平等な扱いは、「リベラルなシティズンシップの基本的態度」[キムリッカ 二〇〇五：四六七]として、ウェストウッドでのイラン人の商売のモラルに通底している。ウェストウッドのイラン人による商店はいずれも、英語での接客を基本としている。前出の画家やデザイナーたちの店だけではなく、イラン式のピザやサンドウィッチ、ケーキ、アイスクリームを売る店にもアメリカ人客が多く訪れる。ロサンゼルスで生活を始めたばかりの男性（二十代）は、以前にウェストウッドであらゆる店に飛び込んで、雇ってくれないかと声をかけて回った経験を次のように語る。「まだアメリカに来たばかりで英語が十分につかえない以上は、（同国人を頼るのが）仕事を見つける唯一の方法だと思った［……］でも期待は外れて、どこの店でも英語が堪能でなければ雇えないと言われた。イラン人のお客だけを相手にしているのではないのだから、と」。こうした点に、ビジネスのアメリカ化を志向した商店主たちの姿勢を見ることができる。

以上のような状況を背景として、イラン人の商店が増加した後も、ウェストウッドの街並みは急激に変化することはなかった。しかし、見た目に分からないうちに、イラン人のビジネスオーナーは増加していた。ウェストウッドの経営者たちは、非イラン人のオーナーからビジネスライセンスを買い取り、次第に事業を拡大していった。

こうして増加したイラン人によるビジネスでは、ペルシア語が使用できるだけでなく、イラン人特有の需要にもこたえるサービスを提供していた。たとえばギリシャ料理のレストランは、イラン式のナンとチーズ、それに蜂蜜を供する朝食を用意している。また、美容室では眉毛や顔の産毛を抜いたり、イランで用いられるワックスによる脱毛の施術を行ったりする。携帯電話販売店では、イランへの通話ができる国際通話カードやSIMカードを販売している。商店経営者たちは、アメリカ式のビジネスでイラン人へのサービス供与を行っている。このため、ウエストウッドのイラン人の存在は、アメリカ人からは認知されることが少なかったのである。

以上のような商店主たちの規範と構造から、ウエストウッドのマルチクレーブな景観は保たれつつ、イラン人たちのビジネスは徐々に規模を拡げていった。メインストリーム社会からの不可視性と「イラン人の場所」としての認識が同時に存在したのは、商店経営者たちの「二重の基準」による。つまり、アメリカ式のビジネスのやり方であらゆる客を対象にしながら、イラン人同士のネットワークを経営の拠り所にしているのである。

ウエストウッドの商店主たちがイラン人だけを相手にしているのではないというように、ウエストウッドを訪れるイラン人たちの目当ても、イラン系の商店であるとは限らない。大手チェーンのコーヒーショップは、通常特別な意味を持たない〈非─場所〉としてみなされるが、ウエストウッドのコーヒーショップは、そこを訪れるイラン人たちにとって、他のイラン人との出会いを求める社交の場であった。日没後、人びとは店の庭にあるテーブル席に集い、バックギャモンやトランプ、噂話などに興じる。大手ディスカウントストアの店舗では、イラン人女性たちが手土産を買い求めている。たとえばイランやオーストラリアに住む親族を訪問する日のために、特に具体的な予定がなくとも見栄えのする値打ち品を買っておくのである。

ショッピングモールのように閉じられた商業空間が支配的であるロサンゼルスで、路面店が集中する通りは非常に限られている。主要なものとしては、ダウンタウン、サンタモニカ・プロムナード、ビバリーヒルズのロデオ通り、ハリウッドなどがある。これらの通りは、「交通や移動を引き起こす差異・境界を時空間的に体現している場」としての「ストリート」［関根 二〇〇九：五二四］とは反対の、管理された空間である。人びとはこうした通りを、仕立て上げられた舞台として利用する。たとえば、イラン人にとって世界中のブランド品が集まるロデオ通りは、ヨーロッパのブランド物に身を固めて「西洋化された身体」を顕示するための格好の場であった［Kelley 1993］。

一方ウエストウッドは、イラン人であることを——好むと好まざるとにかかわらず——さらけ出す場だった。一九八〇年代のウエストウッドは、今ほどのイラン人が居なかったため、すれ違う人びとが互いの身元を知っているような小さい世界だったと、当時大学生だった男性（五十代）は回顧する。その後、亡命者など様々な背景を持つ人がウエストウッドに現れるようになり、「身元を隠すためにファーストネームだけを名乗る風潮ができた」という。わずかなイラン系商店を目当てにウエストウッドを訪れる人が増加すると、今度はロサンゼルスにたどり着いたイラン人たちが情報交換を行い、消息の分からない人を尋ねて回るような出会いの場へと発展していった。また、家族や友人がロサンゼルスに在住していて

写真１－３　ウエストウッド通りの電柱に貼られたチラシの数々
政治活動家のアピールから音楽のレッスン広告まで、様々な情報がペルシア語で書かれている（筆者撮影）

も、距離的には遠く離れているため、集まりの場としてウエストウッドが選ばれることが増えた。

今やウエストウッドにはあらゆる階層、政治的立場を持ち、異なる生活を送る人びとが訪れる。しかし、イラン人に限らず商店経営者はひとしくサービスの提供者であり、いかなる顧客でも消費者として扱われる。客と店員の間には、イランで「タアッロフ」と呼ばれる形式化された挨拶のやり取りは見られなくなった。代わって、アメリカ式の軽く親しみを込めた挨拶が交わされる――ペルシア語で、あるいは英語で。ウエストウッドでは、身分や信条にかかわらず平等であるような、「個人」として、イラン人たちは出会い、情報を交わし、あるいは親密な関係を結ぶのである。

このようなマルチクレーブ状況から「ペルシア・スクエア」という可視的・明示的なアイデンティティを付与された場所が出現したのは、一部の商店主を中心とする人びとの企図によるところが大きい。その契機のひとつに、ウエストウッド通りを歩行者天国として開かれた、イラン暦新年の祝祭がある。

六　ノウルーズ――景観の一時性と持続性

イラン暦の新年は、太陽が春分点を通過する、いわゆる「春分の日」にはじまる。新年の祭事は、ノウルーズ（*Eid-e Noriz*）と呼ばれる元日だけではなく、元日の前と後にも行われる。「赤い水曜日」を意味するチャハールシャンベ・スーリーは新年前の水曜日に行われる儀礼である。人びとは屋外で火をおこし、その上を飛び越えて新しい年の無病息災を祈願する。また、元日から十三日目にあたるスィーズダ・ベダルと呼ばれる日は、屋内に留まるのは不吉とされ、戸外へピクニックに出かける。ロサンゼルスに移住した後にも、イラン人たちは口伝えのネットワークで、こうした行事をおこなうのに適した場所を見つけてきた。自然発生的な集まりは、時には大規模な「祭り」の様相を呈していた。

ロサンゼルス空港に近いエル・セグンドビーチでは、一九九〇年代後半頃より、スィーズダ・ベダルが行われている。海岸沿いに無数の焚き火が設けられており、やや離れた場所にはＤＪブースが設けられ、若者たちが集まって踊っている。周囲には消防車が待機するなど、組織による準備の下に行われているかのように見えるが、実際には個人による自発的な集まりだった。地元のペルシア語ラジオ局にも問い合わせがあり、ラジオ局は開催場所を頻繁にアナウンスする。ＤＪとして参加する人びとは、この催しがいかなる組織によるものでもないことを強調し、チケットの購入を求める人に決して応じないようにとソーシャル・メディアで周知していた。

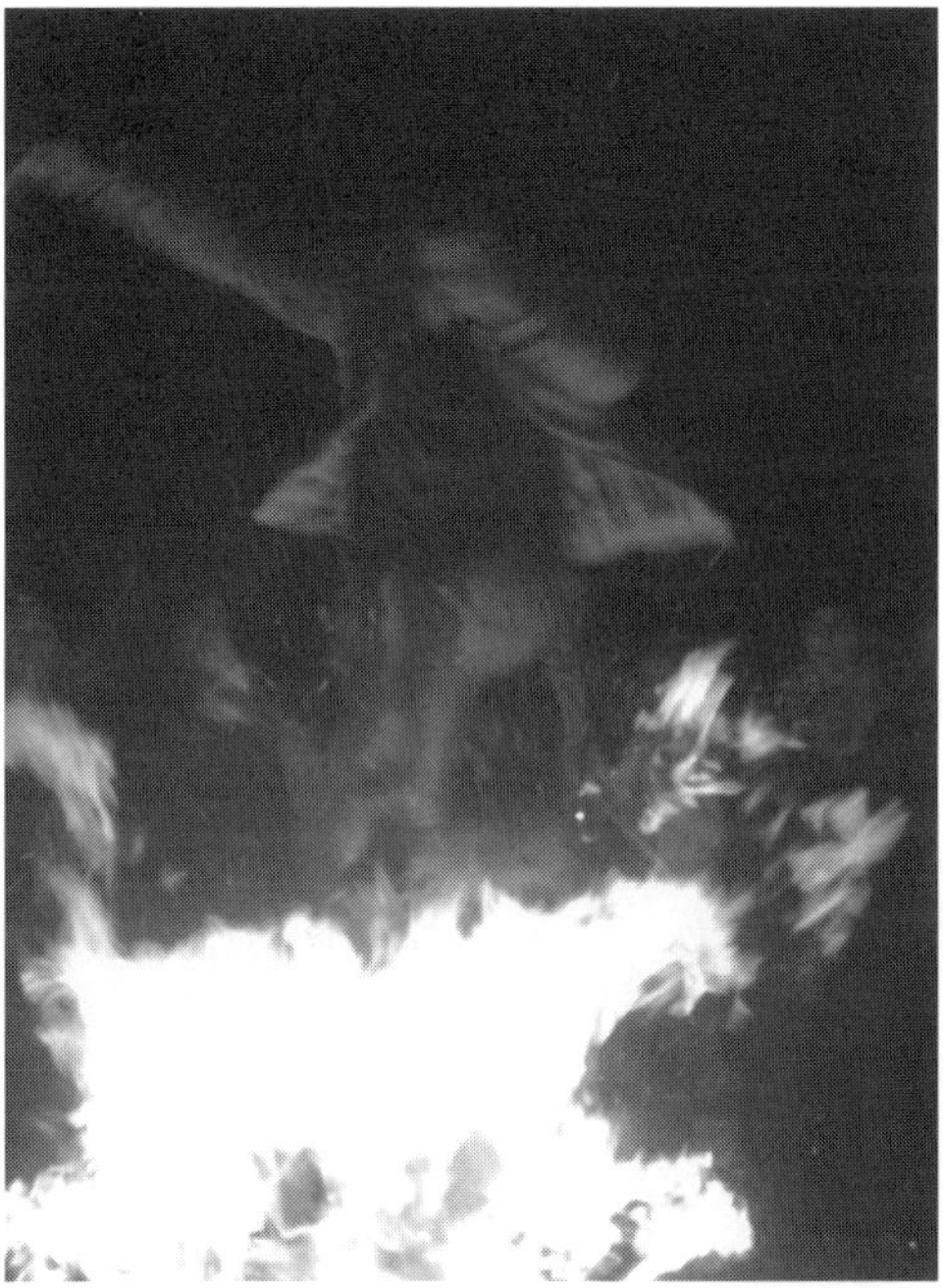

写真１－４　チャハールシャンベ・スーリーの日に夜の海岸で火を焚き、その上を飛び越えて無病息災を祈願する人々（筆者撮影）

スィーズダ・ベダルにも、口伝えの情報によってサンフェルナンド・ヴァレーのバルボア・パークなどの公園に人びとが集まる。[12] スィーズダ・ベダルにはイラン人が多く集まることで知られる大きな公園に友人や親族を誘い合って訪れることもあれば、居住地の近場の公園で集まってバーベキューや食

写真１－５　スィーズダ・ベダルの日に公園に集まり、ピクニックをする人々（筆者撮影）

事を囲むこともある。「去年はバルボア・パークまで行ったが混んでいたので、今年はマリナ・デル・レイの海に面した公園に行った」など、仲間内で相談して行き先を決めるが、いくつかの定番の行き先が決まっており、いずれの場所でも少なくとも数家族の輪が見られる。このように、ノウルーズの時期にはロサンゼルス一帯でイラン人たちの集まりが催されているが、屋外での催しの多くは自然発生的なものであり、定まった場所を持たなかった。この時期にだけ立ち現れる景観を、人びとは日々のコミュニケーションを通じて共有していたのである。

チャハールシャンベ・スーリーやスィーズダ・ベダルが屋外の行事であるのに対して、元日のノウルーズの祝祭は、本来屋内で行われる。元日からスィーズダ・ベダル

写真１－６　ウエストウッド通りの美容室に飾られたハフトスィーン
（筆者撮影）

までのおよそ二週間の間、それぞれの家庭ではペルシア語のアルファベットでSから始まる七つの品を布の上に飾ったソフレ・ハフトスィーンと呼ばれる飾りや、客人を迎えるための新年用のミックスナッツ、ハーブを炊き込んだご飯と白身魚のグリルなどを用意し、人びとは互いの家を訪問して新年の挨拶をする。ロサンゼルスでは、家庭での集まりだけでなくビジネス組織や文化団体、イスラミック・センターなどでも祝祭が開かれるようになった。

ノウルーズの祭りがロサンゼルスの屋外で最初に開かれたのは二〇〇四年、ウエストウッドでのことだった。ウエストウッド通りの一区画が通行止めにされ、通りにはステージが組まれた。ステージに上ったローカルなエンターテイナーたちは、普段はナイトクラブや結婚式などの余興を担っている。加えて、イランの街頭でノウルーズを祝う道化師ハッジ・フィールーズも舞台に上った。イランでは、顔を黒塗りにして赤い帽子と服を着けたハッジ・フィールーズは、路上で歌いながら人びとを楽しませ、小銭を稼ぐ。このような革命前のイランを知る世代には馴染み深い娯楽を取り入れながら、ウエストウッドのノウルーズの祝祭は戸外の祭りとして新しいスタイルを作り上げた。

その翌年からは、市議会議員や市長など地元の政治家も招待されるようになった。ロサンゼルスに拠点を置くペルシア語衛星放送ＴＶ局の中継により、その様子は世界中へと発信される。イラン料理の屋台と並んで、アメリカの大手銀行に所属するイラン人の経営コンサルタントなどもブースを出している。主催者であるウエストウッドの商店主によれば、以後毎年数千人の人びとがノウルーズの祭りに参加している。

ウエストウッドのノウルーズの祭りは、一般の参加者だけでなく、通りにある商店主たちにとっても大きなインパクトを持つものである。商店主たちは、ノウルーズの催しに出資や参加をするかどうか、当日は店を開けるかどうか、といった選択を迫られる。また、当日は道路を閉鎖するため、市への届出やバスルートの変更が必要になる。こうして商店主や周辺の住民は、通りがイラン人の場所であるということを明示的に認識し、より積極的に祝祭へと関与する人びとも出現した。

二〇一〇年三月の第七回目のノウルーズの祝祭で、ウエストウッドの一角が「ペルシア・スクエア」と公式に命名されたことが発表された。市議会の議事録には、イラン人の場所としてのウエストウッドの「起源」が、次のように記されている。

第五区の中に位置する、ウエストウッド通りとウィルキンス通りの角に、（ロサンゼルス）市において最初のイラン系（Persian）ビジネスが開業されたのは一九七四年のことである。（中略）ウィルシャー通りとオハイオ通りにはさまれた、ウエストウッド通りの多くのビジネスがペルシアの文化アイデンティティを持つ人びとによって営まれている。イラン系コミュニティの、いくつかの組織や個人によって市当局に対し、この特定の地域を公式に「ペルシア・スクエア」と命名することが求められた。（ロサンゼルス市議会議事録、二〇一〇年二月二六日）

ウエストウッドをイラン人の場所として名付ける動きは、ノウルーズの祝祭が開始される前からあった。議員への働きかけや近隣住民のアソシエーション、利害関係者の理解を得るのに長い時間を要しただけでなく、名称や場所の特定をめぐって論争があった。たとえば名づけに際して、「イラン」「ペルシア」のどちらを用いるかがしばしば議論にあがった。過去の計画では、立案者たちが「イラン」あるいは「イラン人」の名を用いようとした際に、近隣の利害関係者はこれに反対した。イラン－アメリカの外交関係を背景に、イランという名がネガティブなイメージを持つからである。最終的に「ペルシア」の名前が用いられたのも、このような事情からだと関係者の一人は説明する。

場所の名づけを試みるイラン人たちと、その場に集まる人びとの間には、意識の上での乖離があった。本章の冒頭にも述べたように、ペルシア・スクエアと命名された後にもイラン人の間では呼称が変わることはなく、人びとはただウエストウッドと呼び続けた。また、場の命名にまつわる複数のグループによる政治的な駆け引きを、経済的な利益を求めるエリート集団による運動だと批判する声も一部のイラン人からは聞かれた。

しかし、ペルシア・スクエアは単にエリートたちによって構想されたものではなく、長年にわたる人びとの往来が作り上げた景観に、名前を与えたものである。市場における経済活動の相手はイラン人・非イラン人にかかわらず平等に扱うというモラルと、市場の外でのイラン人同士の関係を通じて、ウエストウッドはマルチクレーブ性を保ったままイラン人の集まる場所として発展を遂げた。

七　おわりに

本章では、人びとによる日常的な営みの中での「微細な意味づけ」が、都市環境を変容させる政治経済的な動きと、いかに結びついているのかを明らかにしてきた。ロサンゼルスは都市の発展過程において、政府の計画よりも市場経済の影響が大きい「グローバル都市」である。一九七〇年代のイランの経済発展に伴い、ロサンゼルスの住宅地やオフィスにも資本が投下され、後の大規模な移住の布石となった。しかし、かつての移民たちがカリフォルニアを出身地の景観によって「翻訳」したのとは異なり［Leonard 1997］、移住したイラン人たちは階層別に隔たれたロサンゼルスの景観を受け入れ、そこに自らを位置づけていった。

ウエストウッドはそうしたイラン人たちが、職場や家族のもとを訪れる日々の移動の合間に立ち寄り、つかの間の時間を過ごす場所である。海辺や公園で開かれるイラン暦の新年の行事が、一時的ながらも大規模なイラン人の集まりを可視化していたのに対して、ウエストウッドを往来する人びとの動きはランダムで、はっきりと見て取れる集まりではない。それでもウエストウッドを訪れるイラン人たちは、そこに非イラン人とは異なる特別な意味合いを見出していた。ウエストウッドのイラン人の存在はノウルーズの祭りを通じて可視化され、「ペルシア・スクエア」と命名されるに至ったが、それは決して「上からの」環境改変ではなく、日常的な営みの中から立ち現れたものである。

――注

（1）以下ではロサンゼルス郡、ロサンゼルス市という行政単位の呼称を用いる他、特に断りのない限りGreater Los Angelesといわれるロサンゼルス郡の南部、サンガブリエル山脈より南から、オレンジカウンティの北部、ラグナビーチ周辺までを含んだ地域をロサンゼルスと呼ぶ。

（2）ロサンゼルス学派の地理学者たちは、ロサンゼルスが中心と周縁を形成せず、住宅地やオフィス、商業・娯楽施設が至る所で結節点としての小さな中心をつくる「分散型都市」［Gordon and Richardson 1996］であると考えた。しかしそれは、一つの中心（地域）で生活が充足されることを意味しない。

（3）この地域にベトナム出身者の住居と商業の中心地として発展することが可能だったのは、同地にエスニック集団など、人口構成上特徴のある集団がいなかったことが要因であったと説明される［Vo 2008］

（4）後に、より低い経済階層の大陸やアジア諸国からの移民の移住が進んだ後も、ビジネスやローカルな政治の場の台湾系の存在の大きさから同地域は「リトル・タイペイ」の名で呼ばれている［Zhou, Tseng and Kim 2008］。

（5）新聞報道などでは、市の発表としてイラン系人口は八〇〇〇人と見積もられているため、この数字とは大きな開きがある。他方、イラン系もしくはイラン系ユダヤ人の見解として、ビバリーヒルズ市の人口の二五％がイラン系であると説明される。「イラン生まれ」と「イランに祖先を持つ者」、「ペルシア語話者」など集計の基準が異なるためこのような数字の差が生じたとみられるが、ここではロサンゼルス・タイムズによるイラン系人口と、国勢調査局による市の人口（二〇〇〇年時点で三三七八四人）から算出している。

（6）イランの人口の大多数の宗教的帰属は十二イマーム・シーア派イスラーム教徒で、人口のおよそ二％がユダヤ教徒やアルメニア・キリスト教徒、バハーイー教徒やゾロアスター教徒などの宗教マイノリティである。イランからロサンゼルスへの移住者には、宗教マイノリティが相対的に多い。

（7）同様の傾向がドイツの事例でも指摘されている［Sanadjian 1995］。

（8）*Javanān* June 4, 2010, p. 82.

（9）二〇一一年一月、ウエストウッドの商店関係者からの聞き取りによる。

（10）一九九四年一月一七日に起きたノースリッジ地震により、通りにあった店舗も被害を受け、空き店舗が増加したことがイラン系の店舗移転の誘因となったと指摘する商店関係者もいた。

（11）ここでいう「エスニックな」ビジネスとは、（一）母語でのサービスを専門とするようなビジネス、たとえばペルシア語の音楽ソフトや書籍販売、（二）移民が出身国からの輸入品を販売するもの、（三）移民が出身国特有のサービス、たとえば料理や美容施術を提供するもの、を指すものとする。

（12）バルボア・パークでは、組織の主催する有料のスィーズダ・ベダルの催しが、過去に行われていた。

第二章　徒歩者の景観

――場所・動き・知

土井清美

一　はじめに

もし初夏の田舎道を歩くなら、どんなものが目に入ってくるだろう。たとえばそれは、麦畑に色彩的なアクセントを与えるヒナゲシの赤さだったり、畜舎から牧草地までを移動する家畜の親子の姿だったりする。農地に設置された回転式自動散水機が、作物にも脇を通る人にも分け隔てなく水を撒くさまも目に留まるかもしれない。秋になればそのあたりは、堆肥の臭いがたちこめ、遠く離れた所でトラクターがゆっくりと動いていくだろう。田舎道だけでなく、街路や山道を散歩するときもまた、その時々に応じた色どりや音、におい、味などを私たちは感じとっている。

徒歩は、この二世紀の間に中心的な移動手段から余暇活動へとその位置づけが変わった。今日それは、飛行機や電車など「遠いものをすぐに近づける技術」のおかげで、やむをえない移動手段では必ずしもなくなり、道中の景色を楽しむ気ままな旅を可能にしてくれる。徒歩は、しかし同時に、周囲の気候や地理などさまざまな物質的状況に左右される動きでもあるのだ。

　この章では、徒歩旅行を通じて経験される景観を扱う。なかでも、固定的でも流動的でもない徒歩という動きによってとり結ぶことになる路上の諸物との具体的な関係に焦点を合わせて考察する。まず、本章の議論の理論的背景について述べ、つぎに、私のフィールドであるスペインの「サンティアゴへの道」を歩く人びとと、彼らが経験する景観について、いくつか事例を示しながら考察する。そこからは、人びとの動きと周囲の事物とのきわめて具体的な関係が、景観をかたち作っていることが明らかになるだろう。このことはまた、私たちの知のあり方が、おかれた場所の具体的状況に左右されることと関わっている。景観というものは社会文化的に構築され、またそうしたフィルターを通して解釈されるという見方もあるが、本章では、むしろその反対に、社会文化的前提を可能にしたり方向づけたりするものとしての景観を浮き彫りにしてみたい。

二　歩く身体が経験する世界

　徒歩は人類一般に共通する行為でありながら、徒歩者 pedestrian が英語で「ありきたり」を意味するように、ただ右足と左足を交互に出す単純な動きであるせいか、近年まで研究テーマとして光が当てられることは少なかった。もちろんかつて、マルセル・モースやピエール・ブルデューは、徒歩が社会にいかなる役割を果たしているか、そしてマルク・オジェやミシェル・ド・セルトーは徒歩が場所にどのような可能性をもたらすかなど、議論のモチーフのひとつとして取りあげたことはあった。しかしそこで問題化されたのは、価値や意義を擁する行為としての徒歩であった。

しかし近年、価値や意義を擁する徒歩よりもむしろ、ブラブラという響きが似あう散策的な動きとしての徒歩が注目されつつある。こうした歩く経験を求めての徒歩実践への関心は、思想的には、産業革命以来、近代社会を生きる人びとが経験してきたロマン主義的なものへの志向性がその背景にあるとされる（たとえばSolnit［2000］を参照）。ロマン主義的というと、夢想やナイーブさを想起させるが、徒歩研究では、必然性に回収されえない経験を主題化する点に特徴がある。余裕のない徒歩では気づけなかったものが、散策的な徒歩であれば、見えてくるものや感じられるものが出てくるというわけである。

とりわけ近年の徒歩に関する民族誌的研究では、物質的環境――本章では厳密な意味ではなく具体的な、あるいは触知可能なという意味で用いている――に対する全身体的な関わりのなかから立ち現れる景観についての研究が盛んである。つまり、歩く身体それ自体（身体性）ではなく、歩く身体から把握される世界（景観）について具体的に考察する研究が展開しつつあるといえる。たとえばジョー・リー・フェルグンストとティム・インゴルドは、アバディーン郊外をフィールドに、通勤手段としての徒歩と散策的な徒歩との差異について、建物や路面の形状などに注目しながら考察している［Lee and Ingold 2006］。フィールドワークにもとづく研究という特性からか、徒歩に関する民族誌的研究の多くは、景観について、文字通り「地に足をつけて」具体的に考察することを目指す点に特徴がある。また、このような流れをくむ徒歩研究に関する研究発表や論文ではしばしば、近年増加する民族誌的景観研究における抽象的な議論から距離を取ろうとする立場表明が掲げられることがある。（たとえば Olwig［2008］を参照）。その際に、インゴルドによる景観論が引用されることがあるので、ここでも紹介しておこう。

狩猟採集民であろうと、農耕民であろうと牧畜民であろうと、人は歴史を通じて土地から生きる糧を得てきたのであり、空間からではない。農民は地中に農作物を植えるのであり、空間にではない。家畜類は牧草地を見やるのであり、空間を見ているのではない。旅人は地山をたどってゆくのであり、空間をたどることはない。そして人が歩き、立ち止まるのは地上であり、空中ではない。絵描きは、景観のなかにイーゼルを立てるのであり、空間の中にではない［Ingold 2009：29］。

インゴルドは、観察される諸現象の一部に自らが組み込まれていることを忘れて、思弁的に人工物や自然物などを分類する景観論を批判している。多くの徒歩研究もまた、物質的に存在し、なおかつ人びとが活動のなかで感じ取ることができる、具体的な景観をとらえる試みをしている。歩いて経験される世界としての景観は、文化的資源、ジェンダー、宗教、行政区画などにカテゴリー分けされているわけではなく、限られた視野の中にそういったものが雑多に入り混じり、また、動きと共に揺らぐ不安定なものとしてある。近代的な思考様式に則ってカテゴリー分けする思弁的な景観論に対して「地に足をつけた」景観理解を促す徒歩研究と同様、本章もまた、場所との関わりのなかで立ち上る景観を具体に徹してとらえていこうと思う。

三　徒歩旅行の景観——固定的でも流動的でもなく

ここまで、近年の徒歩研究における問題関心が、身体性よりもむしろ景観に向いていること、また、景観を考察するにあたり、物質と身体の相互浸透的な関係を具体的な次元から把握する視座が隆盛していることを述べてきた。次に、歩く身体が認識する景観をとらえるうえで重要となる、もう一つのポイントである「動き」に着目してみたい。徒歩の動きというものは、特定のエリア内に留まるわけでも、高速で移動するわけでもない。では、こうした固定的でも流動的でもない徒歩の動きを通じて認識される景観とは、どのような特徴を有しているのだろうか。

一般的に、住むことと移動することは、対照的に語られがちである。たとえば定住する農耕民と移動する遊牧民は、単に生業が違うだけでなく、土地との関わり方も、物事との出合い方も違う。これらの根本的な相違は、土地を大きく移動しない暮らし方とグローバルに移動しながらの暮らし方の違いとしても相対化され、またそれらを研究対象とする理論的視座においても埋めがたい溝がある。この溝とは、場所について「移動しない人びと」の立場から見るか「グローバルに移動する人びと」から見るかというアプローチにおける相違に言い換えられうるだろう。「移動しない人びと」からのアプローチとは、エドワード・レルフ［レルフ　一九九九］やイーフー・トゥアン［トゥアン　一九九三］など現象学的地理学において広く知られた見方である。場所との関わりの堆積がその場所に固有性をもたらし、地形や風土と結びついた暮らしをする人びとに落ち着きのある感覚を与える。暮らし方や情感に注意をはらうこの立場は、大量生産や商業主義と連動した移動の過剰が、軽薄で居場所のない感覚をつくり出すと考える。

これと対照的な見方が、場所を地球上の座標軸に固定されたものとし、そこを人などが越境するという場所観である。トランスナショナルな文化の流動性を把握する方法としてアルジュン・アパデュライが考案した多層的なフローを想像的に俯瞰する視点［アパデュライ　二〇〇四］はこの場所観に立脚している。

しかし徒歩によって経験される景観をとらえようとするとき、このうちどちらかの観点を採用しようとすると

写真２－１　サンティアゴを歩く人と地平線
地平線の内部は移動に応じて変化する
（筆者撮影）

無理が生じてきてしまう。なぜなら、場所を「移動しない人びと」の立場からアプローチする前者の議論は、あらゆる移動を否定的にしか見られなくなってしまうし、かたや、グローバル化やモビリティを念頭に置いた移動研究における場所のとらえ方は、地球規模の移動と流動性とを、やや性急に関連づけてしまうという問題があるからだ。

少し説明を加える必要があるだろう。これら対照的なアプローチは、別の角度からとらえ返すと、ある種の類似性が明らかになってくる。鍵となるのが、景観というものを地平線の内部に位置づけられる世界としてとらえ、それが動きと共にその内容が変化するものととらえる視点［グッツォーニ　二〇〇二］である。

ここでいう地平線とは、比喩でも象徴でもなく字義通りの、（誰もが目にしたことがあるけれども誰も触れたことがない）地面と空の境界をなす線である。私たちが見ることができる世界はつねに地平線の内部に限定されている。しかし地平線の位置は歩き進むにしたがってずれていき、その内部に含まれる諸物も変化していく。言葉で説明しようとすると難解だが、坂道や野原などで、地平線を目にした際に、じっさい誰もが経験的に知るところである。地平線に囲まれた、私たちが把握できる有限な範域を景観ととらえなおしたうえで、今度は、先にふれた「グローバルに高速移動する人びとによる景観」と「移動しない人びとによる景観」を、それぞれやや戯画的にとらえなおしてみよう。

グローバルに移動する人びとが経験するのは、空調の効いた機内、会員制の施設など、カプセル化された場所が多く、そこでは、関わる人びとや事物にほとんど変化はない。移住者の数的規模にもよるが、国を越えて移住しても、日々訪れる店や祠、「仲間」として関わる人びとが移住前と同質であることが少なくない。そのように考えると、グローバルな移動を繰り返す人びとの世界はむしろ固定的であるともいえる。

対して、特定の地理的範域から大きく動かない人びとにとっての景観はどうだろう。彼らは、季節変化や日照量、温度や降雨、虫の動きなど多種多様なものが劇的に変化していく世界の内部に留まり続ける意味で、アパデュライがイメージするような多層的なフローを、まったく逆方向から経験している。つまり、視点を変えれば、地球規模の頻繁な移動にはカプセル化された定着性が内包されており、特定の地理的範域に留まることには、土地への定着性のなかに激しい流動性が内包されていることがわかる。

場所を「移動しない人びと」を対象とする研究と「移動する人びと」を対象とする研究のアプローチにおける溝は、このように、地平線の内部で経験される世界という角度からとらえなおすと、相対する景観のとらえ方のあいだにある興味深い類似性が浮き彫りになる。他方、徒歩は、激しい外的な変化にさらされるほど一つの場所に留まるわけでも、人・モノとの関係を定着させるほど高速で大規模な移動をおこなうわけでもない。それは、路上の諸物や他者との変化する無数の質の異なる関係項のなかに身をおく動きであるという特徴がある。哲学者のグッツォーニは、こうした徒歩の動きを「住まいつつさすらう」存在様態として特徴づけ、退屈または慌しさとは別の次元で生きる思想として掲げている。本章ではこうした「動きすぎない」徒歩の景観というものを、事

図２－１　サンディアゴへの道（エル・カミーノ）［土井 2015：49］より転載

例を示しつつ考察していく。

四　長距離徒歩道におけるフィールドワーク

事例紹介に入る前に、ここで、本章の議論のもととなった調査地について述べておこう。私が研究しているフィールドは、イベリア半島北部の「サンティアゴへの道（通称エル・カミーノ、またはフランス人の道）」とよばれる約八〇〇キロメートルからなる徒歩道である。

道は北緯四二〜四三度を東西に貫いており、休暇などで歩く人びとは皆、サンティアゴが位置する西を目指して進んでいくという際立った特徴がある（他にもサンティアゴへ至る道はいくつもある）。ピレネー山脈を越えるこの道は、歴史を通じて、キリスト教巡礼の道として知られてきたが、徒歩以外の手段がなかった時代とは大きく異なり、道を歩きに訪れる人びとは世界約一八〇ヶ国からと国際的で、また多くの場合、宗教的な動機にもとづかない点が特徴としてあげられる［Frey 1998、岡本 二〇一二］。空港も駅も整備されているにもかかわらず、長距離を歩いて目的地を目指す「巡礼」となれば、何か深く思い悩むことや決心があってのものだろう、と考える向きも多いかもしれない。だが道を歩く人のなかには、トレッキングや徒歩でしか行けない建築の探訪を趣味としている人びとや、道中で職探しをしながら歩く人びとも少なくない。そうした徒歩巡礼者の多様な背景と動機という現状をふまえて、本章では、道を歩く人びととの内面化された動機や背景ではなく、歩く過程で現われるもの、出くわすものをとらえることとしたい。

フィールドワークにおいても、研究対象となる人びとの社会的個人的背景に焦点を合わせるかわりに、彼らの眺め、すなわち景観を把握することを試みた。「彼らの実践や社会関係を理解するためには、彼らと同じような場所とのかかわり方をし、類似した眺めを経験するのが一番である」、というリーとインゴルドのフィールドワーク論［Lee and Ingold 2006］を参照し、調査対象の人びとと同じような視点を獲得することをめざして、実際に彼らと同じ方角へ向かって一緒に歩く調査に重点をおいた。

長距離道を歩く調査では、一人で歩き始め、特に申し合わせることなく、ペースが似通う人たちと一緒に歩くようになり、その人数は二人になったり五人になったりと、その場に応じて変化するままに任せるというやり方をとった。フィールドでは、多様な言語が話されていたが、英語とスペイン語と日本語を用いて調査した。また、他の巡礼者と一緒に歩くのと同じくらいの時間を一人でも歩いて過ごした。たいていは、私自身の体力的限界や同行者の途中帰宅[1]がその理由だったが、その間は出来事を整理したり、道沿いで暮らす人びとと話をしたりするうえで有効であったし、類似したペースの巡礼者たちから離れすぎないためにも、そして私自身のペースを維持するためにも必要なことであった。できるだけいろいろな人と歩く努力をしたが、歩調や気が合う人と一緒にいる時間が長くなることは、避けがたいことであった［土井　二〇一五］。そうしたさまざまな制約や身体の限界を意識した調査が、徒歩者が把握可能な景観とはどのようなものかという、本章の土台となる問題意識に反映されている。

五　混在する風景

では、事例に即した議論に入っていこう。先に述べたように、「サンティアゴへの道」は、古くからの巡礼路として様々な建築様式の建物や橋梁が道沿いに点在し、ユネスコの世界文化遺産にも指定されている。当然のことながら、専門家の見解を翻訳して紹介するドキュメンタリーやガイドブックなどが取り上げるのは、大聖堂や著名な建築家が設計した建物など、歴史文化的な価値をもつ「重要な」建造物が中心である。だが「サンティアゴへの道」を歩く人びとが目にとめる諸物は、文化資源や環境保全の文脈で議論されるようなものとはだいぶ異なる。次のような旅行記のくだりは、歩く人から見た「サンティアゴへの道」と専門家らがとらえた「サンティアゴへの道」が大きくずれていることを端的に示している。

事例1　世界遺産指定をめぐる記事を読んだ、巡礼者Aの憤り

昼食の注文を待っているとき、サンティアゴについて書かれた新聞紙が目に入った。ユネスコの事務局長がサンティアゴ・デ・コンポステラ大学から名誉博士号をもらったという。受賞スピーチで彼は、サンティアゴ巡礼路がもうすぐ世界文化遺産になること、一九八七年にはカミーノはヨーロッパにおける最初の文化の道に指定されること、環境保全とも深い関わりがあることなどについて述べた。何を言いたいのかよくわからないが、記事によるとフランス政府は、サンティアゴ巡礼路が「文化と自然が交錯する越境的な場所である」という表現をスピーチに加えるよう頼んだとか［……］。しかしだ。奴らのうち何人が、山を越えただろうか？　エレガントなサロンではなく、一人きりになって、野外にある何かの秘密を探そうとしただろ

うか？　雨に濡れ、寒さに凍え、疲労困憊になって宿に到着しただろうか？［Hoinacki 1996：107］。

この記述に表われるように、歩いて経験される「サンティアゴへの道」の景観は、天候や気温、そのときの体調、そして徒歩のペースと分かちがたく結びついたものであり、文化的に重要か否かで区別されることはない。では、具体的に、彼らは歩きながら、何をどのように見て感じているのだろうか。徒歩巡礼者の日記から彼らの景観をとらえてみよう。

事例２　巡礼者Ｂの日記（抜粋）

僕たちはバスクの地鴨のパテと羊のチーズとトマトをはさんだサンドイッチを食べた。［……］川をわたり、最初の大きな車道にぶつかった。ここを約六〇〇メートル歩けというのか。すごく暑い。アスファルト上はもっと暑い。だからといってパンプローナまで車でいくという考えはなしだ。車なら十分だろう。［……］道は車道から離れ、谷間へと下降していった。麦畑が目に入った。［……］バスクの人びとがケバブのバーベキューしている。それを見て、今日は土曜日なんだと気づいた。［……］道は黄色い矢印の落書きの連続で印づけられている。配水管の高いところに勢いで描かれたものや、アスファルトに直接描かれたのもある。それらが町の先への秘密の開路を指し示している。［……］一人の男性が花屋に入り、土を買っている。彼の正面の歩道を通って、僕たちは彼の国を通り抜けていく。［……］風景は、今までにないほど穏やかだった。緑の丘と干草の心地よい香り、灰色の砂利道が一筋のリボンのようにうねる丘を貫いている。僕がこのことを言うとトムは怒った。「いい眺めだと？　俺は踏んづけてきた、クソの山を見ているだけだよ」。僕住宅街や街路を抜けながら道を歩いていく人びとは、このように、暑さや坂道、疲労など地理的状況や体調などに強く影響されながら、人間的なもの、非人間的なもの、重要なもの、重要でないものなどが混じり合い、立ち現れては消えていく景観をとらえている。それは、専門家や取材者などが立ち止まった状態で価値のある物件を選択的にとらえるなかで経験する景観とも、近くに住居を構える人びとが日々の所用を済ませるなかでとらえる景観とも異なる。ここで注目したいのは、社会的属性の相違が景観のとらえ方の相違を生じさせるというより、場所との関わり方が違うことが景観の相違を生じさせるということである。前方に注意を払う必要のある運転しながらの移動や、進路の先に意識を向ける必要のないバスや列車での移動であったなら、あるいは安全や健康が常に脅かされる状況での徒歩移動であったなら、同じサンティアゴへの道を西に進んでいくのでも、ここで示したような景観とは、また違ったものになるだろう。

六　方角を示すランドマーク、道筋を示すランドマーク

次に、サンティアゴを目指して歩く人びとが手がかりとするものについて考察してみたい。先に述べたように、スペイン北西部に位置するサンティアゴへ至る道中には数多くの町や村があり、歩く人びとは自分が現在八〇〇キロメートルの道のりの、どのあたりに位置しているか、景観と地図を照らし合わせて把握することになる。多くの場合、町や村の外から見える教会堂や大聖堂といった、遠目から目立つ建物が手がかりになる。

たとえばAstorgaの町にはゴシック様式の二つの尖塔をもつ大聖堂があり、San Juan de Ortegaという村

写真2－2　町の外部からは高さのある建物がランドマークとなる
（ログローニョにて）（筆者撮影）

にはロマネスク様式の修道院がその地を特徴づけている。町の目印となるそうしたランドマークは、地名や方角を歩く人びとに対して視覚的に知らせる。しかし、地名や方角だけでは人びとは歩き進むことはできない。取るべき進路の手がかりとして、もうひとつ必要となるのが「行き方」、すなわち道筋の手がかりである。

サンティアゴへの道を歩く人びとは、もちろん（多くはガイドブックに掲載されている）地図をリュックの中に携行している。地図には、分岐や距離、山や町村の名前などが掲載されており、添えられた注意事項の文言も含めてそれを確実に辿って行けば、迷うことはほとんどないと思われる。しかし実際のところ、多くの人はガイドブックをリュックの中に入れたまま歩く。代わりに彼らは、路面や塀、鉄柱など所々に描かれた黄色い矢印（写真2－3、事例2を参照）を道しるべとしながら歩いていく。

黄色い矢印の落書き以外にも、サンティアゴまでの距離が記されたセメントや石造りの道標（写真2－4）や、通過する人びとの気まぐれで積まれた小石の山（写真2－5）なども、歩き進む手がかりとなっている。矢印の大きさは平均十センチほど、石造りの道標の高さは六十センチほど、小石の山の高さは十センチから一メートルとさほど大きいものではない。歩いていると出くわすタイミングも不規則で、遠くからは目立たず限られた場所

写真２－３　進路を示す黄色い矢印
（筆者撮影）

写真２－４　道標
数字はサンティアゴまでの距離を示している（筆者撮影）

からしか目に入らない。それでも歩く人びとは、何気なくちらりと目に眺めに入り、複数のものが連続的に出現するリズムを、どこかで感じ取っている。こうした矢印なり道標なり小石の山には、落書きされていたり、雑多な物が置かれていたり、不自然な形をしており、周囲のものからは識別される特異性があるという点で、都市研究家のケビン・リンチ［二〇〇七］が定義するところの「局所的なランドマーク」に相当するといえよう。サンティアゴの道を歩く人びとは、こう

写真２－５　通過する人によって積まれた小石の山（筆者撮影）

した視覚にうったえ、方角を示す大聖堂などの目立つ構築物と、シークエンスとして体感にうったえ、道筋を示す見栄えの悪い道端の諸物という二種のランドマークを手がかりとしている。方角または道筋どちらかだけで長距離を歩き進むことはほぼ不可能であることを考えれば、（特定の建築様式にのっとった）壮麗な建物も、そして形状が安定せず、見栄えの劣った事物も、歩き進めるうえでは同等の重要性をもった物理的要素として、歩く人びとに認識されていることがわかる。また、こうしたことからは、焦点を合わせ注視するものだけでなく、動きの中でちらりと目に入るもの（そして多くは怪しげなかたちのもの）もまた景観の一部を構成し、歩く人びとが場所を把握するための手掛かりとなっていることがわかる。こうした壮麗なランドマークの陰のようにして存在する、落書きされた矢印や積まれた石などは、動く向きやペースが異なると、目に入りづらいという特性がある。これらは地元で暮らす人びとや車で通る人びとの目にとまることは少ない。

　近年、サンティアゴへの道を歩く人の数が増加している一因に、道沿いにあるボランタリーアソシエーションや自治体によるインフラの整備が指摘されている。しかし訪問することそれ自体ではなく、実際に長距離を歩くことを可能にしているものは何なのかを問うてみる時、歩く人びとによって積まれた小石などの「非公式の」道しるべこそが、サンティアゴまでの徒歩の旅の継続を陰に陽に誘いかけ、また同時に壮麗な建造物を補完するランドマークとして、歩く道の景観を構成しているのである。

七　場所との関わり方の違いから生じるコンフリクト

ここまでの徒歩者が経験する景観についての考察をふまえたうえで、今度は、社会的属性のあいだにコンフリクトを生じさせる場所との関わり方の相違と、それによって経験される景観の違いというものを考えてみたい。「景観を介した異集団間のコンフリクト」は景観研究における代表的なテーマであるが、ここでは、「社会的立場」が違うためにコンフリクトが生じると考えるのではなく、「場所との具体的な関わり方」に注目する。抽象化された「社会集団」が具体的な「景観」をめぐって対立するという一般的な図式ではなく、「場所との関わり方」という具体的な動きの相違が「立場の相違」をつくり出し、コンフリクトの源となっていることを示したい。

サンティアゴの道には、当然のことながら、歩く人びととは進むペースや方角が異なる、さまざまな人びとが活動しており、些細なコンフリクトが生じることがしばしばある。たとえば、自転車でサンティアゴを目指す人は、道幅に広がって歩く人びとに行く手をはばまれたり、高速で歩く人を追い抜くなどして、小競り合いなどの緊張が生じたりすることがある。それ以外にも、テレビ番組の取材クルーや新聞記者、研究者など、道端のバルなどで「聖地サンティアゴまで歩く巡礼者」の声を集めようと待つ人びともまた、歩く人びとと摩擦が生じることがある。ここでは、よくある出来事ではないものの、私がフィールドワーク中に遭遇した印象的な事例を紹介したい。

事例３　マイクを向ける先が決まっているということ

フランスから来たサムは「生まれた時から足のバランスに問題があった」という。曲がったストック二本を支えに、両足のつま先を地面にこすり付けながら歩いていた。その遅いペースに合わせて一緒に歩こうとする人は、ほとんどいなかった。サムは道中、次々と追い抜かされていったが、一日歩く距離は他の人たちと同じくらいだったので、アルベルゲで談笑する知り合いはいた。あるとき、宿の中庭で皆で雑談をしていると、「ドイツのバイブルテレビです」と、テレビ局の取材クルーがフランス語でサムに話しかけ、カメラとマイクを向けた。取材クルーはマイクを向ける対象が、両足を引きずって歩くフランス人のサムであることを、あらかじめどこかで聞いていたのだろう。サムは彼らに何か怒鳴りつけ、すぐに建物の中へ、足を引きずりながら去っていった。

この事例から考えてみたいのは、待つ人と歩く人のあいだにある、見える世界の違いである。歩く人が意識を向ける先は、移動の過程で立ち現れては推移していく建物、農地、家並みなど、散漫かつ過渡的であるのに対し、取材のために バルやなどで待つ人の視線は、特定の社会的属性にある人——事例では、「聖地巡礼をする足の悪いフランス人」——に集中している。待機する人は、マイクを向ける先の歩く人物と対面し、その背景をとらえようとするのに対し、歩く人びとは、並んで歩くことはあっても、歩く人同士で面と向き合う時間は比較的少なく、互いの背景よりも互いが見ているものを共有する時間が長い。じっさい、こうした、歩く人にマイクを向けるインタビュアーや歩き始めてまもない人は、相手の顔を見ながら、「なぜこの道を歩こうと思ったのですか」といったたぐいの質問を投げかけ、何週間も歩いている質問相手は、その質問に冗談とも本気ともつかない返事でまぜ返すという場面をよくみかける。インタビュアーなどの待つ人は巡礼者に意識を集中させ、他方、歩く人は、道すがら次々と出くわす車の物音や店の看板など、様々なものに意識を傾ける。ここで示した事例だけで考えるなら、取材者と障がい者という、社会的立場の違いにおけるコンフリクトとして読み取ることもできるが、「歩く人」と「歩かない人」という側面からコンフリクトの要因を整理してみると、大方はこの動き方の違いから「目に入ってくる世界」すなわち景観の違いが、対面時のコンフリクトとなって顕在化するととらえることもできるだろう。

八　おわりに

ここまで、徒歩が立ちあげる景観について、スペインの「サンティアゴへの道」を歩く人びとを事例に考察してきた。ここで光をあててきたのは、場所との関わり方によってかたちづくられ、潜在的に社会文化的立場を方向づけることになる景観である。なかでも着目したのは、必然的な移動手段から自由になった徒歩の、さまざまな路上の諸物と関係をとりもつことによって生じる景観である。ここまでの考察から徒歩は、停止状態や高速移動とはいかに異なる景観が立ちあげられるか明らかになった。そこでは、ひとつひとつ推移していく周囲の諸物から目に留めるもの、手がかりとするもの、何気なくちらりと眺めるものといった具合に、いわゆる文化的価値に関係なく、入り混じって経験される。場所との関わり方が違えば、彼らがとらえる景観のありようも異なったものになる。

箭内匡は、人間の根本的な存在のあり方を理解しようとするとき、法や制度のシステムの原理が依って立つ、主語（主体）が述語（行為や状態）を律することを前提とした思考のあり方ではなく、行為や状態がどのように世界と関わっているかを把握することの意義を述べている［箭内 二〇一二］。この章ではまた、特定の社会的属性に着目するかわりに、歩く、定住する、飛行機で移動する、待つといった、「場所との関わり方」の違いが生む景観を念頭において考察してきた。このことは、ひるがえって考えるならば、フィールドワークに立脚する人類学的思考のあり方とも深く関わってゆく問題であるように思われる。

フィールドワークのやり方が理論的視角を根本から規定するという、言い古されてきたはずの人類学固有の手続きが、今日、先行研究の欠点を克服する社会科学的手続きに比べて軽視されている。マリノフスキの指摘を俟つまでもなく、昨今の民族誌に、フィールドワークのやり方について頁を割いて説明したものが少ないことが、それを物語っている。この章において、場所との特徴ある関わり方が特徴ある景観をたちあげるという論理にある程度の妥当性を示せたならば、フィールドワークにもとづいて民族誌を執筆しようとする人は、「書き手の主観が絡んだ描写しかできない」のではなく、「フィールドの諸々の制約や条件に方向づけられた視点を手にする」とする考えも、まったくの見当はずれではないだろう。もっと言えば、フィールドに忠実であろうとする民族誌家が「個人的な思い込みかもしれない」と躊躇し、「全部は調べられなかった」と後悔しがちな、いわば角度のついた穴だらけの「フィールドワーカーの景観」こそ、フィールドの現実を反映した知であるように思われる。景観人類学における問いを深めることは、景観についての人類学だけでなく、人類学的思考そのものを問い直すことにも繋がっていくのではないだろうか。

——注

(1) ラーセンは、観光研究は、より映画的に思考することが必要となると指摘している [Larsen 2001]。多くの観光研究では、旅行者が静止していることを前提とした議論をするために、「まなざし」に光があてられる。だが現実をよく観察すれば、人びとは名所を動きや流れの中でとらえるのであって、停止して凝視することはほとんどない。ラーセンは、車や電車での移動に慣れた身体が、そうした把握の仕方を生み出していると指摘するが、徒歩の旅に置き換えてもその指摘は当を得ている。

(2) メルロ＝ポンティは、知覚 perception がとらえるのは、真実ではなく現前するものであると述べる。[Merleau-Ponty 1964]。箭内もまた、カントやベルクソンを引きつつ、われわれが認識できるのは、物それ自体としての対象ではなく、われわれが感受する回路を開けば知覚されるが、閉ざせばそれができない現象であると述べている [箭内 二〇〇八]。

(3) 筆者が一緒に歩いたインフォーマントの旅程は、一週間から二ヶ月の幅があった。

第三章　都市のサウンドスケープと芸能の音

――香港・九龍半島における中国龍舞の習得と実践を事例として

辻本香子

たとえば、ある都市の様子を思い浮かべる。それは一枚の静止画のように描かれるだろうか、動きと音を伴うだろうか、それとも、匂いや空気の温度まで伴って想起されるだろうか。古いモノクロ写真で見た昔の町、ニュース映像でたびたび目にする世界各国の主要都市、そして自分自身が降り立ったことのある旅先の街を、それぞれどのように記憶しているかを比べてみると、その「景観」の構成要素として挙げられるのは、決して目に見える部分だけではない。景観や場所について考える上では、このような視覚以外の感性にも、むろん注意は払われるべきであり、実際にそれをふまえて包括的な「景観」が論じられている。そしてそれと重なる部分を残しつつ、少々異なった方向性で音をとらえる、聴覚の側を起点にした考え方があり、サウンドスケープ（音の風景）[1]という研究／実践の領域を展開している。本章では、景観を音という観点から考えることについて、様々な視点から考察し、実際の事例を通して検討を進める。

一　サウンドスケープという考え方――制作、研究、活動

聴覚の領域における「サウンドスケープ」という考え方は、西欧を中心に発達してきた西洋芸術音楽の作曲家たちによる試みの中から生み出された。この用語の提唱者であるマリー＝シェーファーは、カナダ出身の作曲家・音楽教育者である。十九世紀から二十世紀にかけ、それまで芸術音楽の素材として用いられてきた十二の音程をもつ楽器や人の声以外の音、すなわち自然が生み出す音や大勢の人びとが暮らす都市の生活音に着目する流れが起こった。コンサートホールでピアノの前に座った微動だにしないピアニストを見ながら、ざわめきや衣擦れの音のみを聴く、という「サイレントピース（通称四分三三秒）」（一九五二年初演）で知られるジョン・ケージをはじめ、戸外のさまざまな音をテープに録音し、それを切り貼りした作品である具体音楽（ミュージック・コンクレート）など、「雑音」「非楽音」を取り入れた二十世紀の音楽家は数多い。その系譜は、現在も世界中のアーティストたちに受け継がれている。[2]

そうしたなかで、シェーファーの特筆すべき点は、作品の素材としての音だけではなく、音楽作品の枠を超えた人びとの暮らしの中の音に目を向け、それをランドスケープになぞらえてサウンドスケープと名付けたところにある。彼は、都市の音の状況が、人びとにとって好ましくないものであると指摘した。当時の北米では、工場騒音や自動車騒音が問題になりつつあった。彼は、そういった音が織りなす環境を音楽家の解決すべき課題として掲げた。彼にとっては、生活環境における音もコンサートホール内で鳴り響く音も、等しく「音楽」であり、美しい響きをもつべきものなのだろう。

この考え方が生まれたことで、主に作品をつくり受容する「アートとしての音をどのように聴くか」という問

いから出発した「サウンドスケープ」概念は、音とその置かれた社会を分析するための枠組みという側面、すなわち「サウンドスケープ論」としての顔をもつことになる。

人びとを取り囲むさまざまな音の諸相を「音環境[3]」とするならば、音環境はそれを知覚する人が存在することによって初めて「サウンドスケープ」として読み込まれる。後述するように、現在のサウンドスケープ論では、音環境とサウンドスケープ[4]という用語は、このように使い分けられている。しかし、景観を考えるにあたってそこで主体となるのが、おもにそれを見る人の側であることは明らかである。それに対し、音に重点を置く場合は、その音自体、つまり作品素材の出自が環境の音にあることを指しており、コンサートホールなどの場で作品として聴かれる場合もある。その双方の混在は、サウンドスケープ概念がこのような出自をもつことに大きく因る[5]。本章で取り扱う「サウンドスケープ／音風景／音環境」については、景観を考える立場にのっとり、音を聴く人はその音の鳴り響く場に身を置いているということを前提として論を進めていく。

音環境に目を向けることで、サウンドスケープの活動や実践は、出自である「音楽」から解き放たれ、いろいろな方面へ広がっていった。シェーファーは、身の周りの音に気づくことを促すサウンド・エデュケーションに重きを置いており、それは現在でも受け継がれている。また、鉄道の発車サイン音のような音空間デザインや、騒音制御などもサウンドスケープの領域に含まれる。

日本では、一九八〇年代から一九九〇年代にかけて、環境行政の分野において「音風景選定事業」が活発となった時期があった。それは、地域住民にその地域独特の音風景を推薦させて選定することで、住民自身の音風景に対する気づきを深めるという意図をもつ。たとえば、一九九六年に実施された「残したい日本の音風景一〇〇選」事業で選定された「遠州灘の海鳴・波小僧（静岡県／遠州灘）」には、「村人から受けた親切の恩返しとして波の太鼓を打ち鳴らし、雨乞いやお天気の変わり目を知らせてくれた」波小僧にまつわる物語がある。しかし、日本のサウンドスケープ論の第一人者であり当時の選定委員もつとめた鳥越は、のちに選定を記念して「波小僧」の石碑が建てられたことについて、音が視覚的に固定されるとして批判的な意見を寄せている〔鳥越　二〇〇二〕。これらの事業は二〇〇〇年以降ほぼおこなわれなくなるが、環境行政の主導によって住民が「身近な音風景」を耳で探すよう促すという日本独自の功績を残した。

また、サウンドスケープの考え方を持ち込むことで、騒音公害対策は大きく変化した。従来は音の量的な側面が重要視され、内容をはじめとした「聴く側（社会・個人）の受け止め方」は議論されてこなかったが、サウンドスケープ論によって、騒音規制について社会的な意味を加えて考えることができるようになった。たとえば、二〇一四年四月に開通した高尾山を通る圏央道については、高尾山の自然を原告として工事の中止を求める裁判が起こされたが、その過程で、景観や生態系といった要素に加え、水音や生き物の声などについてサウンドスケープの考えを援用し、生き物を原告として高尾山の音環境に対する権利が争われた。このように、環境をサウンドスケープとして読む発想は、応用分野にも取り入れられるようになっている。

二　環境の音と身体が響き合うフィールド

現在用いられているサウンドスケープという用語の定義は、「個人、あるいは特定の社会がどのように知覚し、理解しているかに強調点の置かれた音の環境」〔鳥越　一九九七〕というものである。この表現からは、音の「環境」が、それを人や社会がどのようにとらえているかが前面に出ることで「サウンドスケープ」（音の「風景」）

となることが読み取れる。西洋芸術音楽の発展から生みだされたサウンドスケープ論において、なぜこのような考え方が基礎として定着しているのだろうか。

シェーファーの初期の活動として知られる、世界サウンドスケーププロジェクト（ＷＳＰ）は、各地の音環境を調査して独自の地図やグラフに落とし込むもので、フィールドワークに通じる要素をもっていた。彼は、地元であるバンクーバーのサウンドスケープ調査では、調査対象を主に「音響」として意識し、サウンドスケープを構成する音を収集した。それに対し、フランスの漁村での調査では、調査者たちが当初はまったくわからなかった海の音やブイの呼び声を、滞在期間が長くなるにつれて理解していく様が描かれ、調査者の耳が変化することの重要性が明らかになった。前者が「サウンドスケープ」と「音環境」を同一視しているのに対し、ここでのサウンドスケープは、同じく調査研究の対象としてはいるものの、もはやその場の「音環境」そのものではなく、むしろ「『共同体と音環境との間の相互作用』として意識されている」〔鳥越　一九九七〕。調査地を移すことで、調査者自身の「音を聴く姿勢」が変容し、その点が重視されたということになる。このエピソードは、「人が音環境をどのように音風景として認識しているか」をめぐって調査者自身の変化に焦点を当てるとき、人類学的フィールドワークの方法に限りなく近づいていったことを表している。

人類学者・民族音楽学者スティーブン・フェルドは、パプアニューギニアのボサビ地域に住むカルリと呼ばれる人びとを調査対象に、彼らが環境の音と音楽について独自の理論をもつことを明らかにして一躍脚光を浴びたのち、自らの研究に対してカルリの人びとから得たフィードバックを契機として、熱帯雨林の環境音へと関心を移していった。当初の研究は、ボサビの森でみられるムニという鳥の鳴き声が、カルリの人びとのうたう歌のもつ音階と同じであること、その音の並びに特別な意味が込められることなどを明らかにしたものであった。しかしカルリの人びとはその発見を聞き、人びととの生活にとって重要なのは特定の鳥の声だけではなく、虫の声や水の音など、あらゆる環境の音が同じような役割を持っていることを指摘したのである［フェルド　一九八八］。それによって、フェルドの研究は熱帯雨林の音環境全体をとらえようとする視点へ移行していった。

その際、周囲の音と、それを聴く人間を切り離さないために「音のなかで音を響かせて共鳴し合う身体」を重視している。たとえば、カルリの土地の命名法では、独自の「流れ」という概念が重要である。小川が無数に流れているボサビの森において、「流れ」は、「あらわれては遠ざかっていくありかたであり、こだましながら大地を動き、大地を描きだす水の不変さ」を表す。そして同時に音の面では、「断続性や、あらわれては消えること、そして循環する動き」［フェルド　二〇〇〇］を表す語としても用いられる。フェルドはこれを傷がついたレコードが一定のフレーズを繰り返す様になぞらえ、身体化された反復としてとらえる。歌を例にとると、声は「流れ」であり、歌詞は、森のなかで名づけられた地名を繋ぐ「小道」である。そして地形のイメージ自体が身体を喩えるものとなっている。彼は水の流れを声の流れに喩え、声が身体の中を響きながら流れて反響していく様を描く。また、別の事例では、カルリの人びとが実際に見たことも訪れたこともない見知らぬ土地の人びとについて、即興で歌詞に読み込むさまが検討されている。そこでは、地名をうたの詩に読み込むことによって、彼らの対話がローカルにもグローバルにも表現されていると結論づけられる［フェルド　二〇〇〇］。フェルドは、環境の音を読み込む要因として身体を挙げ、それを「音響認識論」と名づけた。

それをさらに強調しようとしたのが、フェルドと同様にパプアニューギニアをフィールドとし、ワヘイという人びとの調査に携わる山田陽一である。山田は、ワヘイの人びとにとって、声と水の流れは比喩ではなく同じ次元のものだとし、「身体」がその流れをつないでいるとする。たとえば、身体の部位である「ひじ」を指す語が、転じて「川の蛇行」を指す語として用いられるようになり、それが川を進むときの行為と関連づけられて「うたの音のパターン」を指す語となっている。ひとつの言葉について、川や風景という視覚的領域と、音がゆれるパターンという聴覚的な領域が、身体部位（ひじ）を指す語によってつなぎ合わされているのである。これは、フェルドが身体と声をそれぞれ土地と水になぞらえた隠喩と類似するが、「カルリの人びとが身体を、土地と同じように、どちらかというと静態的にとらえているのにたいして、ワヘイの人びとにとっての身体は、もっと動態的であり、声とともに「流れ」そのものと渾然となっているといえる」［山田　一九九七］。つまり、フェルドが熱帯雨林における聴覚の重要性を強調したのに対し、山田は、皮膚感覚を通して音の振動が伝わることなどを挙げながら、音をとらえるのが聴覚だけではない点を強調したのである。そしてそれらの感覚をつなぐ「身体」に焦点を当てる考え方を「音響身体論」とした。フェルドがいうように知識や感覚を「認識」するのではなく、知識や感覚を認識する「身体」にこそ音響が響いているとし、それらを人が認識するやりかたに、人が外界と接する際の媒介となる「身体」を、音を景観として読み込むために必要な物質として差し挟むことによって、概念の更新が試みられたと考えられる。

このように、熱帯雨林の音がつくりだす環境とそこに暮らす人びとの音楽についての研究において、身体はともに重要なキーワードとなっている。この場合、いずれの事例においても、環境の音と人の身体は物質として同じ空間にある。しかし、たとえば現代の日本のような社会では、われわれを取り巻く音の発生源は、必ずしも熱帯雨林のようにわれわれの耳、そして身体と同じ空間にあるわけではない。こうした状況に、これらの理論を応用することはできるだろうか。

三　都市社会の音をどのように理解するか――聴き分ける耳

この問いへとつなぐために、フェルドや山田と同じくパプアニューギニアをフィールドとし、その都市部であるマダンで調査をした文化人類学者の諏訪淳一郎による研究を取り上げる。彼はフェルドの理論について、「これらの民俗知識がまるごとカルリ社会のメンバーに等しく共有され、しかも生活空間のなかに同じ価値を持っているとみなしたところが問題」として批判した［諏訪　二〇〇五］。それは、パプアニューギニアにおいても、都市部に暮らす人びとのおかれた環境が異なることを考えれば妥当である。彼は、マダンにおいて電気を用いた楽器などを使って歌われている「ロコル歌謡」の調査をおこなった。バンドの演奏が披露される場には、マダンに暮らす異なるエスニック集団の人びとが集まってくる。諏訪は、ニューギニアの人びとが、英米ポップに代表される英語の発音で歌われる歌を「ホワイトマンの歌」としてブーイングを起こすなどして聴こうとせず、在来語で歌われる歌を歓迎して聴取するさまを例に挙げる。そして、耳に届く多くの音のなかから、自分にとって重要な情報だけを聞き分ける感覚を「断片聴覚」と称し、その共有形態にイデオロギー性を認めた(6)。この事例からは、都市のサウンドスケープを構成する音の種類や性質が多様であるだけではなく、社会の構成員が複雑になるとともに、音を聴き取り、その意味を読み込もうとする人びとの聴き方も異なってくることがわかる。フェルドの「重ね上げた響き」として鳴り響く音環境を、諏訪がいう「断片聴覚」で聴き取るのが都市に生きる人びとの現状であるとすれば、その切り取られた一片を丹念に分析することで、都市の音が織りなす環境にどのような景観が読み取られているのかが見えてくるのではないだろうか。

その一例として、中川真の『平安京　音の宇宙』［中川　一九九二］がある。これは京都のサウンドスケープについて、文献の歴史学的検討を通し、書き手のなかに社会的に構築された視点で過去の音を探りつつ、現代についてはフィールドワークの結果を用いて描かれた論集であり、一貫して「都市の音」を研究対象としている。それは中川が、シェーファーの提示した、「機械の音が近代化の先兵として共同体を埋め尽くすことにより、それまでのクリアな伝統的音空間を奪っていった」というサウンドスケープのストーリーに限界を見出したためであった。その反証として、インドネシアを例に、産業機械の音と伝統的な音が重層的に並在している点が挙げられている。「それはインドネシアがいまだ近代・産業化の途次だからではなく、異文明を多層・体積的に受容するという、まさにインドネシア的な文化特性がそこに音として顕在化しているのである」［中川　一九九二］。

ここで取り上げるのは、現代の京都に暮らす人びとの証言（主として五十歳から八十歳の男女）を用いた、近過去の祇園囃子を中心とするサウンドスケープの調査である。京都のなかで、囃子をもつ町、それに隣接した町、囃子をもたない町のそれぞれの住人に証言をもとめると、より囃子に近い人びとほど、夏という季節と囃子の音をより関連づけて考えている、という階層的な結果が導かれる。そして、この結果によって、「音は社会的意味空間を生み出し、逆に社会のありかたによって、音空間の意味に修正が加えられもする」［中川　一九九二］という主張を裏付けている。しかし、現在の状況に目を移すと、日常の音のほとんどを自動車騒音が占めるという現実がある。現在でも祭礼の期間は囃子が鳴り響き、町とともに育ってきた人びとに、京都の町に蓄積されてきた音の記憶を喚起する。しかし、それはやはり、過去のクリアなサウンドスケープのなかで育ってきた世代についての記述である。有線放送、テレビ、そしてポータブル・オーディオシステムなどに囲まれて育った世代の耳に、これらの囃子がどのように聞こえているのかについては、特に取り上げられていない。

このように、いわゆる「現代的な都市」に近づくほどに、環境の音を空間ごとに切り取って、そこに暮らす人びとの聴き方について論じることは難しくなる。第一節で述べた騒音制御の問題のほか、例えば大音量で再生される同じCDのトラックが、それを聴く人によって、不快な騒音となる一方でダンスやイベントに不可欠な音楽にもなるなど、隣り合って暮らす人が聴き取る意味が大きく異なることもある。こうした状況ではもはや、人びとが同じ音を共有することのほうが困難なのである。異なる脈絡から持ち出された音が重なり合って構築される響き自体が、都市に特有のサウンドスケープであるということすらできる。[7] こうした環境のなかで、サウンドスケープはどのように聞こえるのだろうか。それを検証するために、次節からは香港での事例を取り上げる。

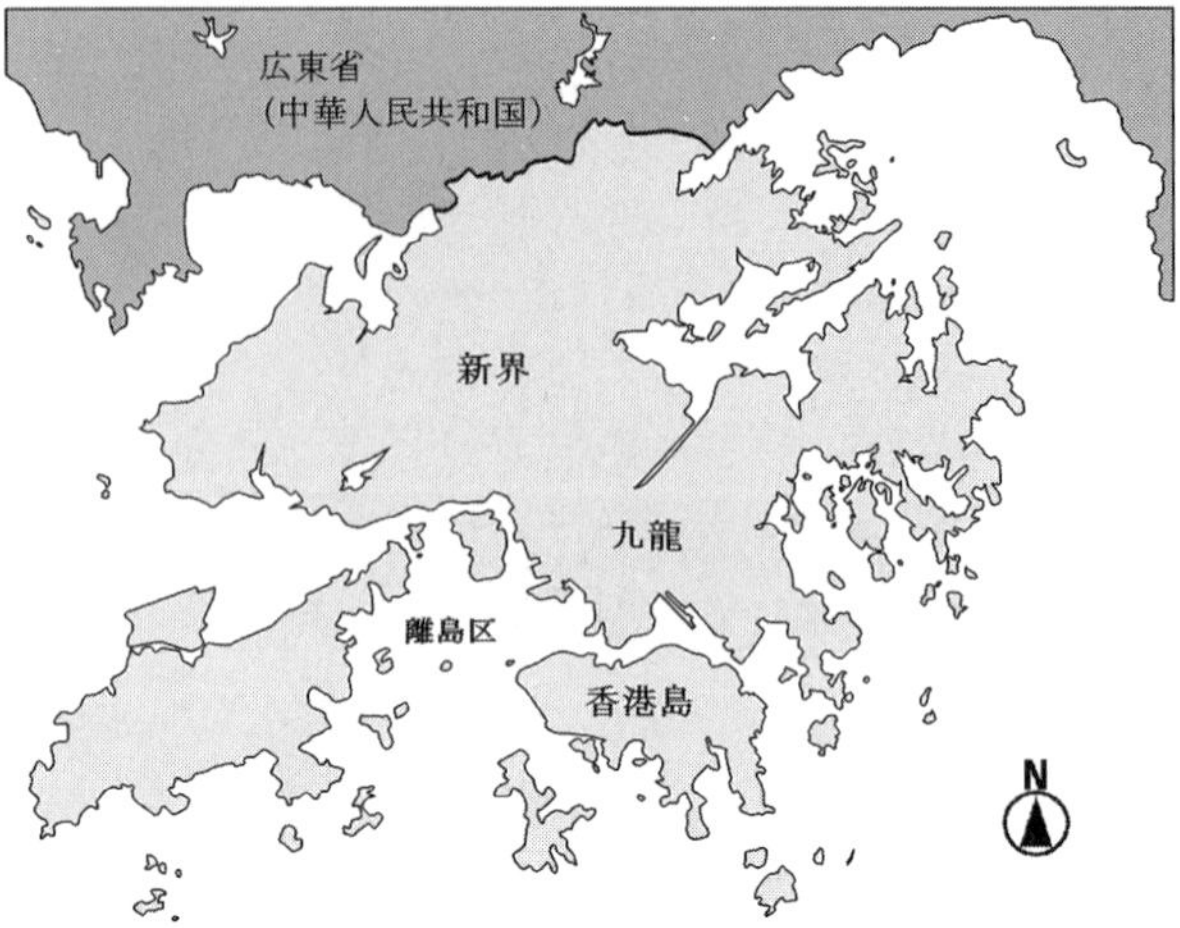

図３－１　香港地図

四　香港の龍舞がおかれた音環境

1　二〇一四年調査における警察と龍舞チームとのやりとり

香港は、一一〇〇平方キロメートル程度の面積のなかに多数の島と山を抱えた地域である。英国による植民地化は、香港島、九龍半島、そして半島の先、中国大陸につながる広い地域および周辺の離島を併せた新界と呼ばれる三つの地域の順に進められた。一九九七年の返還後も、その三つの区分が、地理、経済、行政などの上で大きな単位として機能している（図３－１）。

写真３－１　高架下で練習をするＮ会のメンバー（筆者撮影）

これらの地域を行き来するために、香港は、陸海ともに複雑な交通網を発達させてきた。幹線道路は海底道路や高架として都心を縦横につらぬいている。それは人びとの暮らしを支え、短期間での観光を可能にし、中国大陸につながるビジネスの大動脈でもある[8]。

九龍半島の南端には、商店と住宅が密集する中に観光地が散らばっている。その一つである油麻地地区の外れには、西側幹線道路の高架が通る。その高架下では、毎週日曜日の午前中と金曜日の午後九時ごろになると、若者が集まり、龍舞と楽器を練習しているのを見ることができる（写真3－1）。周辺に公営団地があるほか、商店の上にも高層住宅がひしめき、つねに人口過密な香港の例に漏れない地域である。地上道路との交差点は発電所と公園に接しており、高架下は雨風をしのぐことができるため、広いスペースに簡易ベンチや植え込みがつくられ、小さな広場のようになっている[9]。龍を回し楽器を鳴らすのは、N会という中国武芸の組織に属する中国龍舞・中国獅子舞チームであり、中学生から三十歳くらいまでの男女で構成されている[10]。筆者はこのN会を中心に、二〇〇九年から二〇一一年までメンバーとして楽器セクションに参加しつつフィールドワークをおこない、その後も調査を続けている。

龍舞と獅子舞は、ともに中国に起源をもつ芸能であり、竹の枠に紙や布を貼って龍や獅子の頭をつけたものを身体に見立て、獅子の場合は中に入り、龍の場合はその胴につけた棒を持って舞うことで、生きているかのように見せる。どちらも太鼓と銅鑼とシンバルの音を伴う。本来、これらの楽器は至近距離で聞くと耳に異常を覚えるほどの大音量で鳴らされるものだが、この場ではそこまで大きな音はしない。しかし、独特のリズムの響きと、長い棒を持って走り回り、時に互いの肩に乗ったりその上で立ったりする派手な動きに足を止める通行人も多く、交差点で停車中のバスからも、乗客が練習風景を眺めているのが見て取れる。

二〇一四年九月、香港において、大規模なデモ行動がおこなわれた。多くの中学生を含む若者から大人までが、香港島では金鐘駅付近と銅鑼湾駅付近、九龍半島では旺角駅という、いずれも繁華街周辺の主要道路を占拠し、昼夜にわたって座り込みをおこなった（図3－2）。彼らの要求は普通選挙の導入にかかわる対話であった。地上の主要道路が封鎖され、市民の生活に多大な影響が出ることとなった。武力によらない平和的解決を掲げるデモ参加者に対応するため、香港の警察は総出で対応に当たっていた。

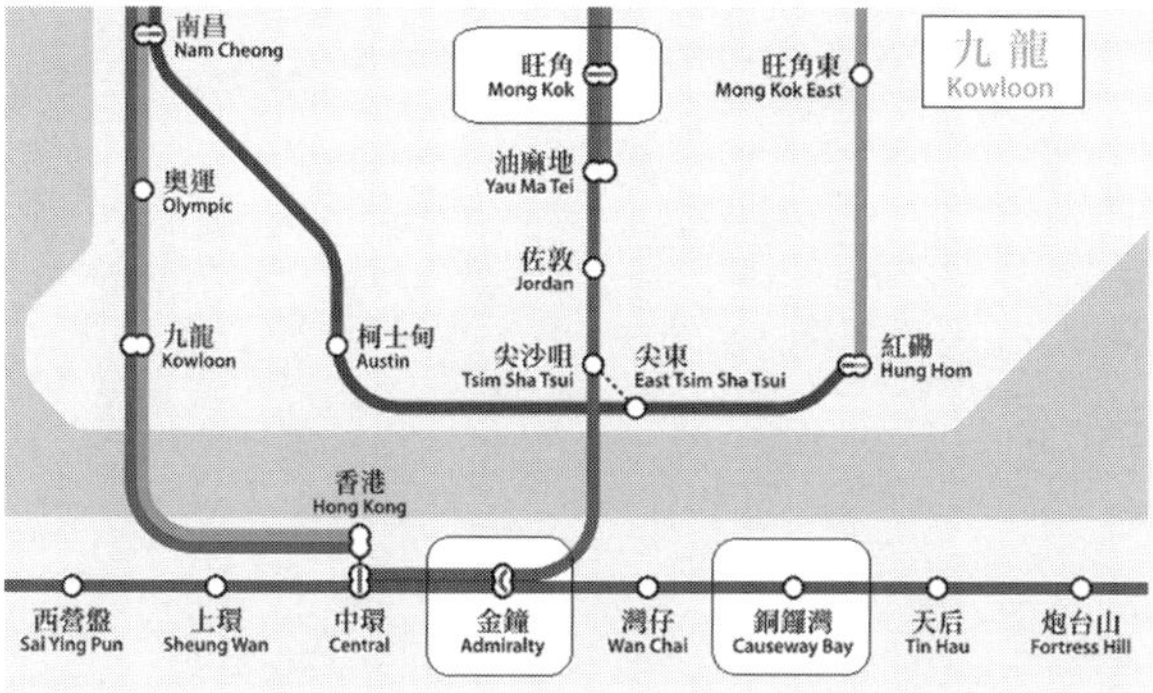

図3－2　デモがおこなわれた駅（MTRウェブサイト http://www.mtr.com.hk/archive/en/services/routemap.pdf より引用。枠線は筆者による加工）

十月末のある夜、二二時ごろ、この高架下でN会メンバーが練習をおこなっていると、警察官の制服を着た男性が三名、柵の向こうに現れた。彼らは練習をする少年たちに声をかけようとはせず、ただ談笑しているように見えた。だが、指導をしていた「マスター」と呼ばれるチームの責任者は制服姿を見かけるとすぐに立ち上がり、「ああ、すみませんねえ」と言いながら笑顔で彼らの方へ歩み寄った。問われる前に、自分たちは龍舞をしているのだが、場所がなくここで練習をしていると説明するそのマスターは、おそらく注意を受けることを想定していた。彼の予測に反して、警察官たちは何も言わず、おだやかな口調で龍舞について尋ねる。マスターはすぐにクレームに対応する態度を切り替え、彼らはしばし雑談していた。

「いや、ちょうどあの旺角のことでこの辺りに来ていて、通りがかったから見ていたんだけども」「ああ……。本当にお疲れさまですね」

「じゃあ私らは行くわ、練習がんばって」。去り際の警察官たちに、筆者がここで練習を見ていた理由を尋ねると、彼らは「うん、龍舞に興味があったから」と答えた。

この一件からは、N会の練習が近隣住民のみならず通りがかった多種多様な人の目に触れる場所でおこなわれていること、その練習場所に練習を止めにくる警察官が少なからず存在し、N会側もそれに対応するのに慣れていることがわかる。以下では、このN会の若者たちによる龍舞を通し、香港の音がつくりだす環境が、それらの音を出す／聴く人びとにどのような景観として読まれているのかを検討する。

2　香港の競技龍舞

香港において、龍舞や獅子舞は主に二つの形で受け継がれてきた。一方は、離島を含む新界の村落部で地域の伝統的な行事における芸能として生きてきた。他方は、香港島や九龍の街中にある武術道場（武館と呼ばれる）で、広東地方に由来する武術の一つとして、太極拳やカンフーなどとともに教えられてきた。後者の中には、かつては「専業」と呼ばれる、いわゆるプロフェッショナルの団体も少なくなかった。そして、そのいずれもが、昔に比べてかなり減っていると香港に長く暮らす人びとは言う。しかし、ここで取り上げる調査対象（N会）は、厳密にはそのどちらでもなく、「競技龍舞」と呼ばれる龍舞を主に担うチームである。

龍舞や獅子舞の競技化は、二十世紀後半のシンガポールで始まった。華僑に伝わる中国芸能としておこなわれるだけではなく、そのアクロバティックな性質を生かして採点制のスポーツ競技として制度を整備し、数多あるチームを協会や連盟といった形で統率し、地域大会や国際大会が数多く催されるようになった。さらにはアジアオリンピック評議会が主催したアジアインドアゲームズ(11)の正式種目となるなど、スポーツとしての知名度を高め、また、蛍光塗料にブラックライトの照明を当て、暗闇で光らせる「夜光龍」が創造された（写真３－２）。

武術道場のひとつであったN総会を母体として、龍舞を主におこなうN会が作られたのは一九九三年頃である。一九九七年に中国大陸への返還を控えた香港政府は、中国の伝統文化の教育を推進しようとしていた。太極拳とカンフーを教えていた設立者のL氏は、政府の援助を得て、当時まだ高校生であった息子（現チームマスター）と協力して、香港の子どもたちの協調性や忍耐性を養うための体育教育として、シンガポールから競技龍舞を輸入したのである。招聘されてきたシンガポールの師匠は、数回にわたって基礎的な技術を伝授したのみであった。そのあとはビデオ映像を見て試行錯誤しながら技術を取り入れ、習得した者が後輩に教えていくスタイルとなり、

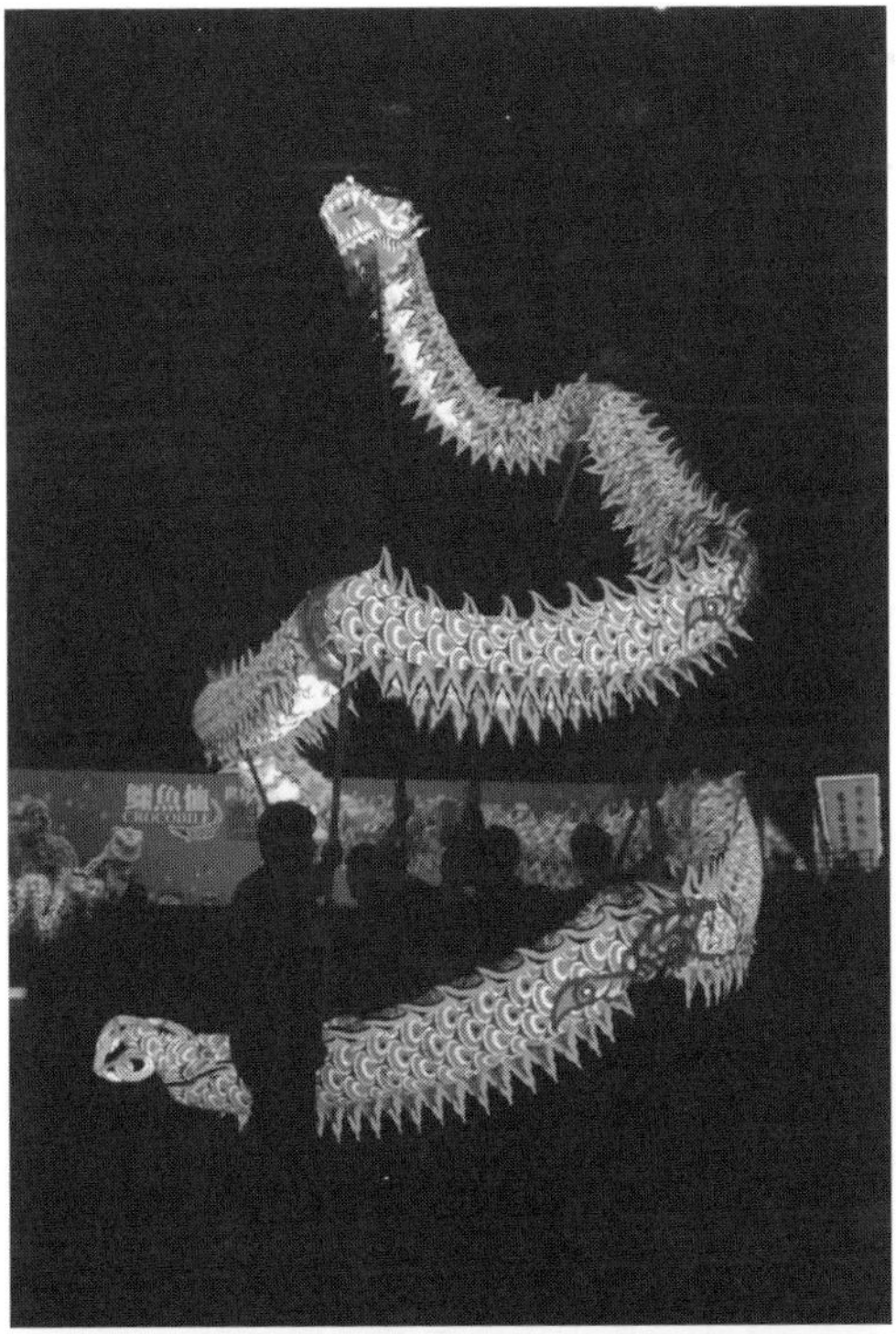

写真３－２　競技龍舞での夜光龍と楽器セクション（筆者撮影）

写真３－３　屋外イベントでのパフォーマンス（筆者撮影）

それを現在も維持している。教育としての側面も重視され、返還と前後して、おもに新界の小中学校で体育の科目や部活動として龍舞が取り入れられ始めた。N会の初期メンバーは、これらの学校へ指導に行き、筋のいい生徒をチームに勧誘してきた。[12]そうして十五年ほどで、N会は第三回アジアインドアゲームズの香港代表[13]として金メダルを獲得するまでに成長した。このように、N会の龍舞は、中国伝統芸能として扱われつつも、いわゆる伝統的な芸能の継承とはかなり異なった方法で形成されてきたものであり、その教授方法も現代の移動手段と情報技術がなければ不可能であった。

3　パフォーマンス

龍舞の活動には、競技龍舞として臨む「試合」のほかに、「パフォーマンス」（表演）と呼ばれるものがある。これは、競技ではなく何らかの依頼を受けておこなうもので、公開のものでは、たとえば香港セブンスなどの際に出し物としておこなわれる。そのほか、市部の地域の行事、ショッピングモールの開店祝いなどがあり、非公開のものでは個人の誕生日パーティや結婚式などが挙げられる（写真３―３）。そのもっとも盛大なものが、旧正月[14]である。旧正月になると、香港の龍舞・獅子舞チームはメンバーをかき集めてパフォーマンスに回る。村落部のチームは主に地域の行事として新年を祝うが、市部で活動しているチームには、公的行事をはじめ、ホテル、ショッピングモール、オフィス、店舗、そして、集合住宅からもパフォーマンスの依頼が殺到する。チームのマスターやリーダーは依頼のスケジュールとメンバーの出席予定の調整にかかり切りになり、一日で何カ所も回るメンバーも少なくない。手配した車やトラックに乗り込み、依頼された場所へ出向き、パフォーマンスをしてご祝儀を受け取って、また次の場所へ行くという非日常が、二週間近くにわたって繰り広げられるのである。

香港に暮らす人びとが中国龍舞に触れる機会は、体育科目として導入されている学校の児童・生徒を除けば、競技会よりも、この旧正月をはじめとした各種のパフォーマンスであることが圧倒的に多い。

五　音を出すべき場所／時間と音を控えるべき場所／時間

二〇〇九年の夏、N会のメンバーのひとりが筆者とショッピングモールで話をしているところに、同じチームのメンバーが偶然通りかかった。挨拶をして別れた後、彼は筆者に向かって、「今日は練習をサボろうと思っていたのに会ってしまったから気まずいなあ」とつぶやいた。理由を問うと、「僕はあの橋の下の練習場所が好きじゃない。汚いし」と言い、結局、練習に参加せずに帰っていった。高層ビルの建ち並ぶ屋外でおこなわれる龍舞の練習を香港独特の景観のようにとらえて調査を進めようとしていた筆者にとって、当事者である舞い手が必ずしもそうは思っていないということを初めて知った一件であった。

写真３－４　段ボール紙で消音処理をされた楽器（筆者撮影）

設立当時のN会は、九龍地区の公民館を借りて練習をしていた。学生の多いN会では必然的に夜間が練習時間となるが、香港の公共施設は二三時ごろまで開館している。しかし、その公民館では二二時を過ぎると近隣住民からの苦情が寄せられた。ほどなくして練習ができなくなり、当時のメンバーは場所を探した末、設立者L氏が本業として営む整骨院から徒歩三分ほどの現在の高架下に落ち着いた。整骨院の屋根裏に龍の身体や楽器などの道具を置く倉庫を作り、そこから練習のたびに台車を用いて道具を高架下に持ち出す。しかし、そこにもたびたび警察がやってきては大きな音を出さないようにという注意を受けたため、楽器セクションのメンバーは消音のために独自の工夫を施し始めた。大音量の広東太鼓ではなく軽い音の小さな太鼓を用い、膜の上には段ボール紙をかぶせた。銅鑼やシンバルも本番用のものでは音が響くため、小型の玩具を用いたり、壊れた楽器にやはり段ボール紙を貼ったりして練習をしている（写真３－４）。

現在、香港には騒音規制が敷かれており、二三時から午前七時までの間、大きな音を出してはならないことになっている。しかし実際の運用はさほど厳密ではなく、「誰かが通報すると二三時前でも警察がやってくる」とチームメンバーは言う。チームの責任者も法律について特に言及することはなく、ただ「夜間練習ではうるさくしないように」と指示するのみである。

楽器セクションがこのような状況に置かれている背景には、二〇一一年頃まで、競技龍舞の採点項目に楽器のレベルが存在しなかったという事情がある[15]。そのため、メンバーが足りなかったり練習が追いつかなかったりするチームは、楽器ではなく録音済みのBGMを用いることも多い。しかし、舞い手たちは楽器の存在について、「雰囲気がよくなる」「気分が上がる」などと肯定的にとらえている。そして冒頭で挙げたように、龍を舞う舞い手たちもまた、屋外で練習せざるを得ない状況にストレスを感じている。

二〇一三年に放映されたニュース番組では、立場の異なる三名の関係者にインタビューをおこなっている。映像には以下のような字幕がつけられていた。

G氏：我々は香港を代表し、龍舞では金メダルを取って、香港に威光をもたらしている。しかし我々の龍舞トップチームが言ってきたのは、その練習場所は、油麻地の高架下でやっているということで、環境はよくないし、空気も悪いという。

L氏：練習場所を借りると、まず、楽器の音を出してはいけないと言われる。そうすると練習する場所がない。

N会マスター：ここで練習するのはどうかと考えて、この龍を持ってくると、警備員に「何をしているのか」と聞かれる。我々は「龍舞の練習をする」、と答えると、「龍舞はだめだ」と言われる。追い出されて、出て行かないと警察を呼ぶと言われた。

アナウンス：この三名のマスターは同じ見解を持っている。龍舞・獅子舞運動が伝承され続け、若い世代が民族スポーツに触れ、参加する機会を持たせることである。そのため、政府に練習のための場所を作り、龍獅団が安心して練習ができるよう働きかけている。(「太陽報」二〇一三年四月二三日アーカイブ、筆者訳)

村落共同体に根ざしたチームは周辺住民の理解を得やすい。また、古くから九龍半島で活動している武館のチームは、それぞれ独自に練習場所を持っているため、このような問題はほぼ起こらない。この事例からは、「香港を代表するスポーツチームが橋の下で練習するしかない」という状況が、特定の空間と結びつかずに成立し発展してきたチームの形成過程と密接に関わっていることが明らかになる。

このように、N会の「練習」は屋外でおこなわれる。予約が取れれば体育館を借りるが、そこでも大きな音を出すことはできない。筆者は二年以上にわたって楽器セクションの一員として練習に参加したが、本番で実際に使用する「ホンモノ」の楽器を鳴らす機会を得たのは、香港における試合およびパフォーマンスの本番、そして中国大陸での合宿や、台湾での国際試合においてであった。消音処理を施した楽器を用いた練習では、龍の動きに合わせたリズム構造やタイミングを練習して身につける。しかし、楽器の演奏にあたって、実際に楽器のどの部分を打つと最も響きのよい音が出るのかという感覚や、力の入れ方の微妙な差異などは、「ホンモノ」の楽器を鳴らす経験のなかで少しずつ身体に覚え込ませていくしかない技術である。二〇一〇年、ある試合のリハーサルで、「ホンモノ」の楽器を手にした筆者が、これまでさまざまな楽器を扱ってきた経験を踏まえ、力を入れずによく響く大きな音を出そうと苦心していると、チームマスターが「もっと大きな身振りで強い力を入れて音を

写真3－5　壊れた楽器（銅鑼）：中央にひびが入っている（筆者撮影）

出せ」と指示を出した。彼は、楽器セクションに対して「龍の動きとぴったり合った、よく聞こえる大きい音」を出すことを要求していた。太鼓も銅鑼もシンバルも、強い力を加えれば大きな音を出すことができるが、力任せに叩くと楽器が壊れることも多い（写真3－5）。このころ、楽器セクションのリーダーは、他のチームの演技や映像を観察し、力を入れずに大きく響く音を出す方法を教えようとして、チームマスターと時折衝突を起こしていた。

　龍舞の演技は短くても十分以上にわたるため、大きな音を出し続けるには、強い力を加え続けるか、力を抜いた音の出し方を体得するかのどちらかが必要である。しかし、N会の練習の場合、日常では消音処理をした楽器を用いるため、本番と同じ力を入れることが元から不可能であった。そのため、本番のみ大きな力を入れるという演奏法が浸透していたのである。練習でも「ホンモノ」の楽器を使用する経験があれば、力を抜いた演奏技術を体得すること

写真３－６　旧正月のパフォーマンスで移動する楽器と龍（筆者撮影）

ができたと考えられる。このように、日常の音環境において練習場所が確保できないという事情が、楽器の演奏法とチーム内における葛藤を生み出している。

六　練習と本番――許容されない音、される音

１　練習の場所として使われる「本番」の時間

N会の旧正月は、香港の武館のなかでもとりわけ華やかに、中心街を練り歩くパレードで幕を開ける。それに続いて、旧正月の一日から三日の間、練習場所からほど近い九龍公園という公園での公的なパフォーマンスへの出演が控えている。さらに旧暦一月十五日まで、前述したように個々の依頼に応じたパフォーマンスをおこなう。これら、旧正月のパフォーマンスは競技龍舞の試合とは異なり、短くても数十分、長ければ何時間も続き、動きや音のパターンを前もって決めることもない。音を絶やしてはならないため、演奏者の交代も音を鳴らしながらタイミングを計っておこなわれる。

九龍公園の入り口は、常に観光客でごった返す九龍半島のほぼ

先端部にある。旧正月の休暇中は、海外や中国大陸からの観光客や、移民先から帰省してきた香港出身者など、さらに多くの人で賑わう場所である。そのなかを、N会のメンバーは龍舞を演じて回る。太鼓にはキャスターをつけ、備品をリュックに詰めて背負い、公園のみならず周辺の道路を練り歩く（写真３―６）。要所で立ち止まって演技を披露し、集まってきた人たちの記念写真に応じ、ご祝儀を受け取る（写真３―７）。ここでは、楽器の音がずっと鳴り響いている。龍舞の楽器セクションでリード楽器をつとめるのは太鼓であり、打ち手が判断して音のパターンを変えると、それに呼応するように銅鑼とシンバルのパターンが変わっていく。試合の場合は龍の動きに沿うように打ち合わせをしておくのだが、パフォーマンスでは事前練習もほとんどおこなわず、太鼓の打ち手が龍の動きを見ながらゆるやかにパターンの変化をつけていく。

写真３－７　龍と一緒に写真を撮るよう、通行人に呼びかける筆者
（N会メンバー撮影）

そして、多くの人が通り過ぎながら聞くとはなしに聞いているこの環境は、「ホンモノ」の楽器を用いた練習にうってつけである。太鼓の打ち手は指導者の役割も兼ねるため、通常の練習で学んだパターンや、旧正月後の試合で使うパターンを積極的に叩き、「ホンモノ」を用いなければ出せない音のパターンなどもふんだんに組み込んで打つ。また、日常の練習に出てこられない小学生や初学者も多く参加するため、時には彼（女）らに楽器を持たせて横に先輩が

付き添い、初歩のパターンを教えながらパフォーマンスを続ける場面も多く見られる。ある程度練習に慣れてきたメンバーを、いわゆる初舞台に立たせるのも、この旧正月におこなわれる一連のパフォーマンスのどこかであることが多い。反対に、試合には出られなくなったOBや退会者が多く加わるのもまた旧正月の特徴であり、年長のメンバーはかつてのチームメイトと複雑なパターンを打って楽しむこともある。この「練習」は、旧正月が終わりを迎える旧暦一月十五日までの二週間、場を変えながら続く。

2　許容される音

香港の旧正月に演じられるパフォーマンスにおいて、これらの音が鳴り響く空間は、元来、日常生活においては龍舞を練習する楽器の音を許容しない空間であることが多い。特に、九龍公園とその周囲を回るコースは、N会の練習場所である高架下からさほど遠くない繁華街である。隣接した住宅地の住民は、日常では練習の音を迷惑なものとしてとらえ、ときに通報さえする。しかし旧正月の期間に限っては、朝から鳴り響く太鼓と銅鑼とシンバルの音を受け入れている。市街地のみならず、ショッピングモールやオフィスなどの様々な場所でこれらの音は歓迎され、人びとはこぞって写真を撮る。そして、パフォーマンスの間は音を止めてはならないことからもわかるように、香港の街全体に響く楽器のリズム自体が、旧正月の香港を構成する重要な要素なのである。[16]

そしてそのリズムは、多くの香港人の耳に強く残っている。[17]龍舞チームに関係のないさまざまな局面で、筆者が自分自身の来歴について「龍舞の研究をするために香港に来た」と話すと、ほとんどの人が「旧正月に来ないとだめだね」と言う。そして、ついでに太鼓の口まねをしてみせる。[18]旧正月に求められるのは、習熟した音色や複雑なパターンではない。初学者の練習の音が混ざっても、気にする者はあまりいない。必要なのは、高い技術の演奏ではなく、「耳になじみのあるリズムが聞こえてきて、全体的に賑やかであること」なのである。しかし香港人の誰もが旧正月の龍舞の音を好んで聴いているというわけではなく、あの音はうるさくてどうも苦手だという人もいる。それでも日常生活で起こるような通報や苦情に結びつくわけではなく、いずれにしても、旧正月とこのリズムは一つのセットとして認識される。逆に言えば、日常生活で訴えられる苦情の理由は、「旧正月でもないのに騒がしい音を出して迷惑である」と考えることもできるだろう。

3　龍舞を見る／聴く人びと

以上の事例からは、香港の龍舞の音が、人びとの日常の生活環境においては騒音として扱われながらも、旧正月という期間に限っては、都市の景観の一部として必要性をもって聴かれていることが明らかになる。だが、旧正月以外の期間にも、高架下の龍舞を肯定的に聴いている市民もいる。

高架下から最も近い集合住宅に住むW氏は、妻と二歳の子どもを連れてN会の練習を見に通っていた。チームメンバーが子どもに話しかけたり太鼓を叩かせたりするうち顔見知りになり、W氏夫妻は練習がある曜日と時間も把握し、しばしばベンチに座って練習を見るようになった。彼は筆者の質問に対し、「以前は日曜日の朝十時から十二時まで練習をしていたよ。その時間はみんな起きているはずだけれど、苦情を言う人がいたみたいで、それから彼らは太鼓に紙を貼り始めた。でも、龍舞と獅子舞は中国の伝統文化なのにね。たぶん酔っ払いが文句を言ったんだろう」と説明した。また、デモ期間における警察官の事例からもわかるように、通りすがりに関心をもって近づき、舞を見たり音を聴こうとしたりする人びともいる。これらの事例からは、日常と旧正月というふたつの状況下で音の聴かれ方が変わるのみではなく、日常においても、路上の龍舞の音を中国の伝統的な音として聴き、龍の姿も含めて地域のサウンドスケープの一部としてとらえる聴かれ方もあることがうかがわれる。香港という都市において、環境の音を受け止める人びとの聴き方はさまざまに異なる。その時々で立ち会う当事者の意見や事情がかみ合うところで、現在のサウンドスケープが生まれているといえる。

七　流動するサウンドスケープと循環する音の響き

これまで見てきたように、香港の龍舞を事例としたとき、龍舞の音は旧正月という期間を通して香港のサウンドスケープとして認められている。しかし、日常の生活空間においては同じ建物に住む人びとの間でも認識が共有されず、聴き手と龍舞との関係性によって大きく異なることが明らかになった。また、N会の事例からは、日常生活における龍舞の練習の音をめぐっては、騒音政策による制度を考慮した上で、それに沿って練習場所をあらかじめ決めていくというよりも、まずは使えそうな場所を探し、苦情や通報が起きて初めてそれに対処するという臨機応変な形をとっていることがわかる。あるときまで認められていた音が、苦情や通報によって突然別の場所に移り、行き先は近隣の誰も知らないというような、香港という地域のなかで場合に応じて流動するサウンドスケープを形成しているということができる。

また、実際にN会の楽器セクションが鳴らす音の響きも、それ自身が加わってつくり出す音の環境から大きな影響を受けている。N会の楽器は、力強く大きく鳴り響く音を求めるN会の龍舞に合うような演奏法が採用されているが、その背景には、「ホンモノ」の楽器を鳴らす機会に恵まれないために力を抜いた演奏法が普及しにくいという事情がある。周囲に配慮した結果、「ホンモノ」の楽器を使わずに練習をおこなうため、身体と楽器の接し方は、「ホンモノ」の楽器を用いる人びとに比べてこなれないものになる。このように、龍舞の練習の音がつくり出すサウンドスケープは、楽器の演奏法を規定している。

N会の競技龍舞は、地域に根ざしたものでもなく、街のなかで伝統と歴史に支えられたものでもない。それゆえに、教育を含めた政策から大きな影響を受け、練習のために認められた空間を与えられていない。しかしその状態でチームが維持できている背景には、都市環境と、龍舞に接している人びととの関係性がある。演奏技術の習得過程と鳴らされる音の問題は、龍舞が人びとにさらされる現場における折衝の結果であり、その結果起こるチーム内での葛藤にまでつながっていく。音と、それを生み出す楽器、および楽器を操る担い手の身体は、それを聴く人びととの関係性を通して、演奏のための身体技法とそこから生まれる音の響きとして循環している。

第三節で検討したように、多様な音が溢れる都市に住む人びとがその音をどのように聴いているかについては、個々の人と音の源との関係性が大きな鍵となってきた。パプアニューギニアの都市部の人びとは、自らにとって意味のある歌詞が含まれている音楽を選び取るようにして肯定的に聴取している。京都の町家の人びとは、祇園囃子の音が届く空間に暮らしているが、囃子の音を意識して聴き取っているかどうかには、自分自身の町が囃子をもつか否かという要素が関係している。いずれも、溢れる音のなかから意味のある音をどのように拾い上げるかという、聴く側の対応に焦点が当てられている。しかし、香港の龍舞の事例においては、旧正月という特別な期間に限って音を聴く側の反応が変化する。そして日常の練習においても、音を出す側がそれを聴く側からのリアクションによって音の中身を大きく変え、場合によってはサウンドスケープそのものが移動していく。それは、その場で出会うものごとによって起こる事態に柔軟に対応し、その中身を次々と変えながらも「香港の旧正月に聴かれる音」であり続ける、都市のサウンドスケープである。

補記

本章は、平成二三（二〇一一）年度～二六（二〇一四）年度日本学術振興会科学研究費（特別研究員奨励費）および（財）ヤマハ発動機スポーツ振興財団の支援を受けておこなった研究成果の一部である。

――注

（1）本書では、「ランドスケープ」という語の訳として「景観」を用いているが、音に関しては、サウンドスケープを「音風景」「音の風景」とする訳がほぼ定訳として用いられている。本章では、視覚的な風景に主に言及する場合は「景観」とするが、特に先行研究について soundscape の訳となる語には、引用部分との齟齬を避けるためにも日本語で定着した訳として「音（の）風景」を当てることを了承いただきたい。

（2）「楽音」と呼ばれる。

（3）sound environment.

（4）「音風景選定事業」のように、日本語では音風景と訳されることが多い。

（5）さらに、サウンドスケープ論では、現在は聞こえていない音や、実際には聞こえていない音もサウンドスケープとしてとらえる見方が確立しており、音をとらえる耳を含めた身体の在処と、実際に音が鳴る空間とが必ずしも一致しない。

（6）また、現地で用いられるさまざまな言語の歌詞を断片的に理解しながらロコル歌謡を「メラネシアの歌」として統合的に聴き取っていくさまを「分散聴取」としている［諏訪　二〇一二］。

（7）ショッピングモールのBGMを調査した研究などが進められている。一例に Sterne, J. 1997, Sounds like the Mall of America: Programmed Music and the Architectonics of Commercial Space, in *Ethnomusicology* 41 (1): 22-50.

（8）金融や観光など主要産業の中心地として知られるのは、古くから地下鉄で結ばれた香港島北部と九龍半島南部からなる狭い地域である。これまでの人類学的研究で農村や村落として多く調査されてきた新界のうち、鉄道が通って大規模な集住が可能な地域は、現在では多くが新興住宅地として開発が進んでおり、郊外のベッドタウンという様相を強めている。

（9）平素は周辺住民の通行路や休憩所として機能しており、時には路上生活者の姿を見かけることもある。

（10）N会は中国獅子舞も舞うが、主力としては龍舞に注力しているため、本章では龍舞に絞って記述する。

（11）現在はアジアインドア・マーシャルアーツゲームズとして開催されている。

（12）そのため、現在のチームを支える現役メンバーはこれらの学校の出身で新界在住の者が多い。

（13）N会がドラゴンダンスの代表チームとして出場したのは二〇〇九年の第九回ハノイ大会。このとき出場したのは龍舞セクションのみで、楽器セクションは含まれていない（この大会ではBGMを使用）。

（14）中国の多くの地域では「春節」と称するが、香港で日常的に使われる広東語では「農暦新年」を略して「新年」と呼ぶのが一般的である。ここでは混乱を避けるため「旧正月」と記す。

（15）競技中に楽器を取り落とした場合の減点を除く。

（16）日本にある中華街をはじめ、世界各地のチャイナタウンでは楽器の音に加えて爆竹の音が旧正月のサウンドスケープを構成する重要な要素となっているが、香港では、離島以外の地域で爆竹の使用が禁じられている。

（17）香港にアイデンティティをもつ人びとは、自らを「香港人」と称することが多い。

（18）実際は、より接する機会の多い獅子舞のリズムであることが多いが、香港に限らず、たとえば日本の横浜中華街について話すときも、中国大陸で獅子舞・龍舞について話をするときも、そこで育った人からは同様の反応が返ってくる。

第四章　「問題」としての景観

――ソロモン諸島マライタ島のアシ（海の民）の事例から

里見龍樹

一　はじめに――サンゴ礁と「人工島」の景観

日本から約五〇〇〇キロ離れた南西太平洋の海上に、マライタ島という島がある（図4－1）。ソロモン諸島を構成する島々の一つであるこの島は、環礁島のような「低い島」（第十一章を参照）と対比される火山起源の「高い島」で、北西端から南東端まで約二〇〇キロの細長いかたちをしている。このマライタ島の北東岸には、海岸線に沿って南北約三十キロに渡り、今日ラウ・ラグーンと呼ばれる広大なサンゴ礁が発達している。外部からこの地域を訪れる人はまず、深さによって明るい水色やエメラルド・グリーンなど異なる色に見える、見渡す限りのサンゴ礁に目を奪われるだろう。しかし、それにもまして人目を惹き付けるのは、このサンゴ礁の内側に点在する無数の島々である（写真4－1）。これらの島は、この地域に住むラウ（Lau）またはアシ（Asi、海の民）と呼ばれる人びとが、海底で集めたサンゴ化石の砕片を積み上げて築いたものである[1]。アシの人びとは、これらの島々に住まいつつ、サンゴ礁内での漁撈やマライタ島本島での焼畑農耕などに基づく、ある程度自給的な生活

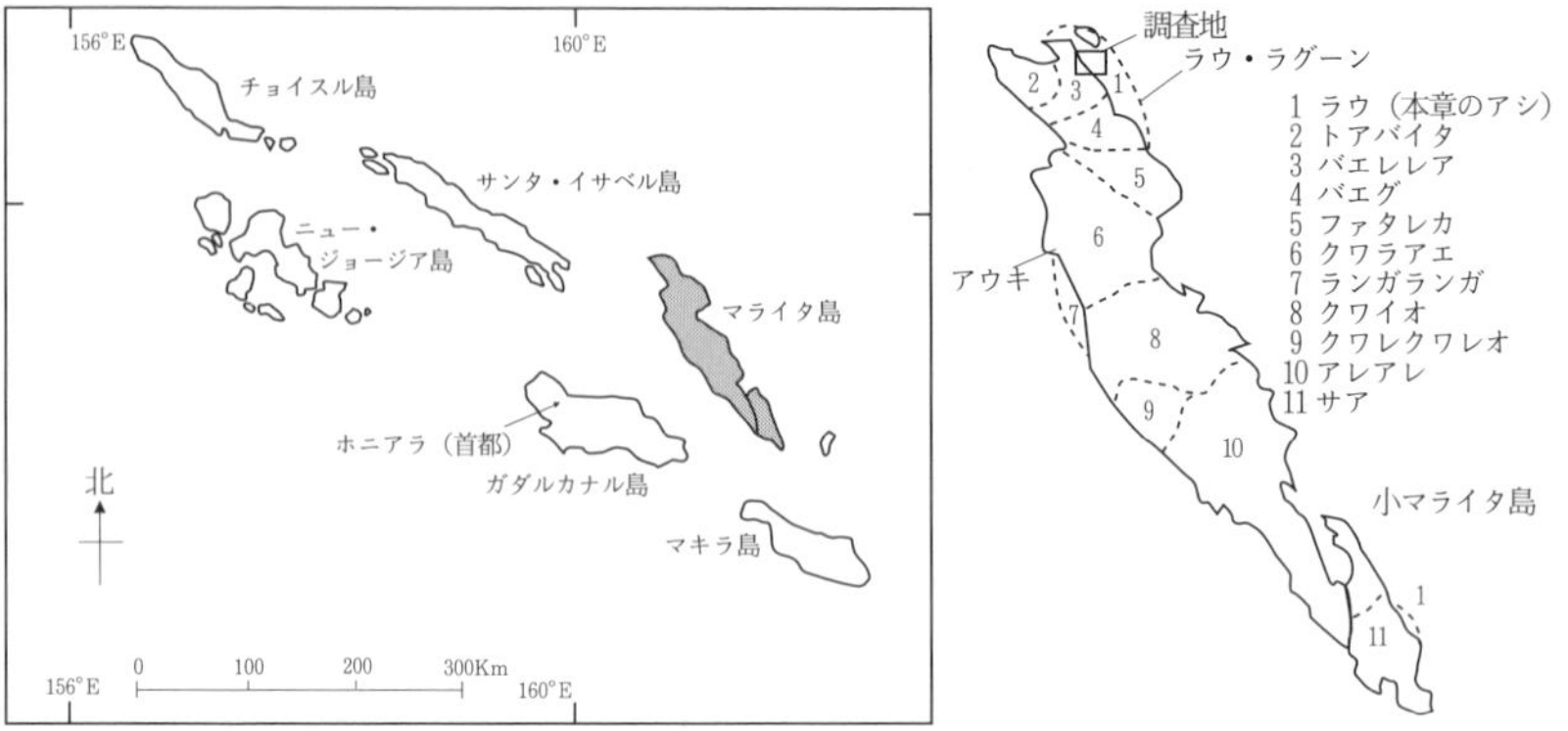

図４－１　ソロモン諸島とマライタ島の言語区分

写真４－１　ラウ・ラグーンの「島々」（筆者撮影）

写真4－2 アシの「人工島」（筆者撮影）

を今日まで続けてきた（ただし、現在では一定数の人びとが本島の土地に移住しており、これについては後述する）。

今日のラウ・ラグーンには、アシの人びとによって建設・居住され、これまでの文献で「人工島（artificial islands）」として紹介されてきたそのような島々が、九十以上も散在している[2]（写真4－2、3）。これらの島は、通常本島の海岸線から数百メートルのところに位置しており、水深二メートルに満たない浅い海の中に築かれている。潮が引いている時、島の側面には、石垣のように積み上げられた無数の岩々が姿を現す（写真4－4）。島の上面は、サンゴの小片などを敷き詰めることで平らにされており、そこには、伝統的な建材であるサゴヤシの葉で屋根や壁を葺いた住居や芝生の広場が見られる。大きな島の広さは百数十メートル四方におよび、その上には数百人もの人びとが住んでいる（写真4－2参照）。他方、小さな島は二十メートル四方にも満たず、わずか一家族の数人のみが居住している場合もある（写真4－3に示したのは、後述する筆者の調査地にあるa島で、同島は居住者数十人の中規模な島である）。また今日、一部の島には人が住んでおらず、これら無人の島は、ココヤシやマングローブなどの樹木か

写真４－３　アシの人工島（後述のａ島、筆者撮影）

写真４－４　人工島上の空間（写真４－３と同じａ島、筆者撮影）

写真4－5 無人の人工島（筆者撮影）

らなる巨大な茂みとなって、ラウ・ラグーンの海に浮かんでいるように見える（写真4－5）。

見渡す限りに広がるサンゴ礁と、その中に点在する独特な人工の島々――筆者の調査地の景観を、外部からの訪問者の視点でざっと描写するなら、以上のようになるだろう。ここには、自然環境と人びとの営みが特徴的な仕方で結び付くことで生み出されてきた固有の景観――あるいは、「景観＝陸景（landscape）」というより「海景（seascape）」――が、たしかに見出される。筆者がこれまで行ってきた調査は、このような景観／海景を生み出し、またその中で営まれてきたアシの生活様式が、キリスト教受容や現金経済の浸透といった歴史的変化を経た現在、どのような状況にあるかを、人類学的なフィールドワークを通じて明らかにしようとするものだった（なお、本章では以下、アシの人びとが住むマライタ島北東部およびラウ・ラグーンの海上を「アシ地域」と総称する）[3]。

以上の紹介だけからしても、この調査・研究が、人類学における景観論的なアプローチ（序論を参照）に適合的であることは明らかだろう。フィールドワークをおこなう人類学者を含め、外部からの訪問者にとって、アシ地域の景観が独特な、したがってまた解明を要するものであることは疑いない。アシの人びとは、右で述べたように、サンゴ礁という自然環境の中に、多数の岩積みの島々という人工的な空間を創り出し、その中に住まってきた。人びとによるこのような景観の創出・変容の歴史は、たしかにそれ自体として人類学的な研究対象となりうる。すなわち、これらの島々はいつ頃、どのような経緯によって建設されたのか？　それらに対し、人びとはどのような意味付けを行ってきたのか？　それらの島に暮らす人びとの、海洋空間（サンゴ礁）や陸上空間（マライタ島本島）との関わりはどのようなものか？　また今日、一部の島が無人となっているのはなぜなのか？　アシ地域の景観は、その独特さゆえに、人類学者にこのように多くの問いを投げかけ、景観論的なアプローチを促すのである(4)。

本章では、このマライタ島のアシとその人工島という事例に即し、また、その他のオセアニア地域の例をも参照しながら、人類学の伝統的な調査対象である村落地域を研究する上で、景観に注目することの意義について考えてみたい。興味深いことに、アシ地域の景観は、単に人類学者などの外部者に対して景観論的な問いを投げかけるだけではない。以下で示すように、この景観は同時に、アシの人びと自身にとっても、ある仕方で問いを喚起するものとして、あるいは向き合うべき「問題」として経験されているのである。この点において、アシの事例は、村落景観を人類学的に考察する上での新たな方向性を指し示しているように思われる。

二　オセアニア人類学における景観論

ソロモン諸島もその一部であるオセアニアは、人類学的な景観論、とくに本書で言う「内的景観」（序論を参照）をめぐる議論において、先駆的な諸事例を提供してきた地域である。たとえばオーストラリア先住民社会の研究では、多くの地域・集団において、日常的に経験される地理的景観が、「ドリーミング」と呼ばれる神話的過去における祖先の活動の痕跡とみなされていることが、早くから指摘されてきた［Munn 1970; Morphy 1995］。それらの先住民社会の人びとは、儀礼、絵画や聖なる物を通じて、そのような神話的過去を繰り返し現出させ体験することができるほか、日常的な移動や居住の中でも、景観の中に祖先の痕跡をたえず読み取り、それらを自らの社会的アイデンティティの根拠としているとされる。

また南西太平洋のフィジーにおいても、個人のアイデンティティは本来的に「土地に根差した」ものとして概念化されており、土地に対する個人のそうした帰属は、日常的な景観体験、たとえば祖先の住居の跡地を見ることなどを通じて、つねに場所や景観と結び付いたかたちで再確認されているとされる［Toren 1995］。さらに、オセアニアの多くの地域を含むオーストロネシア語圏には、一連の具体的な場所・地名に言及しつつ集団や神話的祖先の移動を物語る神話・伝承が広く見られ、これらは論者によって「トポジェニー（topogeny）」として類型化されてきた［Fox 1997］。そのような語りは、集団の神話的・歴史的由来や社会的秩序の起源を、現在でも同定可能な場所に結び付けて説明するものであり、そうすることで、人びとのアイデンティティを具体的景観によって根拠付けるものとして分析されてきた(5)。

これらの研究が示しているのは、オセアニアの村落地域において、人びとのアイデンティティを支える神話・歴史や社会関係が、単に抽象的な知識や観念としてあるだけでなく、多くの場合、日常的な景観と結び付けられ、それによって具現化されているという事実である。そうである以上、この地域の社会・文化的生活を研究しようとする人類学者は、神話的・歴史的過去や親族関係などの社会関係が、景観を通じて人びとに経験され認識される過程を無視することができない。このように景観は、オセアニア人類学において重要な主題をなしてきた。

なお、これらの研究の多くにおいて、オセアニアの村落地域における景観は、それ自体としては抽象的な歴史や社会関係を、人びとに対し忠実に具体化し表現してみせる、言うなれば「透明な」媒体とみなされてきたように見受けられる。すなわち、現地の人びとは、日常的景観という具体物の背後に、自分たちにとって重要な社会・文化的事実をスムーズに読み取ることができるとされ、また人類学者の仕事は、景観をめぐるそのような表象―解釈関係を観察し記述することであると想定されてきたのである。

一例として、アストリッド・アンダーソンは、ニューギニア島の北東沖に位置するウォゲオ島の社会生活における景観の意義を考察する上で、同島で行われる初潮儀礼に言及している［Anderson 2011: 7］。彼女によればウォゲオ島には、初潮を迎えた少女が、近親者にともなわれ、島内の異なる集落に住む親族たちを訪ねて回るという慣習がある。アンダーソンの分析によれば、この慣習において少女たちがたどる「道」（経路）は、彼女たちの人格を構成する社会関係、たとえば親族・姻族関係を直接に具現化するものであり、少女たちの移動は、そのような関係のネットワークを地理的景観の中で再現するものに他ならない。このような分析において、オセアニアの人びとは、景観との関わりを通じて、自身に関わる歴史や社会関係に直接的に――すなわち、景観それ自体がもつマテリアリティを捨象して――アクセスし、それらを知ることができると想定されている。またそこでは、人びとの景観とのそうした関わりを研究することを通じて、人類学者も同じように、そこに表象されている当該地域の社会・文化を知ることができる――それこそが、オセアニアにおける景観論的アプローチの意義である――と考えられているのである。

村落地域の人びとと景観、および人類学者の関係についてのこのような想定は、これまで多くの有益な研究を生み出してきたし、今後も有益であり続けるだろう。しかし、本章で探究してみたいのは、オセアニアの景観に対する、これとは異なるアプローチの可能性である。すなわち、オセアニアの村落地域における景観は、本当に、これまでの多くの研究が想定してきたような、表象と解釈の透明な媒体をなし、そのようなものとして人びとに経験されてきたのだろうか？　あるいは逆に、個別の地域における景観が、表象—解釈の枠組みには回収しがたい、固有のマテリアリティをもった「不透明な」存在として経験されるような場合が、たしかにあるのではないか？　本章で取り上げるマライタ島のアシとその人工島の事例は、いくつもの点で、以上で見たような既存の景観論に合致するが、同時にそれらとの見過ごしえない齟齬をも含んでいる。そのような齟齬について考えることを通じて、以下では、オセアニアの村落景観を、歴史や社会関係をめぐる表象—解釈の単なる媒体とは異なるものとしてとらえ直す可能性を探りたい。

三　マライタ島のアシとその居住空間

次に、マライタ島アシ地域の景観・居住空間の現状を、筆者の調査地に即して、より具体的に紹介しよう。筆者が主な調査地としてきたのは、マライタ島本島の海岸部に位置するT村と、その沖合に広がる十六の人工島からなる一帯——本章では「T地域」と総称する——である[6]（図4－2）。マライタ島で唯一の町であるアウキ（図4－1参照）から、乗り合いトラックに乗って海沿いの道を四時間あまり行くと、それまで樹木の茂みやココヤシ林に覆われていた視界が開け、ラウ・ラグーンの海に面したT村が現れる。同村は、調査時点で三九世帯約二六〇人が住んでいた、現在のマライタ島の基準からすれば比較的大規模な集落である。とくにその中心部には、海に向かって緩やかに下る斜面の上に、サゴヤシの葉や木材を建材とする多数の家屋と調理小屋が立ち並

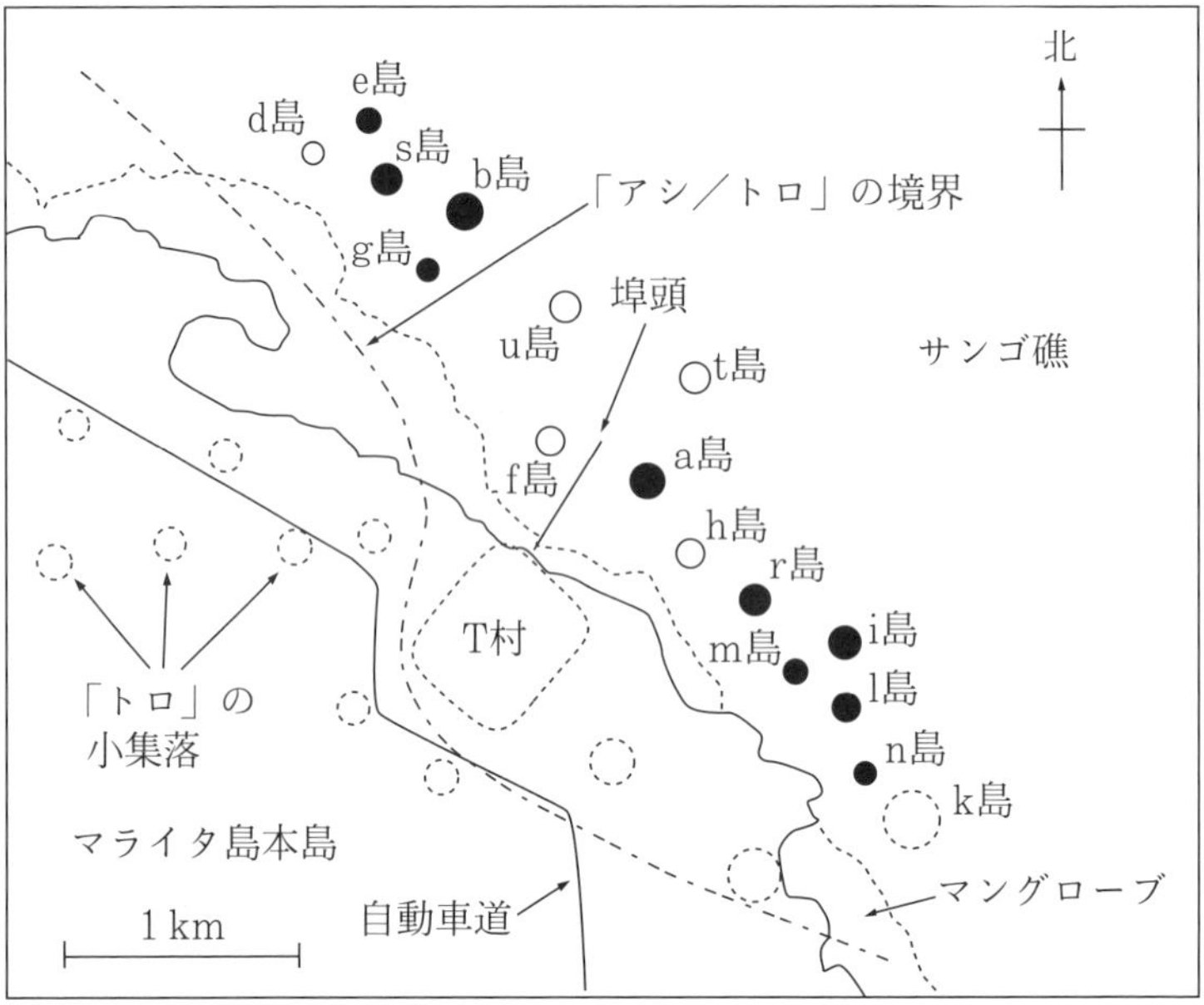

図４－２　Ｔ村と沖合人工島群

写真４－６　Ｔ村中心部の家々（筆者撮影）

写真4－7　カトリック教会周辺の広場（筆者撮影）

んでいる（写真4－6）。またT村の中には、一九三五年に設置されたカトリック教会のほか、教会付属の施設として始まった小さな診療所と小中学校があり、これらは、集落の中心部を少し離れ、教会を中心とする数百メートル四方の広場の周囲に配置されている（写真4－7）。

海に面したこれらの一帯を離れ、現地語で言う「トロ（*tolo* 山）」すなわち内陸部に向かって歩いて行くと、まもなく、T村や沖合の島々の人びとが耕す畑が一面に密集する、見通しのよい一帯に出くわす。現在のマライタ島における主作物はサツマイモであり、それぞれの世帯は、それとともにキャッサヴァやバナナなどを栽培する小規模な畑を二～三ヶ所にもち、日々の主食を自給している。これらの畑を越えてさらに内陸部に向かって歩いて行くと、そこはアシに対比される「トロ（Tolo）」（山の民）が暮らす地帯――言語区分としてはバエレレア語圏――である（図4－1、4－2参照）。この「トロ」の人びとは、熱帯林（二次林）の中に点在し、わずか数世帯からなる、T村よりもはるかに小規模な集落に住み、焼畑農耕中心の生活を営んでいる。

他方、T村の海側に目を向けるなら、そこには、本章の冒頭でも紹介したサンゴ礁の海が一面に広がっており、その上に十六の人工島が点在している（T村沖の島々を写した写真4－1を参照）。これらのうち、調査時点で人びとが居住していたのは十島――いずれも、アシ地域全体の基準からして中～小規模な島――であり、そこには合計で約一九〇人が暮らしている。他方、T村沖の島々のうち六島には人が住んでおらず、それらはいずれも大小の樹木の茂みとなっている（T村沖のk島を写した写真4－5を参照）。T地域の人びとの説明によれば、これらの島が無人となったのは、主として一九七〇～八〇年代に、一連のサイクロンによって住居や島自体が損壊する被害を受け、人びとが本島海岸部に移住したためである。現在見られるT村も、沖合の島々からのこの移住によって形成された比較的新しい集落であるとされ、その居住者もほとんどはかつての人工島居住者である。これらの事実が、現在のT地域に住む人びとの景観体験においてどのような含意をもつかについては、後に考察する。

写真4－8　「トロ」の景観（筆者撮影）

今日のアシにとって、T村沖に見られるような人工島はどのような居住空間となっているのか。人工島上に身を置いた時、真っ先に感じるのは、この居住空間を取り巻く景観の見通しのよさである。晴れた日には、日差しをまぶしく反射する海面の上に、六キロ以上も離れた他の島が見えるほどであり、また日中には、カヌーを操って漁をする男性たちの姿が、くっきりとしたシルエットとして浮かび上がる。人工島上の空間のこのような見通しのよさは、調査者（筆者）の主観的な印象にとどまるものではない。アシの人びと自身、しばしば、人工島という居住空間の特徴を、「遠くまで、はっきりと見える（*ada tau, ada folaa*）」こととして言い表し、このような視覚的特徴はとくに、四方を熱帯林に囲まれた「トロ」の居住空間の見通しの悪さ（写真4－8）と対比される。

過去においてと同様、今日でも、人工島に住む人びとの生活は島の上だけでは完結していない。人びとは、本島海岸部にある先述の畑との間をカヌーで日常的に往復するほか、教会での礼拝や学校への通学などのために、頻繁にT村を訪れる。アシの人びとは一般に、本島上での暮らしとの対比において、涼しい風がつねに吹き抜け、また訪問者などに煩わされることの少ない島での生活を快適なものと評する。他方で人びとは、本島から毎日のように真水を汲んでこなければならないことや、荒天の際にはカヌーでの移動が困難になることなど、人工島居住の苦労も認めている。先述のように、一定数の人びとは現在までに島々を離れ、本島海岸部などに移住しているが、このことも、一面ではそうした苦労のためと説明される。

ここで、後述のように現在の景観体験を理解する上で重要な、アシ地域におけるキリスト教受容の歴史について補足しておこう。かつてのアシ地域では、祖先の霊に対するブタの供犠を中心とし、祭司を主な担い手とする祖先崇拝が行われていたが、二十世紀を通じてキリスト教の諸教会――英国国教会、ローマ・カトリック教会、南洋福音伝道会（ＳＳＥＭ）など――による宣教が進み、現在ではほぼすべての個人が、いずれかの教会で洗礼を受けたキリスト教徒となっている。教会を中心に形成されたT村の広場（写真4－7参照）の例が示すように、キリスト教受容の過程は、今日に至る景観形成の歴史的背景としても決定的な重要性をもっており、これについ

写真4－9　a島上のバエ（筆者撮影）

ては次節で述べる。

他方で、今日でもラウ・ラグーンの海上に点在しているアシの人工島は、もともと祖先崇拝の実践と密接な関わりをもっており、そのような関わりの痕跡は、現在でもさまざまなかたちで見て取ることができる。その中でもとくに注目されるのが、一部の島の上に見られる「バエ（*bae*）」と呼ばれる巨大な樹木の茂みである（写真4－9。同じa島を写した写真4－3、4－4をも参照）。この茂みは、かつて――T地域の場合、一九七〇年代頃まで――その内部で祖先霊への供犠や死者の埋葬が行われる儀礼的空間であったが、人びとがキリスト教徒となった現在でも、ほとんどの場合、破壊されることなく島の上に残されている。今日のアシ地域の景観において特異な一要素となっているこのバエについては、後にもあらためて考察する。

四　アシ地域における景観――その特殊性・相対性の意識

以上で概観したような、今日のアシ地域の景観と人びとによるその経験について、われわれはどのように考察することができるだろうか？　一見したところ、アシにおける景観体験のあり方は、いくつもの点で、先に紹介したようなオセアニア人類学における既存の景観論に合致する。たとえばアシにおいて、個別の人工島は祖先の移住・定着の痕跡として認識されており[7]、現在において歴史を具現化するものとしての景観というそうした見方は、先に言及したオーストラリア先住民の事例と重なる。またそのような歴史認識において、祖先とのつながりを強く体現する宗教的な景観要素、具体的には、すぐ前で述べたバエが重要な位置を占めている点も、オセアニアの他地域の事例と共通している。さらにアシにおいて、個別の人工島の由来を語る口頭伝承「アイ・ニ・マエ（*'ai ni mae*）」は、同じく先に述べた「トポジェニー」、すなわち集団的アイデンティティの基盤を提供する空間化された神話・伝承という類型に、まさしく合致するように見える。

　このような共通点に着目し、アシにおける景観認識のあり方を民族誌的に明らかにすることは、それ自体として意味のある作業だろう。その場合、アシ地域の景観は、そこに住まう人びとに対して祖先の歴史を表象する媒体であり、また人びとは、日常的あるいは儀礼的な実践を通じて、そのような景観を繰り返し解釈しているということになる。しかし、調査の過程で筆者は、従来のオセアニア人類学で一般的であったそのような景観論が、今日のアシにおける景観体験のあくまで一面をとらえるものに過ぎないこと、またそこには、表象―解釈の図式には収まらない、ある入り組んだ事情があることに気が付いた。それはすなわち、先に述べたような今日の景観が、人類学者のような外部者にとってのみならず、その中に暮らすアシ自身にとっても、一面で特異で自明でないものとして、したがって、表象―解釈の透明な媒体とは異なるものとして、認識され経験されているという事情である。

先述のように、今日のアシ地域には、沖合に一部が無人となった人工島群が広がり、本島海岸部には大規模集落や密集した畑が位置するという、複合的な景観が見られる。注目すべきことに、このような景観は、アシの人びと自身において、近隣地域とのそれとは明確に異質であり、かつ歴史的にも新しいものとして認識されている。第一にアシは、自分たちが暮らすマライタ島北部に、地域によって多分に異なる景観が並存していることを認識している。このことはとくに、同地域で伝統的に通用してきた「アシ／トロ」、すなわち「海／山」あるいは「海の民／山の民」という地域的・社会的区分と関連している。社会的・集団的区分としての「アシ／トロ」は、それぞれの居住地（海上および海岸部／内陸部）と主な生業（漁業や市場交易／イモ類の焼畑農耕）のおおよその違いに対応しており、両者の間では、魚とイモ類をやり取りする市場交易「ウーシア（*uusia*）」が現在まで行われてきた。またこの区分は、今日でも、ラウ／バエレレアといった言語区分よりも日常的に用いられている。

すでに述べた通り、人工島という居住空間の特徴を述べる際、アシの人びとはしばしば、その空間的な見通しのよさ、すなわち海の上が「遠くまで、はっきりと見える」ことを指摘する。そのような景観上の特徴は、四方を「茂み（*gano*）」すなわち熱帯林に囲まれ、視界を閉ざされた「トロ」におけるそれ（写真4－8参照）と明示的・暗示的に対比される。そのような語りによって、アシの人びとは、「見通しがよく、開けた『アシ』の景観／見通しが悪く、視覚的に閉ざされた『トロ』の景観」という対比的な認識を表明しているのである(8)。

なお、こうした景観上の対比は単に観念的なものではない。すでに述べたように、T地域に住むアシの人びとにとって、「トロ」の居住空間は、T村から徒歩で十分ほどのごく身近な場所である。このため人びとは、T村から少し離れた畑に行く際や、「トロ」の親族を訪問する際――「アシ／トロ」間の通婚は珍しくない――などに、上で述べたような「アシ／トロ」の景観上の差異を具体的に体験している。「遠くまで、はっきりと見える」アシ地域の景観が自明で必然的なものではないこと、そしてそのすぐ近くに、まったく異なる景観をもつ「トロ」の居住空間が存在していることを、アシの人びとは日常的に再確認しているのである。

第二にアシは、自分たちの現在の居住パターンとそれにともなう景観が決して伝統的なものではなく、比較的最近になって形成されたものであること、すなわちその歴史的な相対性を明確に認識している。一般にオセアニアでは、キリスト教受容や植民地統治の過程で、内陸部から海岸部への移住や、教会を中心とする新集落への集住など、居住パターンの変化が生じた例が数多く知られている。アシ地域の事例も一面でこうしたパターンに合致しており、たとえばT村は先述の通り、一九七〇～八〇年代の沖合の人工島群からの移住により、カトリック教会の付近に新たに形成されたとされる。高齢者の証言によれば、現在同村が位置するあたりはそれまで、教会や診療所などわずかな建物を除けば一面の「茂み」と「沼地（*kumu*）」であり、そこには、人工島に住む人びとが湿地性のタロイモ「カカマ（*kakama*）」を植えていた。これに対し、一九七〇年代以降人びとは、樹木を伐採し、排水路を掘るなどして、この一帯を居住可能な場所に変えていったとされる。このような証言には、現在見られるような景観が歴史的に、しかも約三十年前と比較的最近になって形成されたものであるという、アシ自身の認識が示されている。

そのような歴史的変化の結果として、アシの人びとはそれまでとは異なる新しい景観の中に暮らすことになった。たとえば、人びとが本島に移住したことにより、一部の人工島は無人となり、今日までに巨大な樹木の茂みとなっているが、これらの特徴的な景観要素も、一九七〇年代以前には見られなかったものである。また人びとは、T村が「新しい村（*fera faalu*）」であることを明言し、多数の住居や調理小屋が密集したこの村を、時に「まるで町のようだ」と評する。このような語りには、自分たちが地域的にも歴史的にも特殊な景観・居住空間の中に暮らしているというアシの意識を、明確に読み取ることができる。

五　従来のオセアニア景観論との齟齬

以上のようなアシの現状には、人びとにとって身近な景観それ自体が、決して自明でない、それどころかある意味で特異な存在として立ち現れ、経験されているという逆説的な状況を認めることができる。そうだとすれば、今日のアシにおける景観体験を理解する上で、オセアニアの村落地域に関してこれまで一般的であったような景観論、すなわち、歴史や社会関係の表象―解釈の媒体として、人びとにアイデンティティの根拠を提供する景観という議論は、もはや適用しえないのではないか。アシの事例は、人類学者にそのような問いを投げかけているのである。

今日のアシにおける景観体験は、とくに以下の二つの点で、オセアニアの景観に関する従来の図式には適合しがたいと考えられる。第一は、人工島に住まってきた「海の民」としてのアシが帯びている、居住地やその景観との関わりの特殊性である。別稿［里見 二〇一一］で詳述したように、現在「アシ」と呼ばれる人びとのほとんどは、祖先たちは「トロ」すなわちマライタ島内陸部の各地から移住してきたという伝承に基づき、現住地において、自らを「よそから来て居着いた人びと（*imola dao ka too gi*）」として規定している。このことはまた、現在自分が耕作あるいは居住している海岸部の土地は、「われわれの土地（*gano gami*）」ではないという認識をも含意する。さらに、マライタ島の海岸部における人口増加によって耕地不足などが懸念されている今日、「よそから来て居着いた人びと」としてのアシは、現住地の土地保有関係における自らの劣位性に対して、深刻な不安——具体的には、土地利用が逼迫するにつれ、近い将来現住地から追い出されるのではないかという不安——を抱いている。

このような状況の中、アシの間には現在、自らの居住地と集団的アイデンティティを根本的に再定義し、自分たちの「故地（*'ae fera'* もともとの居住地）」である内陸部に「帰ろう（*'oli*）」とする動きが広まっている。「トロ」を自らの本来の居住地として見出すこのような動きは、「われわれは人工島に居住してきたアシである」という、居住地と結び付いた従来の自己規定それ自体を疑問に付すものに他ならない。居住地に対するアシの人びとの関係がこのように極端に不安定化している状況にあっては、オセアニアの村落地域について従来繰り返されてきたような、神話や儀礼を媒介とした、人びとと場所・景観の間の持続的で調和的な結び付きを記述するというアプローチは、もはや成り立たないだろう。

第二に、二〇世紀を通じて進展したキリスト教の受容も、アシにおける景観との関わりを大きく変容させ、揺るがせてきた。ここで具体的に問題となるのは、次節で論じるように、身近な景観の中に存在し続ける非キリスト教的な祖先の痕跡といかに関わるかという点である。すでに述べたように、オセアニアに関するこれまでの景観論では、日常的あるいは儀礼的な景観体験が人びとに集団的アイデンティティの基盤を提供している、という肯定的な理解が一般的であった。これに対し、今日のアシにおいてはむしろ、身近な景観の体験が、「われわれはアシであり、キリスト教徒である」という人びとの自己了解を繰り返し揺り動かし、「われわれはどこで、どのように暮らすべきなのか？」という自己についての問いを喚起している事情が認められる。このように、人びとにとっての問いの源泉、あるいは、向き合わなければならない「問題」として立ち現れる景観について考察するために、次節では、キリスト教の受容以前にその中で祖先崇拝の儀礼や埋葬が行われていた、先述の「バエ」の空間に注目してみたい。

六　「バエ」――「問題」としての景観

今日、人工島上やマライタ島本島に現存するバエは、アシの人びとの言う「カストムの時代（*kada kastom*）」、すなわち伝統的な祖先崇拝が行われていた時代――T地域では、おおよそ一九七〇年代まで――から現在まで残存し、この時代を端的に具現化する空間とみなされている。(9) キリスト教の一般的受容以後、バエの中で祖先へのブタの供犠や死者の埋葬が行われることは、以下で述べるような特異な例外を除けばもはやない。このため今日、多くのバエは、人が立ち入ることもない暗く巨大な茂みとなっており、アシ地域の景観の独特な構成要素となっている。とくに狭小な人工島の場合、島上のバエは、日常の生活空間のすぐ傍らで圧倒的と言うべき存在感を放っている（写真4－9参照）。なお今日のアシは、日常生活において、「教会（*lotu*）」（キリスト教）の領域と「カストム」（伝統的祖先崇拝）の領域を峻別しなければならないと考えている。このため、キリスト教徒となったアシの人びとは、一般にバエに立ち入ってはならないとされ、みだりに立ち入ると、祖先の怒りによって病や死などの災厄――現地語で言う「問題、困難（*'afeteia*）」――が訪れるとされる。また人びとは、同じ理由から、個別のバエの名前や、祖先の移住・定着に関わるその由来を語ることにもしばしば留保を示す。

このようにバエの空間は、人工島上において、身近な景観要素である反面で、疎遠さあるいは潜在的脅威としての性格を帯びており、極端に二面的な存在となっている。そして、まさにこの二面性のために、アシにとってバエは、厄介な、問題を含んだ存在となっているのである。実際、バエに関わる災厄のエピソードは、深刻さの差こそあれ、現在のアシ地域でかなり一般的に知られている。たとえばT地域では、一九九三年、T村沖の人工島の一つであるａ島のバエ（写真4−3、4−4、4−9参照）に、同島の出身で、キリスト教徒となることなく亡くなった男性が埋葬された（この男性は結果的に、同島のバエへの最後の被埋葬者となっている）。この際、この男性が司っていた祖先崇拝の継承を拒んだ彼の息子たちは、T村のカトリック教会の司祭を招き、キリスト教式の祈禱を行いつつバエの内部に死者を葬るという折衷的な埋葬を行ったとされる。彼らは、「教会」の力で祖先崇拝の影響を「封じる（*bokosia*）」ことができると考えてそのようにしたわけだが、一般には、キリスト教式の埋葬とバエへの「カストム」式の埋葬は峻別されるべきとされ、このように折衷的なやり方はきわめて例外的である（筆者の知る限り、T地域では他に例がない）。

二〇〇〇年代に入ると、この埋葬の中心となった、亡くなった男性の次男は、十代の娘二人を相次いで亡くすことになる。彼は筆者に対し、娘たちの死は、自分たちが行った「誤った（*garo*）」埋葬、すなわち「教会／カストム」の境界付けに違反するバエへの折衷的な埋葬のためであると語っていた。ａ島のバエをめぐるこの深刻な災厄の事例は、現在のT地域で広く知られているが、ここには、身近でありながら潜在的な脅威であるバエの「問題」としての性格がよく示されている。さらに言うならば、そのような性格は、バエという要素を含む現在のアシ地域の景観が、総体としてある問題性を帯びていることをも含意するだろう。アシ地域において、「カストムの時代」という過去を現在の景観の中で具現化するバエは、人びとにアイデンティティの歴史的根拠を提供するどころか、災厄を通じて現在の社会生活を深刻に揺り動かすものとして現れている。そして、地域的・歴史

写真4－10　倒れたバエの大木（筆者撮影）

的に特殊で自明でないものとして認識されている今日の景観は、アシの人びとにより、つねにそのような「問題」を内包したものとして経験されているのである。

なおT地域において、a島のバエをめぐる「問題」は、以上の災厄をもって終わったわけではない。二〇一一年の滞在中、筆者は、この景観要素が人びとをさらに劇的な仕方で揺り動かした出来事に遭遇した。この年の八月二八日、T村や沖合の島々に住む人びとは、朝からの大雨の中、教会で日曜日のミサに参列していた。ところがその最中、つむじ風のような強烈な突風が吹き込み、教会は中まで水浸しになった。その激しさは、ミサの後、T村に住む三十代の女性が、「こんな雨は見たことがない」と評したほどである。さらに驚いたことに、この突風によって、a島のバエに生えていた大木が島の上に倒れたという知らせが間もなく届いた（写真4－10。写真4－9と比較されたい）。一〇〇年前後と推定されるa島の歴史の中でも、このような出来事ははじめてであり、このことはT地域の人びと——そこには多くのa島出身者とその子孫が含まれる――にただならぬ動揺を引き起こした。

バエの巨大な倒木は、a島上の広場を覆うように倒れ込んでいたが、人びとは、この島に住み続けながらも、「バエの木の葉に触れると死ぬ」と言ってそれを避けて歩いていた。あの日の突風によって、本島のT村からも見えるa島上に、突如としてこのように異様で禍々しい景観が出現したのである。なおこの時期、T地域の人びとは、九月末にT村で予定されていた、マライタ島内のカトリック信徒が集まる大集会のために、いろいろな準備を進める必要があった。しかしその間にも、a島上には、「葉に触れると死ぬ」ために手を付けることができない巨大な木が倒れたままになっていた。人びとは、約一ヶ月の間、この異様な景観によって深刻に動揺・困惑させられたままで暮らし、働くことになったのである。

注目すべきことに、バエの大木が倒れた直後から、a島居住者やT村に住むその親族の間では、同島の過去に関わるさまざまな「過ち（*garo*）」、すなわち、先述の埋葬がその一例であるような、「教会／カストム」の境界付けや伝統的禁忌への違反についての憶測が、盛んに語られるようになった。すなわち、ある人がかつて祖先崇拝に関わる禁忌を犯したのではないか。あるいは、また別の人が邪術による殺人を行ったのではないか。それらの「過ち」が、バエの木が倒れるという禍々しい出来事のかたちで表れたのではないか。また、今後より直接的な災厄が生じるのを避けるために、自分たちはそれらを「正す（*'olosia*）」手続きをとらなければならないのではないか――人びとは口々にそのように語り、議論し続けた。これらの憶測とそれを受けた実際の対応について、ここで詳細に述べることはできない[10]。それでも、以上の経過から、バエの巨木が倒れるという劇的な出来事、あるいはそこで出現した特異な景観が、人びとの間にさまざまな動きを引き起こしていたことが読み取れるだろう。島の上の巨大な倒木が発散する異様なマテリアリティは、a島に関わる人びとを、現在における自分たちの社会生活に潜在しているかもしれない問題を探究するように、さらにはそれへの対処、たとえば「過ち」を「正す」ためのキリスト教式の祈禱を通じて、自分たちの現状を再定義するように促したのである。

七　新たなオセアニア景観論に向かって

以上のようなバエとアシの人びとの関わりは、景観に関してこれまでのオセアニア人類学で一般的であった想定に対して、明確な齟齬を示している。すなわち、従来の多くの議論では、現地の人びとは、景観が表象する社会・文化的な意味内容、たとえば神話的祖先とのつながりや親族・姻族関係のネットワークといった内容を読み取り、そこから自らのアイデンティティや現在の社会秩序に対する根拠を引き出しているとされていた。これに対し、以上で見た事例において、アシの人びとに対してバエが担っている意味は、しばしば不明あるいは不定なものにとどまっている。またその反面で、バエはアシ地域の景観の中で圧倒的で不気味な存在感を保ち、人びとに対してさまざまな問いを喚起していた。そうであるとすれば、景観要素としてのバエの働きは、人びとに対して祖先に関わる知識などを提供することにあるというより、むしろ、現在における人びとの社会生活や、「われわれは人工島に住まうアシであり、またキリスト教徒である」というアイデンティティを不安定化し、つねに新たな動きを引き起こすという点にあると言えるだろう。

このように人びとのアイデンティティを揺り動かす景観の体験は、バエに限らず、先述のように「新しい村」として認識されているT村や、一部が無人化した現在の人工島群など、アシ地域の景観の多くの側面に関して指摘されうる。たとえば、先述のように、人びとは現在、「新しい村」における人口密集と土地不足を懸念して、マライタ島内陸部への移住を構想しつつある。ここには、歴史的に新しく、自明でない存在としての居住地の景観が、人びとを現状とは異なる居住・生活様式へと導いていく動きを見て取ることができる。このように、今日のアシ地域では、日常的な景観のさまざまな側面をめぐって、表象—解釈の枠組みに回収されない多様な動きが生じている。本章は、このようなアシの事例に、オセアニア人類学における新たな景観論のための手がかりを見出そうとするものである。

より一般的に言えば、オセアニアを対象とするものに限らず、人類学は今日なお、一見して「伝統的な」生活が営まれている村落地域の社会を、固定的で一枚岩のものとして想像する傾向から自由になり切れていない。これに対し、本章が明らかにしたのは、一見激動の中にはない村落生活に内在する、さまざまな揺らぎや新たな動きであり、それらはとくに、人びとの日常的な景観体験に注目することで見えてきたものであった。

それでは、景観はなぜ村落地域の生活にそのような動きを引き起こすことができるのか。この問いには次のように答えられるだろう。すなわち、キリスト教徒である今日のアシにとってのバエがそうであるように、景観とは多くの場合、人びとが自ら歴史的につくり上げてきたものではあるが、それと同時に、自分たちの現状を超えたもの、あるいはそれには回収しえない異質な存在でもある。そうであるがゆえに、景観はしばしば、人びとによって「問題」あるいは自己をめぐる問いの源泉として経験され、人びとが生きる現在につねに新たな動きをもたらすのである。アシの事例に即して以上で試みてきたように、景観をめぐるそのような動きについて記述し分析することは、村落地域を対象とする景観人類学が今後取り組んでいくべき重要な課題と言えるだろう。

――注

（1）これまでの文献では、この人びとに対する民族名として、一般に「ラウ」が用いられてきたが、本章では、現地でより日常的に用いられる「アシ」を用いる。なお現地語（ラウ語）において、「アシ（*asi*）」はもともと単に「海」を意味する。

（2）現地語では、これらの島に対して、「海の村（*fera 'i asi*）」をはじめとする多様な呼称・表現が用いられる。本章では、一貫性のために、便宜的に「人工島」という従来の呼称を採用する。

（3）本章のもととなったフィールドワークは、二〇〇八年三〜四月、二〇〇八年八月〜二〇〇九年一月、二〇〇九年四〜十月、二〇一一年六〜十月および二〇一四年二〜三月の五つの期間に渡り、延べ約十七か月間に渡って行われた。

（4）紙幅の制約上、本章ではこれらの問いのすべてに答えることはできない。なお、アシの人工島居住の歴史と現状については、別稿［里見 二〇一四］で包括的な記述・分析を行っている。

（5）オセアニア、とくにマライタ島もその一部であるメラネシア（南西太平洋）における景観については、他にもたとえば以下の研究がある［Anderson 2011; Bonnemaison 1985; Harrison 2004; Küchler 1993］。この他にも、たとえばスティーブン・フェルドは、パプアニューギニアのカルリの人びとの事例に即して、熱帯林のサウンドスケープ、すなわち聴覚的に体験される景観（第三章を参照）について議論を展開している［Feld 1996］。また林勲男は、同じくニューギニアのベダムニの事例に関して、現代の天然資源開発と人びとの〈場所〉意識の間の緊張関係について論じている［林 一九九九］。なおペイイ・グオは、マライタ島の中西岸に住み、アシと同様な人工島居住を営んでいたランガランガの事例に即して、この人びとにおける景観認識とその変容について論じている［Guo 2003］。ただし彼女の議論は、ここで挙げたような先行するオセアニア景観論を基本的に反復・追認するものとなっている。

（6）図4―2において、●は調査時点で人が住んでいた島、○は無人となっていた島を表している。

（7）詳しくは別稿［里見 二〇一一］を参照。
（8）海岸部のT村やその周辺の景観は、マライタ島本島にありながらある程度の見通しのよさをもっている点で、「アシ／トロ」の中間に位置していると言えるだろう。
（9）「カストム」は、英語の「慣習（custom）」に由来する表現で、広くは「キリスト教受容以前の慣習、伝統文化」を意味する。
（10）結果的には、突風の約五週間後、a島に関わる人びとの話し合いにより、倒木の枝を斧やナイフで切った上で、バエに向かってキリスト教式の祈禱をおこなうという手続きがとられた。それまで「触れたら死ぬ」と言われていた倒木が、一転して伐採可能とされたこの間の経緯を理解するためには、アシにおける「カストム」観念やそのキリスト教との多義的な関係に立ち入る必要があり、ここでそれを詳論することはできない。

第Ⅱ部　競合と相律

第五章　セルフィーが生み出す景観

――マッカ巡礼における宗教景観論争と共有のパフォーマンス

安田　慎

一　はじめに

ヒジュラ暦一四三五年ズー・アル＝ヒッジャ月（二〇一四年十月）にサウディアラビアのマッカ（メッカ）で行われたハッジ（イスラームの巡礼を指す用語）では、セルフィー（小型カメラでの自撮り行為を指す）がひとつの社会現象となった。携帯電話や小型カメラの普及により、数年前よりマッカ巡礼を撮影した画像がSNS（ソーシャル・ネットワーク・サービス）やウェブ空間をはじめとする社会空間に溢れていたが、徐々にマッカ巡礼におけるセルフィーの是非をめぐる議論が、イスラーム世界でもなされるようになってきた。二〇一四年九月三十日にサウディアラビアの汎アラブ紙アラブ・ニュース（*Arab News*）がセルフィーに対する批判記事を掲載すると、全世界的にマッカ巡礼におけるセルフィーの是非がひとつの争点となってきた。当該記事ではサウディアラビアの宗教学者が、近年のカアバ（カアバ聖殿）や聖モスクにおけるセルフィーの流行を嘆き、これらの行為がマッカ巡礼をあたかもピクニックのようにとらえ、信仰心に欠く行為であると苦言を呈している［*Arab News* 2014,

写真5－1　アラブ・ニュースに掲載された、サウディアラビア人ジャーナリスト、ムスラフ・ジャミールによって撮影されたマッカのセルフィーの事例
後ろにカアバが見える（出典：*Arab News* 2015, Sep 30）

Sep 30]。この記事が世界的な反響を呼ぶと、マッカ巡礼におけるセルフィーを認めるか否か、あるいは「適切なマッカ巡礼のあり方」をめぐって、多数の議論が展開されるようになった。識者からは、マッカ巡礼におけるセルフィーを信仰心の欠如や宗教的動機の弱さ、ナルシシズムの発露としてとらえ、自粛を求める意見が発せられた［*Arab News* 2015 Mar 20］。その他にも、サウディアラビア政府関係者が国内の宗教空間におけるスマートフォンでの撮影や、ＳＮＳの使用を禁止することを検討しているとされている［*Arab News* 2015, Mar 20］。

この動きに対して、セルフィーを肯定する一般ムスリムからは、一生のなかの重要なイベントであるマッカ巡礼の様子を記録に残し、広く知人に見せることの重要性を強調している［*Arab News* 2014, Sep 30］。むしろ、マッカ巡礼におけるセルフィーが、巡礼者の信仰心を他人に認知させ、後ほど自分で思い出を振り返る際の手段として機能している点を強調する。その他にも、カメラや携帯電話をはじめとする一連のテクノロジーを使用することと自体は、イスラームにおいて禁止されていないと指摘し、許容される行為であると、ある種の開き直りとも取れるような主張をするムスリムも存在する。

写真5－2　現代のマッカ巡礼を象徴する写真：真剣な礼拝を行う巡礼者がいる横で、セルフィーの撮影に勤しむ他の巡礼者（出典：アムル・アブドゥッラー・ダルシュによる撮影）

これらのセルフィーをめぐる議論がなされる背景には、「マッカ巡礼における正しい宗教経験とは何か」をめぐる、関係者たちの理想と現実をめぐる議論が横たわる。マッカ巡礼におけるセルフィーを批判する人びとにとっては、セルフィーはマッカの宗教景観を写真で切り取ることによって、あたかも正統な宗教経験を達成しているように見せかけているとみなす。その結果、マッカ巡礼が保持してきた宗教的動機やイスラームの信仰を減退させる恥ずべき行為としてとらえている。逆に、セルフィーを肯定する人びとからは、宗教景観とともに写ることによって、自らの信仰心の発露や表現の一方法としてとらえられてきた。このように、巡礼において宗教景観が殊更重視されてきた背景には、巡礼者の宗教景観と宗教経験をめぐる関係を見て取ることができる。

既存の巡礼研究においても、空間に対する人びとの認識や意味づけが、巡礼者個人の巡礼経験をも規定している点を明らかにしている［Turner and Turner 1995; Digance 2003］。これらの議論では、景観が社会的・文化的に共有される「まなざし」(gaze) によって構築され、諸アクターによって受容されていく様が描き出されてきた［アーリ 一九九五（一九九〇）; Marddrell et al. eds. 2015: 6］。その際、権威あるアクターが「まなざし」を管理し、人びとはその管理されたイメージや「まなざし」を消費していくモデルが提示される。そのため、従来の研究では「まなざし」や景観イメージの構築に影響を及ぼしてきた権威あるアクターと、それらが人びとに流布していくプロセスが主要な検討対象となってきた［Ingold 1993; Hirsch and O'Hanlon 1995］。

しかし一連の議論を踏まえるだけでは、マッカ巡礼におけるセルフィーを写す人びとの心性を解明することはできない。セルフィーによって切り取った景観を、SNSや公共空間において他人と共有する行為は、既存の研究が明らかにしてきたモデルとは、明らかに異なる。むしろ議論を先取りするのであれば、セルフィーは権威あるアクターによって形作られた景観をある意味で否定し、自らが積極的に景観の構築に関与する実践としてとらえることができるのではないか。ただし、巡礼者たちがセルフィーを通じて景観の構築に関与しようとする社会的背景については、必ずしも明らかにされていない。

そこで本章では、マッカ巡礼におけるセルフィーをめぐる問題を取り上げながら、宗教景観をめぐる実践の変化を見ていきたい。特に、セルフィーを撮影する人びとの心理や心性に着目し、マッカにおける宗教景観を構築する実践がいかに展開されてきたのかを考える。そのために本章ではまず、イスラームにおけるマッカ巡礼の役割を論じたうえで、巡礼者たちのセルフィーの内実を見ていく。次に、セルフィーが流行する背景として、マッカにおける宗教景観の急激な変容と、それにともなう景観論争の発生について論じる。最後に、宗教景観論争を整合するひとつの動きとしてのセルフィーを、景観をめぐる研究を参照しながら議論していきたい。

二　マッカにおけるセルフィーと宗教景観論争

1　マッカ巡礼とは何か

そもそもイスラームにおけるマッカ巡礼とは、サウディアラビアの宗教都市、マッカを訪れる一連の宗教儀礼のことを指す。サウディアラビア南西部の紅海から内陸に入ったオアシス都市であるマッカは、イスラームの始まりの地であり、世界各地のムスリムたちの精神的支柱として存在し続けてきた。カアバを中心とする巡礼は、イスラームの始まりから連綿と受け継がれてきた宗教的諸儀礼を遂行することで、現代にいたるまでムスリムを強く惹きつける、憧れの対象ともなってきた［水谷 二〇一〇］。

マッカへの巡礼は、ハッジ（大巡礼）とウムラ（小巡礼）に大別される。ハッジがクルアーンに「この家への巡礼は、そこに赴ける人びとに課せられたアッラーへの義務である」（クルアーン第三章九七節）と明確に義務と定められているのに対し、ウムラは教義において必ずしも義務とはみなされない[1]。両者は実施される時期と内容においても違いが見られる。ハッジはヒジュラ暦第十二月（ズー・アル＝ヒッジャ）の八日から十二日の時期に行われるものを指し、ウムラはそれ以外の期間に年間を通して行われる。ハッジが、カアバにおける諸儀礼の他に、ミナーの谷やムズダリファ、アラファの丘における儀礼が必須であるのに対して、ウムラではカアバのみで完結する場合が多い。

地域や人種、文化を超えて集い、同じ儀礼をおこなう姿は、イスラームの唯一性（タウヒード）を認識させ、ムスリム同士の紐帯や共同性を育む重要な儀礼としてとらえられてきた［Peters 1996; Bianchi 2004; Laguerre 2011］。アメリカにおける黒人解放運動を主導してきたマルコムXが、巡礼を通じてマッカにおける人種を超えたムスリムの連帯を強く意識した経験も、マッカ巡礼の持つ機能が二十世紀まで十全に機能してきたことを示すものであろう。

世界各地のムスリムを魅了してきたマッカ巡礼であるが、巡礼者の数は十九世紀までは限られたものであった。マッカまでの旅費や時間を工面できる社会的階層が少なかったため、二十世紀後半に至るまで巡礼者の数が急激に増えることはなかった。鉄道や蒸気船が整備された二十世紀初頭においても、マッカ巡礼に向かう人の数は多くとも数万人に留まってきた［坂本 一九九九; Bianchi 2004; 小杉 二〇〇四］。この状況を大きく変えたのが、一九七〇年代のジャンボジェット機の登場である。ジャンボジェット機の登場による航空網の拡大は、より遠方からの移動を可能とし、巡礼期間や旅費を大幅に軽減することに成功した［小杉 二〇〇四］。その結果、従来のような道中の危険や、長期間留守にする間の家族の生活を保障する負担が軽減され、人びとが容易にマッカ巡礼に出かけることが可能になった。

交通網や旅行会社の発展によって、世界各国からムスリムがマッカに押し寄せるようになり、その数は一九八〇年代以降には二〇〇万から三〇〇万人に膨れあがった［Bianchi 2004］。急激な巡礼者の増加は、儀礼の安全な実施に支障をきたすようになっている。例えば、将棋倒しによる圧死や設備の不備による事故、石投げの儀式の際に負傷する巡礼者が後を絶たない点が問題視されるようになった(2)［Bianchi 2004: Piscatori 2005］。他にも、ハッジの期間中の食糧供給と衛生の確保という問題も発生している［Bianchi 2004］。

マッカを統治するサウディアラビア政府は、聖地の守護者としての宗教権威を誇示するために、増大する巡礼者に対して適切な対応をおこなうことが求められるようになった。そのため、一九六〇年代には巡礼の管理運営を専門におこなうハッジ省を設立している(3)［Long 1979: 54］。さらに、サウディアラビア政府はハッジ省を通

写真５－３　NFLプレーヤー、ハムザ・アブドゥッラーとフサイン・アブドゥッラーによる2012年のマッカ巡礼のセルフィー
（出典：*Daily Mail* 2013, May 24）

じてマッカにおける巡礼者の許容量の拡大と制限という二つの施策を展開してきた。許容量の拡大策として、交通・宿泊・飲食をはじめとする巡礼者のためのインフラ整備と、聖モスクの拡張があげられる［小杉 二〇一四：一四］。一九八二年から始まった聖モスクの拡張工事によって、聖域の収容人数が飛躍的に増大したが、その収容人数を上回る数の巡礼者がマッカを訪れるようになり、二〇〇〇年代に新たな拡張プロジェクトを実施するに至っている[4]。

２　セルフィーになる景観、セルフィーにならない景観

巡礼の経験の一場面を記録するマッカにおけるセルフィーは、主にＳＮＳにおいて広がっている。例えば、フェイスブックやツイッター、インスタグラム、フリッカーといった写真を他人と共有する媒体ツールを通じて、近しい人びとや社会空間で共有されてきた。

セルフィーに映り込む背景画像を詳しく見ていくと、従来からマッカ巡礼のシンボルとして認識されてきたアイコンが好んで被写体として選ばれていることがわかる。例えば、マッカ巡礼の中心となるカアバやそれを囲む

写真５－４　マッカ俯瞰図：右側にあるのが、アブラージュ・アル＝バイトになる
（フランス通信社、ファイーズ・ヌレルディンによる撮影）

聖モスク、ムズダリファやジャマラート、ミナーの谷のテント村、アラファの丘といった、巡礼儀礼に関連する場所があげられる。その他にも、イフラームに身を包んだ集団による混雑、巡礼の起点となることが多いジェッダ空港第三ターミナル（巡礼者専用ターミナル）の様子、集団礼拝に代表される群衆の動きといった、場所や時間を特定できる要素も画面に収められている。さらに、自分と違う肌や容姿を持った見知らぬ巡礼者（例えば、黒人の巡礼者であれば白人やアジア系の巡礼者と、白人であれば非白人の巡礼者）と写真に収まることも被写体として好まれてきた。これらの被写体は、他の場所にはない、「マッカ的な景観」を示すシンボルとして、セルフィーにおいてなくてはならないものとして好んで用いられてきた。

しかし、同じ「マッカ的な景観」でありながら、セルフィーの被写体として好まれないアイコンも数多く存在する。例えば、二〇一二年に竣工した高さ六〇一メートルのギネス記録を持つアブラージュ・アル＝バイト（Abrāj al-Bayt もしくは、マッカ・ロイヤル・クロック・タワー、ザムザム・タワー）や、隣接する高層ホテル群、ショッピングモールがあげられる。その他にも、二一世紀に入って目立つようになった、聖モスク周辺部での工事用のクレーン、案内板、近代的建築物といったものは、セルフィーのアイコンには選ばれないことが多い。さらに、マッカにおける交通整理や治安維持を担う警備員、清掃員、ホテルの従業員といった「現代的な」人びとも、被写体として避けられることが多々見られる。むしろ、これらのアイコンはセルフィーの撮影の際に、巧妙にフレームの枠のなかから排除されてきた。

巡礼者によって避けられる被写体たちは、逆にサウディアラビア政府や関連するメディアでは、マッカ巡礼の現代化の象徴として積極的に宣伝されてきた。特に、高級ホテルをはじめとする高層建築群や、アブラージュ・アル＝バイトが、サウディアラビア政府によって強く巡礼者に勧められてきた［*Arab News* 2014, Aug 17］。サウディアラビア政府にとってこれらの建造物は、マッカ巡礼の近代化やイスラームとしての自信と誇りを象徴するアイコンであり、サウディアラビア政府の聖地の守護者としての威信を示すシンボルでもある。この建造物がカアバとともに、世界各地のムスリムを結びつける重要なランドマークになることも期待されてきた。それを示すように、サウディアラビア政府に近い宗教学者たちも、アブラージュ・アル＝バイトの建設を「マッカ時間がグリニッジ天文台の世界標準時に代わる、新たな世界時間の中心地となるだろう」として、肯定的意見を数多く発してきた［*Arab News* 2010, Nov 11］。

しかし、現実には巡礼者はこの建造物をはじめとするマッカの現代的な景観を、セルフィーの対象から意図的に外してきた。彼らにとってはこれらの景観は「マッカ固有の景観」ではありながらも、「イスラームやマッカ巡礼を示す宗教景観」としてはみなしてこなかったと言える。したがって、セルフィーを好んで撮影する一見す

写真５－５　1988年のカアバ神殿周辺部の景観（出典：*AP* 2014, Oct 1）

ると「宗教的に不真面目な」人びとが、セルフィーの被写体においては逆に「イスラームの伝統を継続している」と彼らの認識する景観を好んで選び取っている、ととらえられるだろう。

以上の議論を踏まえると、現代的な宗教景観を肯定し、セルフィーをおこなう人びとを批判してきたサウディアラビア政府や宗教学者たちよりも、セルフィーを積極的に撮影する巡礼者の方が、「より真正な宗教経験」を体験していると見なすことも可能ではないか。むしろ、カアバや巡礼者たちの「正しい宗教景観」を自らの巡礼経験のなかに積極的に取り込もうとしている巡礼者は、豪華なホテル群をはじめとする現代的建造物をマッカ巡礼における重要な景観として描き出すサウディアラビア政府や宗教学者よりも、はるかに「信仰心の厚い人びと」と見なすことができる。それでは、なぜ両者の間に宗教景観をめぐってこれだけの差異が出てきたのか。その点については、マッカの宗教景観の変化を歴史的に追っていく必要があるだろう。次節で、その点を詳しく見ていいきたい。

三　マッカ宗教景観をめぐる軋轢と整合

１　マッカにおける宗教景観論争

マッカにおける宗教景観は、二十世紀後半以降に急激な変化を経験してきた。その背後には、マッカを擁するサウディアラビア政府のマッカに対する「まなざし」（gaze）［アーリ　一九九五（一九九〇）］の変化を見て取ることができる。

一九七〇年代以降、石油の輸出によって発展してきたサウディアラビア経済であるが、二〇〇〇年代以降には将来の石油枯渇を見越して、石油に依存しない産業構造の多角化を目指すようになった［Piscatori 2005］。その際、巡礼者向けの不動産や宿泊、交通、旅行、それらを横断する観光といった多様な産業が関与する巡礼産業の育成に強い関心が払われるようになっていった［Henderson 2011］。特に、世界的なムスリム人口の増加とマッカ巡礼への期待の高まりは、サウディアラビアの将来性のある基幹産業としての巡礼産業に対するポテンシャルを、政府関係者の間で認識させる要因となってきた［Henderson 2011］。

一連の経済・社会事情を踏まえ、サウディアラビア政府は二〇〇〇年代に入って再開発プロジェクトを新たに始動し、カアバ周辺部の整備に着手してきた。その際、マッカにおける巡礼者の収容人数を拡張する施策を展開すると同時に、より巡礼者から収益をあげるインフラ整備が進められた。その結果、二〇〇八年にカアバに隣接する場所にル・メリディアン・ホテルが開業し、翌年にインターコンチネンタル・ホテルやヒルトン・ホテルが建設されている。この三つの国際的高級ホテルの開業を契機に、周辺部での高級ホテルの建設が相次いだ。これらの高級ホテルのなかでも、カアバに隣接するホテルは高所得者層の巡礼者から人気を集め、さらにそのなかでもカアバを眺めることのできる「カアバ・ビュー」と呼ばれる客室が周囲のホテルで相次いで設定されるに至った。その結果、従来は可視化されてこなかった、経済的ステータスの高い巡礼者の存在が知られるようになるだけでなく、彼らに合わせた高級サービスが聖地で展開されるようになった。

マッカの再開発プロジェクトの一環として、二〇〇二年にはアブドゥッラー国王の肝いりで聖モスクの東側に位置するオスマン朝時代に建設されたアジュヤド城塞を取り壊し、新たに高層ホテルを建設するアブラージュ・アル＝バイト計画が浮上した［*NYT* 2002, Jan 9］。その過程で、グリニッジ天文台に代わる世界標準時としての地位を象徴する建造物構想が具体化されていった［*Arab News* 2010, Nov 11］。二〇一三年には世界最大の高さ六〇一メートルの時計塔が落成され、高級ホテルや月の観測所、博物館、世界的な高級ブランド品を扱うショッピングモールも併設された複合施設として開業している。

アブラージュ・アル＝バイトに代表される二〇〇〇年代の再開発プロジェクトと、それにともなうマッカの景観の変化は、その真正性と妥当性をめぐって多くの議論が起こってきた。特に、聖モスク周辺に現存していた多くの歴史的遺産を破壊することに対し、地域住民や国外の歴史学者・考古学者による懸念が表明されてきた［*Independent* 2011, Aug 20］。さらに、再開発は巡礼者の利便性よりもサウディアラビア政府の経済的利潤を優先するものと受け止められ、世界各地のムスリムや地域住民から「商業主義の象徴」として否定的にとらえられてきた［Hammoudi 2006; ***AP*** 2014, Oct 1］。

再開発にともなうマッカの宗教景観をめぐるサウディアラビア政府と巡礼者や地域住民との対立は、教義や儀礼遂行を通じてムスリムに信じられてきたムスリム同士の同質性や共同性という認識に大きな齟齬をきたす状況を生み出してきた。その結果、経済的ステータスによってカアバ周辺で豪華で快適な巡礼経験を享受できる層と、遠方の安価なホテルしか利用できず不便を被る巡礼者層が、同じ巡礼空間のなかで可視化されるようになった［*Independent* 2011, Aug 20］。マッカは、ムスリムとしての共通の巡礼経験や同質性・共同性を体験する場としてよりも、巡礼空間における差異や分断を認識する場としてとらえられることが多くなってきた。その結果、巡礼者は巡礼経験に対して期待や満足よりも失望と不満を抱えるようになり、マッカ巡礼の持つ魅力そのものに対して懐疑的な目を向けざるを得ない状況に陥ってしまっている。

2　宗教景観の整合機能の不全

歴史的に世界各地から巡礼者が集うマッカでは、ともすると地域的背景に基づくムスリム同士の差異や格差を認識する場となり、ムスリムの同質性や共同性を破壊する可能性を常に秘めている。しかし、現実にはそれらの差異を超越するムスリムの連帯を体現し、イスラームの普遍性・唯一性を担保する多様な仕掛けが機能してきた。原則として、ムスリムにしか聖地を解放せず、同じ服装をし同じタイミングで巡礼儀礼をおこなうなど、同質性・共同性の保持には細心の注意が払われてきた。さらに、形式的な同質性に加えて、ムタウウィフ（*mutawwif*）と呼ばれるマッカ在住の先達たちの存在が、巡礼者たちが認識する多様な内的景観を調整し、マッカ巡礼において同一の巡礼経験を生み出す役割を果たしてきた。

ムタウウィフとは、カアバ神殿周辺で中世より個人や家系でギルド的に事業を展開してきた人びとである。彼らはマッカやその周辺部への通訳やガイドとしての役割だけでなく、巡礼儀礼を指南するという重要な宗教的役割を果たしてきた［Long 1979; Bianchi 2004; Yamani 2004］。特に、巡礼に関する情報が希少であった時代には、彼らの同行によって指南される各所での儀礼は、ハッジを滞りなく遂行するためにはなくてはならない存在であった。さらに、彼らは自らが保有するカアバ周辺の施設において、宿泊や飲食をはじめとする、巡礼者の便宜を図ってきた［Long 1979; Bianchi 2004］。ムタウウィフは自身の主要な顧客となるコミュニティに語学修得や動向調査のために足繁く通い、密なコミュニケーションを構築してきた［Long 1979］。その結果、ムタウウィフたちは、マッカにおける巡礼経験の真正性を担保する存在として巡礼者に認識されてきた。

しかし、二十世紀以降、独自に展開してきたムタウウィフの諸活動が、徐々に制限されていく。特に、一九二四年より後にサウディアラビア王国を建国するイブン・サウードによってマッカが占領されると、ムタウウィフたちはサウード家による管理下に置かれ、権力者の意向に活動が左右されるようになった。ガイドの内容や顧客とのコミュニケーションが徐々に制限されていくなかで、一九六七年には全てのムタウウィフが、ムタウウィフ機関（*Mu'assasa Mutawwifi Hujjāj*）と呼ばれる組織の傘下に集約され、六つの担当地域（アラブ、トルコ・ヨーロッパ、アフリカ、インド・パキスタン、東南アジア、イラン）からなる国営会社へと再編された［Long 1979: 44-45; Yamani 2004: 42-45］。マッカのガイド業の国営会社化によって、ムタウウィフたちはハッジ省の意向に従う組織となり、各自の営業努力によって蓄積してきた各地域の顧客とのコミュニケーション・チャネルやネットワークを喪失してしまった。その結果、ムタウウィフはマッカにおいて巡礼者に質の悪い画一的サービスを提供する現地代理店としての機関に変貌してしまった［Yamani 2004］。この組織の役割の変容が、ムタウウィフに対する巡礼者の信頼を失墜させることになる。例えば、ムタウウィフがサウディアラビア政府の意向に従って積極的にショッピングモールや商業空間へと巡礼者をいざなう存在となり、「商業主義空間への案内役」として巡礼者に敬遠されるようになった［Hammoudi 2006］。

3　エージェンシーから共有のパフォーマンスへ

これらの宗教景観を管理するサウディアラビア政府や、整合するエージェンシーへの不信が、マッカにおける宗教景観論争を生み出してきた。それでは、権威あるアクターを信用できなくなった状態において、宗教景観はいかに共有され、ムスリムの同質性と共同性を生み出してきたのだろうか。

この点について、近年の巡礼における宗教景観をめぐる諸研究が、示唆を与えてくれる。具体的には、近年、競合する景観認識を架橋する共有の実践、もしくはパフォーマンスを通じた相互交渉について、議論されるようになっている。［Lowenthal 2007; Lorimer 2011; Marddrell et al. 2015: 6］。例えば、ローウェンサールが指摘するように、景観は空間における風や動物といった自然の動き、人間の関与によって常に変化し続ける動態的なものとしてとらえられ、マテリアリティやパフォーマンスによっても景観が構築されている点を示す［Lowenthal 2007: 636］。ヴェロニア・デラ・ドラもこの議論を受けて、ギリシャ北西部のメテオラ修道院群を事例に、空間内を移動する観光客や信奉者、修道士といった諸アクターの多様な実践によって、常に宗教景観が生産され続けている点を紹介している［della Dora 2015］。そのなかで、大量の観光客による大型バスでの移動、カメラや携帯電話での撮影といった一見すると宗教景観を破壊するととらえられてきた行動も、景観を構築するひとつの要素となっている点を強調している［della Dora 2015: 69-70］。この景観における実践・パフォーマンスをめぐる議論は、従来は前提とされてきた景観をめぐる「見る／見られる」という関係が必ずしも静態的なものではなく、常にアクターの関与によって創り出され続ける動態的なものであることを示している

[della Dora 2015: 82]。

さらに、巡礼者が単なる景観の受容者ではなく、社会空間に積極的に発信することの重要性についても、近年では議論にあがっている。例えば、メディア心理学からセルフィーを論じたパメラ・ルトレッジは、権威あるアクターによって発信される景観を受容するという一方向的な景観認識から、一般の人びとが自ら景観の構築に関与できる双方向的な景観認識へと変化する過程として、セルフィーをとらえている[Rutledge 2014, Jul 14]。

以上の議論を踏まえると、マッカ巡礼におけるセルフィーも従来の権威あるエージェンシーから与えられる景観を受容するという一方的なモデルではなく、巡礼者自身による宗教景観を通じた他人との多様な関係を生み出す、双方向的な新たな共有の実践としてとらえることが可能ではないだろうか。それを示すように、セルフィーにおいては「記録する行為」よりも、それを親戚や友人、さらには広範な「他人と共有する行為」を極めて重視している。従来の写真撮影では自分の経験を記録することが重視され、それを広範な他人と共有する手段には乏しかった。それが近年の技術革新によって、他人と瞬時に共有することが可能になると、新たなテクノロジーを利用して、自らの経験を他人と共有しようする動きが出てくる。実際、SNSやウェブ空間をはじめとする仮想・現実の社会空間のなかで、他人からの好意的反応を引き出すことで、より自らの巡礼経験を他人に知らしめようとしてきた。その結果、巡礼者は特定の宗教的アイコンを積極的に選ぶ一方で、承認を得にくいアイコンは極力排除してきた。この「承認への希求」が、セルフィーがマッカ巡礼において流行する背景になってきたと言える。それは逆に、セルフィーを通じた他人からの承認によってしか、巡礼経験の宗教的正統性を担保できない、現代のマッカの現状が横たわるとも見なせる。

このセルフィーを通じた巡礼経験の真正性の確証は、巡礼者個人に止まらず、マッカ巡礼の持つ同質性・共同性の維持にも寄与してきた。セルフィーの実践によって、宗教景観を生産する側も享受する側も、他人と共有できる景観を記録しようとしてきた。その取捨選択の機能が、「社会的に許容できるマッカの宗教景観」をめぐるコンセンサスを、社会空間のなかで形作ってきたととらえることができる。

同様の動きは、セルフィー以外にも自らの巡礼体験を公共空間において語るという行為で見られる。巡礼経験を語ること自体は、過去から連綿と続いてきた行為であるが［太田 二〇一〇：四〇］、知識人ではない一個人が出版やウェブ空間を通じて、公共に対して発信できるように、ハードルが下がってきた。近年ではツアー参加者が「巡礼旅行談」として個人の体験を相次いで出版するようになり、ひとつのジャンルとして認識されている。さらに、ウェブ上でもブログ、フォーラム、SNSを通じて、巡礼旅行談は多くの人びとによって語られる。一連の発信は、個人の巡礼の記録としての側面がある一方で、それ以上に巡礼経験を他人と共有し、巡礼に関する共通の見識を見出そうとする実践としてとらえることができる。その点、セルフィーが生み出す「他人からの承認」が、巡礼者の宗教経験を担保するものとなり、自らの宗教的正統性に対して確証を得る行為となってきたと言える。マッカ巡礼におけるセルフィーの流行の背景には、以上の点を見て取れるのではないか。

四　おわりに

本章では、マッカ巡礼におけるセルフィーをめぐる問題を取り上げながら、宗教景観をめぐる実践の変化を見てきた。特に、セルフィーを撮影する人びとの心性に着目し、マッカにおける宗教景観を認識する実践を考えてきた。

マッカにおけるセルフィーの流行の背景には、巡礼者による宗教景観に対する不信をあげることができる。特に、サウディアラビア政府によって商業空間へと変貌していくマッカの現状や、従来は個別に信頼関係を構築してきたムタウウィフに対する信用の失墜が、権威あるエージェンシーに依存した宗教景観の共有から、自らの実践のなかで他人と宗教景観を共有しなくてはならない環境を生み出した。その結果、自らの記憶のために記録することよりも、他人からの承認を得る宗教景観を社会空間に発信することで、自らの巡礼経験の宗教的正統性に確証を得ようとしてきたと言える。

このマッカ巡礼における巡礼者の心理が、セルフィーを流行らせるひとつの重要な要因となると同時に、マッカ巡礼の現代的な唯一性と共同性を生み出す実践ともなってきた。特に、セルフィーにおいて「他人からの承認」が巡礼者によって重視されるにつれて、他人からの承認を得ることができる景観が、個々の巡礼者によって選び取られ、社会空間で共有されていくようになった。この実践の連鎖が、現代におけるマッカ巡礼の唯一性と共同性を生み出してきた。その点、セルフィーもまた、巡礼における宗教景観の価値を高める役割を果たしていると結論づけられる。

──注

（1）ただし、「借金のない成人であり、マッカまで旅する体力と財力があり、自分の巡礼中に在留家族の生活を維持する準備ができる者のみ」がハッジを実行する資格を持つ［大塚 二〇〇二：四八七］。体力のない者や老人は、資金の援助をして他人に代参を依頼することができる。また、女性は近親の男性や夫の同伴なしには巡礼が許されない［大塚 二〇〇二：四八七］。以上の留保がつきながらも、ハッジが全ムスリムにとって最大の憧れであることには変わりがない。

（2）特に近年では巡礼者の急激な増加による事故と死者の数も増加している。一九九〇年にはトンネル内での将棋倒しによって一四二五人が死亡している。その後も一九九四年には二七〇人、一九九八年には一一九人、二〇〇四年には二五一人、二〇〇六年には三六二人がハッジの最中の混雑に起因する事故によって死亡している［Bianchi 2004: 11］。その他にも、一九九七年にはミナーの谷のキャンプでの火災によって、三四三人が死亡し、一五〇〇名以上が負傷する事故が起こっている［Bianchi 2004: 11］。

（3）ハッジ省は、一九三〇年代に財務省の傘下に設置されたハッジ業務総局を母体としている。設立当初は、巡礼者から税金を徴収することが業務であった。一九六二年には財務省傘下のワクフ総局と合併し、後に省に格上げとなった［Long 1979: 57］。

（4）一九八二年の工事は一九八八年まで続けられ、約一〇〇万人が収容できる規模へと拡大した。その後、一九八八年より二〇〇五年まで拡張と利便性向上のための工事が行われてきた。二〇一一年四月よりさらなる拡張工事が開始され、聖モスクとその周辺部の景観は大きく変わり続けている。

第六章　コミュニケーションから創られる場所性
――京都市の事例から

岩田京子

一　場所性を創り出す

だれしも、暮らしを営む場所への経験に根ざした思い入れや有形無形の生活の痕跡、あるいはゆかりの深い場所に結びついた、かけがえのない思い出や記憶をもっているだろう。そのような物理的空間は〈場所〉という概念で理論化されている。〈場所〉は人のアイデンティティと密接に関係し、コミュニティレベルでは人びとが相互の結びつきを読み取る拠りどころともなる。それは景観の構築にも大きな影響を及ぼす[1]。

特定の〈場所〉についての「らしさ」を場所性と呼ぶなら、場所性のゆらぎは、人びとに少なからぬ不安感を抱かせるだろう。そのような現象は、実際にさまざまな地域社会のなかで、個別の地理的・社会的空間の性質に違いがありながらも、建物のデザインに「とんでもないもの」が現れることを嫌う感情が抱かれる事例に、端的に現れていると思われる。

さまざまな組織や集会が、既存の自治システムでは充分に対応できない案件である景観問題を契機に、場所性

写真６－１　元・立誠小学校（筆者撮影）

に関わる地域内の意志を再編する側面を備えながら、新たなコミュニケーションの仕組みを作る実験場として機能している／しつつある。本章では、京都市内のふたつの地域における事例から、そこで場所性をめぐって何が起こっているのかを分析する。

二　先斗町《ぽんと》――内面化される場所性

1　先斗町まちづくり協議会

京都市先斗町。鴨川の西側、南北では四条通から三条通の手前、先斗町歌舞練場付近までのごくわずかな区間に、川に沿うように走る、一本の通りをはさむだけの小さな街区がある。通りの幅は狭く、大人ふたりが並んで歩けば一杯になるほどだ。花街としてお茶屋が軒を連ねるそこは、市内有数の繁華な飲食店街でもあり、夏には川に面する店が納涼床を設けて、にぎわいを高める。住宅街としての性格はあまり注目されないが、当然ながら先斗町で暮らす人はたくさんいる。

コミュニティとしての先斗町の人びとは、近年、閉校になった小学校の一室で毎月、ある会議を開いている。モダニズム建築の木造校舎が印象的なかつての小学校は、先斗町通のほぼ中央から西側へ抜ける細い路地の先に建っている。路地の先には、先斗町通に並行して木屋町通が走り、鴨川の支流である高瀬川が流れている。この川にかかる幅広の石橋が小学校の玄関口にあたる。

高瀬川と小学校を越えた向こうにあるのが、河原町通だ。この一帯は中京区の立誠学区と呼ばれる。[2] 昼下がりの教室で会議が開かれる時間になると、集まる人数は多ければ三十人以上。会議を主催する組織の名前は、先斗町まちづくり協議会。前身の組織が二〇〇九年に発足し、二〇一一年に現在の名前に改称した この協議会は、水道・ガス・電気などの公共工事や路上でのマナーから、火事や災害が起きたときの緊急車両進入ルートの確保や観光客への対応も含む京都市の交通政策まで、生活に直接・間接に関わる諸問題について、住民・事業者・行政の各代表者が一堂に会して相談する場だ。いま注目したいのは、先斗町まちづくり協議会でほぼ毎回行なわれる、建物や看板のデザインについての意見交換である。

図６－１　先斗町周辺図

役所に届け出る前の建築物デザイン案に対して周囲の住民が意見を表明するシステムは、日本では、あまり一般的とはいえない。後に詳しく述べるように、先斗町では、それが地域の取り組みとして行なわれており、地域の景観面の一体性から逸脱しない建築行為をうながすことが目指されている、という点で興味深い。

そもそも先斗町では、看板について京都市から屋外広告物条例への違反通告をうけ、「町式目《ちょうしきもく》」と呼ばれる自主的なルールを作ったところ、「期待していなかったが、やってみると効果があった」という経緯がある。京都市で屋外広告物をとりしまる行政は、一九五六年に市が府から権限を委譲されるかたちではじまった。同年に公布された京都市屋外広告物条例は、いわゆる風致や美観の保護についての市の政策の根拠のひとつだといえよう。自治連合会の下で、七つの町内会の集まりとして始まった先斗町まちづくり協議会は、京都市が認定する「地域景観づくり協議会」のひとつになっている。

地域景観づくり協議会は、二〇〇一年に発足した、京都市の条例にもとづく制度だ。建物の新築や修理を計画する建築主が、行政的な手続きに入る前に、あらかじめ地域の人が設計に目を通せるよう、意見交換の場を設けることを義務づけて、法的な論理の外で、地域のなかの事情やルールに合うかどうかをチェックする仕組みをつくる。

先斗町町式目の前文には、この式目が「町内会員が取るべき行動の規範と範囲」を制定したものだ、と記されている。三条からなるこの式目は、第一条が路上喫煙、第二条が屋外広告物や客引き行為、第三条がごみに関する取り決めであり、全文が同協議会公式ホームページで公開されている。

町式目を定める過程でおこなわれたのは、メンバーの「フラットな関係性」を前提とする会議の場を新たに設けることである。そこには、先斗町に同業者組合など長年の組織がいくつかあり、住民の利害が入り組むなかで、

写真6－2　先斗町通（筆者撮影）

全体としては人びとの仲が良いばかりではなかったという事情が関係している。先斗町まちづくり協議会の創設メンバーであり、現在に至るまで同会の幹事を務めているA氏は、二〇〇〇年代半ばから先斗町で商店を営む。彼は「議論を通じて個々の自重が促されてきた」と指摘する。A氏によれば、「自分の店がひとに見られる、という意識ができて、看板などのデザインにおのずと配慮されるようになってきた」。そのメカニズムは、「軒先でくだらん話をする」というような、日常的な実践の延長線上で景観にまつわる議論をすることであり、また、取り組みの成果が視覚的にはっきり表れるように「目に見えるかたちで」、「コソコソするのではなく状況を町のなかで見えるように」組織活動や話し合いを進めていくことが重要だとA氏は言う。

2　明文化されていない規則

「見えるように」するひとつの方法として、先斗町でだれかが建物の修理や新規建設をおこないたい場合、事前協議が必要とされている。すなわち、その工事の施主（店のオーナーや家の代表）がまちづくり協議会の役員会議に出席し、建築計画について説明して審議をあおぎ、工事を始めるまでに、約三十人の協議会役員全員（工事が建物の部分的改修である場合は、十人の役員）から直接了承（捺印）をもらうことが要求される。協議会役員は、必ずしも建築について専門的な知識をもっていないので、極端に言えば、まとはずれな感想をぶつけられるだけになることも想定できる。また、建築計画に対する会議参加者からの意見は、あくまで参考として位置づけられており、施主が他者の意見を工事に反映させる義務を負うわけではない。それでも先斗町まちづくり協議会で設計プロセスを共有する仕組みが重視されている理由は、役員会議への出席や役員への個別訪問によって対面的に意見をかわせる人間関係をつくることが、肯定的に評価されているからでもある。ただし、より大きな意義は、面と向かって建築計画を説明することの（大なり小なり感じられる）ハードルの高さにあるようだ。

このような隠れた意義は、協議会幹事で、大正期に創業して一九四〇年代から先斗町で営業する飲食店の店主である、B氏の語りからうかがい知ることができる。B氏は、役員会議での意見交換などの事前協議について当初は効果があるのかどうか半信半疑だったが、回を重ねるうちに「フィルター効果」を実感するようになったという。B氏によれば、会議の出席者は「役員の前で言ったことは守らなければならない、だから下手なことは言えない」という感覚をいだく。建築計画を説明する施主と、それに同伴する工務店の担当者が多かれ少なかれ味わう緊張感は、その人が先斗町にふさわしい営業のマナーへの理解や町並みへの配慮に意識を傾けていることの象徴にほかならない。役員会議には、住民と事業者のほかに、地域生活に関わるさまざまな関係者（京都市・京都府の職員、公共工事の事業者など）がほぼ毎回参加する。このような場面におけるまちづくり協議会という「場」は、地域の構成員をたえず教化ないしなじませるための、相互作用のアリーナだといえよう。つまり、先斗町まちづくり協議会では、飲食店を筆頭に人の入れかわりが激しいなかで、新しい店の関係者や新入りの住民・行政担当者などが間口広く受け入れられながらも、彼／彼女らに地域の成員としてふさわしい最低限度のふるまいを身に着けることが要求される。

重要なのは、この場合の要求が必ずしも町式目の記載内容におさまりきってないということだ。先斗町ではまちづくり協議会という、メンバーが対面関係を土台にして結びついている場で、明文化されていない規則への教化がうながされている。このように考えるならば、焦点となるのは、明文化されていないながらも内面化される／されつつある先斗町らしさへの理解、すなわち場所性への理解である。これは見方によっては「場の空気」のようなものといえるだろう。

写真６－３　先斗町における古写真の展示
（筆者撮影）

場の空気のようなものという表現は、いささか稚拙かもしれない。しかし、あえて解釈するならば、それは黒田末寿が論じる規則や制度の概念と近しいといえるかもしれない。黒田は、「規則・制度」の定義について「期待」という要件をあげて論じている。黒田によれば、期待は「これはこうするものだ」と「気づく」ことや、「〈私たち〉はこうしている」と「知っている」ことを要求する。したがって、規則や制度は「それに従っていることの気づき（ないし意識）によって」立ち現われるものだ、といえる［黒田　二〇一三：三九六］。先斗町における意見交換の場合、看板や建物などの景観構成要素が生じさせるなんらかの逸脱が、人びとによる規則への気づきと、ひいては規則の出現をもたらす。

　また、ここでの空気とは、緩みなく定まったものではなく、文字通り臨機応変に、人間関係を反映するかたちで、やりくりされるものである。ここで想起したいのは、人類学者の松田素二が論じる「生活知」の考え方だ。松田は、地域住民の言論を、それが客観的に理解可能なかぎりにおいて理解し、評価する研究者の視点への批判・反省をふまえて、日常的な地域の人間関係のなかでこじつけられ、操作される「生活知」を、地域の主体性の源泉とみなす必要性を強調している［松田　二〇〇九］。先斗町で対面関係を前提として工事の案件ごとに調整される規則には、こじつけのストックのなかから、時に応じてしたたかに引っぱり出されて活用される言いわけのような側面があるから、生活知という概念で説明することも可能である。しかし、それだけでは分析しきれない面もある。

　先に述べた町式目や事前協議の前提には、地域の人びとが研究者による調査や住民へのインタビューを通じて、町の歴史や町並みの由来を学ぶという協議会の方針がある。具体的には、古地図や古写真の展覧会、花街の文化をテーマにしたシンポジウムの開催、地元の古老から地域の昔のようすを聴き取る取り組みなどがおこなわれ、その成果をまとめた冊子が制作・全戸配布されている。これらの活動は、地域の人びとのあいだで歴史にたいする認識を統一して共有することを目的として、進められているのだ。この場合、人びとは先斗町らしさをある程度固定的に、当事者以外の人びとも共有することが可能なものとして再構築しようとしているといえるだろう。

　このように考えたとき、先斗町における建物や看板のデザインについての意見交換制度は、コミュニティを維持するという前提にたったときに、集団の全成員が読むべき「場の空気」のようなものを確認する営みだという可能性が浮上する。

以上のような先斗町での取り組みは、A氏とB氏によって（花街研究者を介してつながりがある）金沢や京都市内の他地域などで紹介され、注目を集めている。そのひとつの例が嵐山だ。京都市景観・まちづくりセンターが主催したイベントを通じて、先斗町まちづくり協議会と嵐山の関係者が接点をもち、A氏とB氏が「嵐山景観まちづくりサロン」（以下、サロン）という勉強会に講師として招聘されたことによって、先斗町の経験が嵐山に伝えられた。彼らはこのサロンで、既存の同業者組合などの団体の枠組みをこえた協議会という場が地域のまとまりを生み出す機能を果たしていけると語った。ただ、この考え方に対する当時のサロン出席者の反応は、全体的にみれば必ずしも大きなものではなかった。その理由には、先斗町と嵐山が、地域としてもつ条件の異なりが影響していると考えられる。次節では、先斗町とは別のかたちで場所性が現れる事例を、嵐山でのできごとを通して検討してみたい。

三　嵐山——捻出される場所性

1　建築景観の問題化

京都市嵐山。北と西を山々に囲まれた平地に古刹が立ち並び、川辺に名勝嵐山をのぞむエリアである。ここは右京区のなかの嵯峨学区にあたる。平地の北方にある清凉寺から南の桂川にかけられた渡月橋までをほぼまっすぐに下る通りは、長辻通と呼ばれる。その南寄りは天龍寺の門前にあたり、商店街のなかに、観光客向けの土産物屋や飲食店も多く軒を連ねている。

写真６－４　天龍寺総門前から望む名勝嵐山（筆者撮影）

二〇一二年の冬、夕闇が迫り出歩く人がまばらになりつつあるこの商店街の一角、長辻通に面した、木造二階建ての一見したところ民家のような集会所で、ある会合が初めて開かれた。この会の冒頭で、主催者は数年前に起きた景観問題の記憶を語った。その問題とは、東京の企業による宿泊施設のデザインをめぐる論争である。建築計画を知った近隣住民が、計画された建物の高さや外観を問題視し、計画変更をめぐって施主である企業と交渉して妥協を試みた。サロン主催者は、この日の会合の目的を、数年前の論争のときと似たような景観問題がふたたび起きたときに対応できるよう勉強をすることだと語り、建築主との交渉のための合理的な手段とされる地域景観づくり協議会の設立を唱えた。主催者のひとりとしてあいさつをした「京都市景観・まちづくりセンター」の職員も、同様に施主との交渉の経緯を振り返りながら、協議会開設を検討する意義を強調した。協議会開設をめざす準備段階の集まりとして住民による任意参加の勉強会・ワークショップが計画され、それがこの日の会合、すなわちサロンとして開催されたのである。

サロンには、自治会・寺院・商店街の代表者と有志やそれ以外の住民——自治会と商店街の関係者は重なる部分があり、僧侶が自治会で役職をもっていることもあるなどの例があるため、関係者を組織別に区別することはできない——が寄りあう。この日、サロンは既存の自治会などの組織の枠をこえて、住民有志が景観への関心を共有するための場として機能することが期待されているように聞こえた。サロンの会場では主催者の熱意が感じられた。これ以降、会合は半年に一度のペースで続けられた。そのなかで着目すべきは、議論に参加はしても圧倒的多数が、ある意味で「無関心」でもあるという点である。サロンでの取り組みを見ていく前に、できごとの連鎖状況を確認するため、まずサロン設立・編成を引き起こす口火となった建物デザインをめぐる論争の顚末について振り返る。

2　新しい組織づくり

サロンの公式ウェブサイトで保存・公開されている過去の抗議活動の過程で作成された文書を見る限り、サロン開催の数年前に起きた企業との論争では、住民の視点から見た嵐山という場所の特徴が積極的にアピールされた。その論争を起こした臨時の住民組織に正式名称はなかったが、ここで仮に「抗議の会」と称しよう。この会は、寺院周辺での建設行為では寺院建築への配慮が必要だという見解を、施主に投げかけた。

当時、このような見解を拠りどころにして、嵐山という地域に暗黙の了解のようなものがあるという雰囲気が、つくられる場面があったようだ。それには、批判のまとになった施設の、長辻通沿いという立地が関係していた。

当初の設計について住民たちが危惧したのは、建物の高さが名勝嵐山を眺める者の視界を遮ることだ。その建物が「ビルのように四角」くて生活感を印象づける「都会のマンション」に見えたことからも、この建築案を知った住民たちは、寺院門前の建築群がもつ独特の佇まいを、壊さないことを求めて施主へ抗議した。

具体的には、①建物の高さが周囲の低層の住宅や隣接する寺院と比べて大きいため、歩行者に「威圧感」を与えたり寺院の借景を妨げたりする可能性がある点、②寺院に近接する場所柄に鑑みて違和感がある建物の外観が望ましくない、というような意見が表明された。施主との交渉過程での文書によれば、第一の問題については、階数の削減は実現されなかったものの、当初の計画に比べて低い高さへ修正され、また建物の周囲に植樹したり上階を敷地の奥側へ後退させたりすることによって、寺院境内や長辻通から見た建物が目立たないようにする工夫が施された。第二の問題については、建物の屋根や外壁を、寺院建築になじんで見えるようにする配慮がなされた。いずれの変更も、住民側からの要望を施主が一定程度、聞き入れるかたちで実現した。

この論争からサロンの開催にいたるまでのキーパーソンに、抗議の会発足当時に自治会長だったC氏と、同じく当時は同業者組合会長だったD氏がいる。C氏は天龍寺近隣で一九九〇年代から営業する雑貨を扱う店の、そしてD氏は一九六〇年代から天龍寺門前で営業する飲食店の店主である。このふたりを中心に、論争の対象になった建築計画に抗議する、地元の自治会および商業関係団体の人びと六〇〇人以上の署名が提示された。この建築計画が法律上なんら問題なく、京都市の条例で決められている建蔽率などもクリアしているとしても、地元地域の事情と没交渉な状態で宿泊施設としての部屋数の確保を優先するという、ある意味で閉じた発想から出発する点に対して違和感が提示された。その延長線上で焦点になったのが建物のデザインである。

抗議の会は、特異な建築行為が自分たちの生活（日常の暮らしや観光業）にもたらす影響を見極めようとしていた。彼らと施主のあいだで意見交換が重ねられるにつれて、寺院の存在を核とする地域の文脈、すなわち場所の特性が意識化されていったと考えられる。他方で、C氏いわく、嵐山では、合法的な建築計画に意見することに、天龍寺関係者を含む多くの住民がためらいをみせる側面があった。

サロン発足後、C氏は筆者にむかって、地域住民の「九八％は無関心」だ、と冷静に分析してみせたことがある。彼のこの見立てがまとを射ていたならば、住民の多くには他者の土地での行為へ積極的な働きかけをせず、見守る心持ちがあったと推測できる。C氏いわく、住民の多くは勉強会をするということにピンとこない「素人」であり、先述した抗議活動は、そんな自分たちが他人の建物に「いちゃもんをつけるようなもの」であった。C氏は、協議会設立を熱心に主張する反面、なかばあきらめているようなつぶやきをこぼすことがある。なぜそのような物言いをするのか、という筆者の問いに対して、彼は周囲の人びとの考えを代弁するように、「本音では、声をあげても変わるわけないと思っている。負けを繰り返してきているから」と語った。「負け」とは、嵐山で過去にスケールやデザインの点で界隈の一体性を阻害して、ちぐはぐな景観をできあがらせるような建物が、当然のように、地域住民の意見をはさむ余地がないままに建てられてきた実態のことを指すと思われる。嵐山で景観を議論する住民組織がつくられはじめた直接的なきっかけとして語られるのは、先に述べた宿泊施設の建設計画だが、C氏によれば、彼をはじめとする自治会の有志は、すくなくとも二〇〇〇年代から、比較的高層の住宅の増加にたいして、危機意識をつのらせてきたのだという。

切迫感があまり表に出されず、あきらめが広がっているような雰囲気には、いくつかの背景がある。第一に、一九五〇年代ごろから嵐山地域では、観光地化に拍車がかかるとともに、商店街と宅地の変貌がいやおうなしに進んできた(3)。嵐山地域で観光客向けに商売をして生計を立てている住民は決して多数派ではないが、材木や薪炭

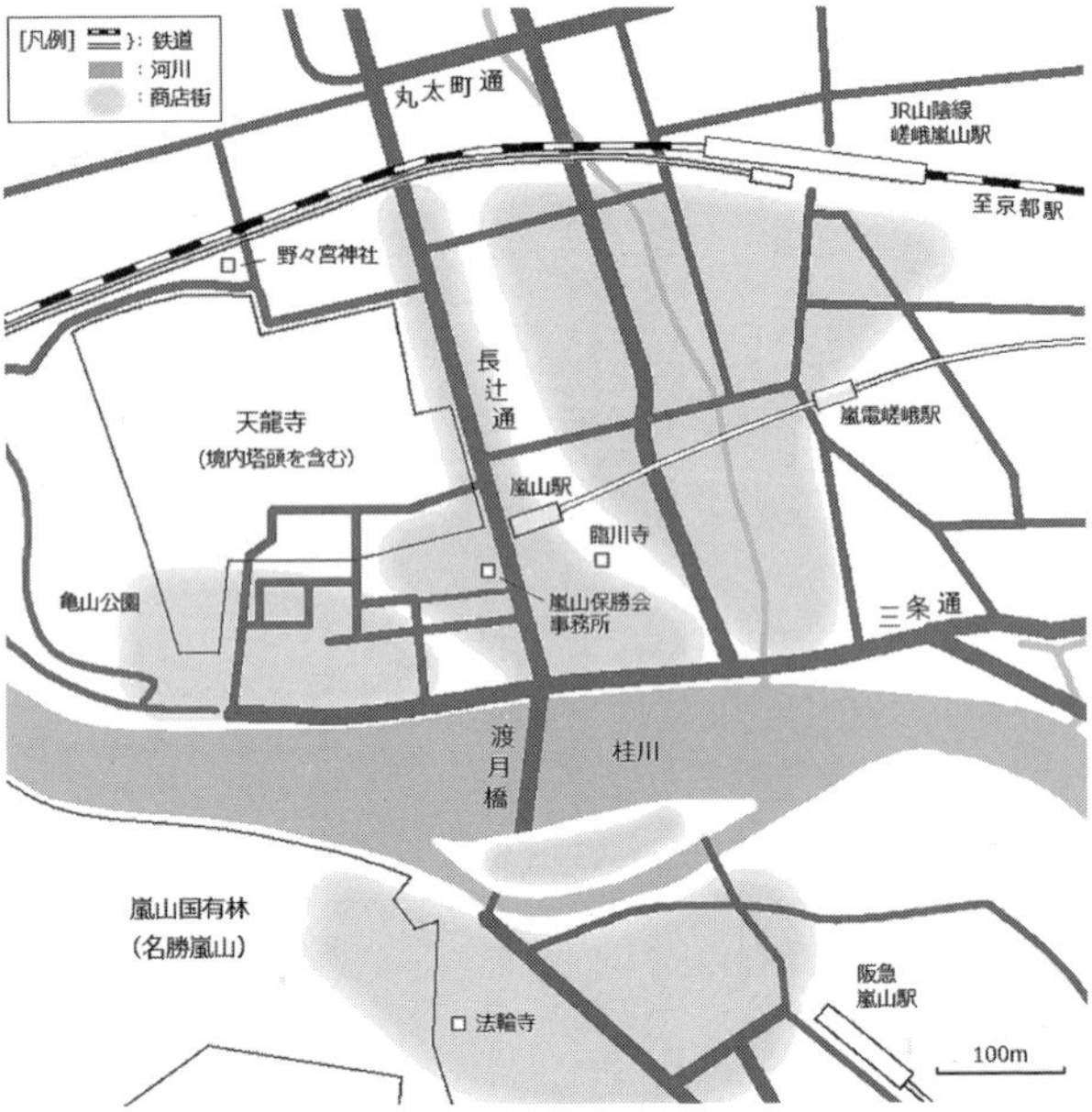

図6－2　嵐山地域概略図

の流通拠点として隆盛したかつての代表的な産業が衰退し、商工業の振興と同じかそれ以上に宅地化の傾向が強いこの地域では、商店街の人びとは観光地としての魅力を高めることに注意を傾けざるをえない面がある。

地元に五つある商店街や寺社、交通機関、銀行、観光学の研究者、京都市職員などをつなぐ組織として、二〇一〇年に「嵯峨嵐山おもてなしビジョン推進協議会」が設立された。そのほか、この協議会と参加者の大部分が重なっている嵐山保勝会が、一九三四年の発足から数十年経った今も、現役で稼働している。嵐山保勝会は、地元の料理業・旅館業・飲食業・名産品販売店・遊船組合や鉄道などの運輸業といった地域の観光業に関わる事業者たちの伝達機関であり、同業者組合を母体とする。このような商業関係団体が地域の山林での植樹や清掃、河川の美化・整備活動に関わるなど、環境の管理主体としても一定の影響力をもっていることが、嵐山という地域の特徴のひとつだ。

サロンでC氏とともに中心的な役割を果たしているD氏は、自分が「政治的」に考えていると自認する。ここでの政治的という表現が意味するのは、嵐山に地域景観づくり協議会をつくるという計画をたてることそのものであり、また、既存の保勝会の中に位置する体制をとり、その活動は自治会を中心におこなうという地域景観づくり協議会の運営の仕組みを模索することでもあると思われる。D氏は、名勝地としての名高さに反して、現代の嵐山が意外と簡単に「(観光客に) 飽きられてしまう」という危機意識をいだき、普通の住宅街になっていく以外の町のあり方をめざして「ある程度の歯止め」の必要性を強調する。

四　戦略的にこじつける

1　法制度を根拠にした批判の口実

前節で述べた抗議の会と施主の交渉のさなか、C・D両氏らは、建築許可を出した京都市に対して意見書を提出した。そのなかで自分たちの主張に根拠をあたえるものとして言及したのは、嵐山では京都市風致地区条例にもとづいて「天龍寺周辺特別修景地域」が設定されているということだった。この地域の範囲内には、天龍寺はもちろん商店街と住宅街がふくまれており、問題となった建物もその一角にあたる。特別修景地域とは[4]、京都市風致地区条例第六条第一項の規定にもとづいて市長が指定するもので、二〇〇七年に天龍寺周辺を含む市内六一カ所へ適用された［京都市都市計画局都市景観部風致保全課　二〇一三：四五］。特別修景地域ごとに形態意匠などの基準が設けられていて、それは京都市が発行し、インターネット上で公開もされている概説書で確認することができる。天龍寺周辺特別修景地域における形態意匠などの基準は、「世界遺産・天龍寺周辺では、天龍寺境内の緑豊かな景観と一体となった町並みを保全するため、敷地規模を維持し、道路側には生垣又は和風塀を設けることを基本とし、建築物は日本瓦ぶき和風外観であること」というものである［京都市都市計画局都市景観部風致保全課　二〇一三：五五］。

C氏ら抗議の会の人びとは、先述した建築計画が嵐山や京都市の観光にネガティブな影響を及ぼす可能性を訴え、同時に、法律に則る建築行為に対してただ反対することを本意とせずに、京都市の賛助を求めた点に特徴がある。地域住民が実際につくられる建築物のデザインを事前に確認する機会は原則として無いが、意見書では、そのことを直接槍玉にあげるのではなく、あくまで風致地区条例の規定が強調された。

風致地区条例以外にも、嵐山が埋め込まれた京都市や国の行政的取り組みは、いくつかある。たとえば、京都市の一部に「歴史的風土保存区域」や「歴史的風土特別保存地区」が設定されている。これは、急激な都市開発による弊害に対応するために一九六六年に制定された「古都における歴史的風土の保存に関する特別措置法（古都保存法）」にもとづくものであり、歴史的価値の高い文化財とその周囲の自然環境の現状を維持することを趣旨とする。京都市ではこれまで、嵐山の一部をふくむ京都盆地周辺の山麓部のほぼ全域（約二九〇〇ヘクタール）に、前記の保存区域が設定されている。また、嵐山には世界遺産条約が関係する。一九九四年に、京都市の建都一二〇〇年事業の一環などの流れのなかで、天龍寺をはじめとする京都市・宇治市・大津市に所在する十七の寺社が、「古都京都の文化財」として世界文化遺産に一括登録された。寺社周辺のいわゆるバッファゾーンの対策は焦眉の課題だといわれている(5)。

このように、京都市のさまざまな景観が法的保護の対象となっている。建築規制に関わる行政的な枠組みとして、同地には特別修景地域のほかにも、都市計画法にもとづく高度地区などが設定されている。これらの制度の実現と運用を、こんにちの我々がどのように受けとめることができるのかといった点は、今回の議論で周辺的なことがらなので詳述しない。

重要なのは、嵐山の住民が開発行為を批判する口実として法的な拠りどころを強調する一方で、彼らにとって法制度の範疇に収まりきらない、いわば民俗社会の慣習と呼びならわされるものに通じる、地域の文脈を広く共有することが切実な課題だったということである。国や市が課す法令の面で景観の保全につながる制限がいくつもあるほど、価値を認められた環境がある反面、住民が自分たちの責任を測りかね、「景観の構築を担う」と必ずしも主張できない状況が、嵐山にあるといえるだろう。

２　暗黙の了解を根拠にした批判の口実

サロン主催者のひとりとして、京都市景観・まちづくりセンターから出向いた職員にＥ氏がいる。やや回りくどいが、まずこの職員が果たしている役割について説明する。住民側が一般的に図面をみせられても対応のしようがない「建築の素人」であることから、Ｅ氏の役割は、住民側と行政の間を結ぶ事務的な実務面での相談役、弁護士や研究者など「外にいる専門家」とのつなぎ役、そして「地域のみんな」が景観について考え話し合う、嵐山の事情に合った機会や合意形成の仕組みをどう作るかを助言するひかえめなマネージャー役、など多岐にわたる。彼自身はこのような中間支援の仕事で賃金を得ている職業的な専門家である。

京都市内の各地で行なわれている、いわゆるまちづくりの文脈で、景観・まちづくりセンターの職員はしばしばコーディネーターと称される。景観・まちづくりセンターの関係者が、自分たちが扱った事例の報告や職業感覚、実態などをまとめた本のなかで、コーディネーターの職能は住民の問題意識を聞いて分析し、具体的な問題解決にふさわしい専門家や機関をつなぐ「カウンセラーや手配師のような役割」であり［田中　二〇〇九：七八］、

「『まちづくり』の影の主役はコーディネーターと言っても決して過言ではない」とも論じられている［リム二〇〇九：十二―十三］。このような職能は必ずしも固定的なものではないようだが、コーディネーターとしての専門家たちは、京都市内の他地域における協議会開設に関わった経験をもとに、嵐山地域の住民とも協力関係を築いてきた。そして、景観問題への対処方法を助言し、必要に応じて合理的な選択肢の提示をするなど、議論の交通整理を主導している。

E氏によれば、彼のように給与を保証されながらこのような活動ができる人は、決して多くないという。「地域景観づくり協議会を支援策の候補にしながら、地域の歴史的文脈や生活上の便宜にも配慮して臨機応変なマネジメント活動（サロン開催の段取りなど）をしたり、地域固有の景観を設計するために法的制度の利用を住民に働きかけたりするのは、無報酬かつ自主的にやっている人も多い領域」だとE氏は語る。実際、地域内の有志であるC・D両氏も、自身の本業の合間をぬってこのことに取り組んでいる。その一例はサロンでの勉強内容に表れている。たとえば、法的な制度などについて勉強をつんだり、自分たちの生活空間から見て、名勝嵐山を借景とする天龍寺をもさらに借景と感じるような、独特の〈場所〉感覚や地域の歴史を紹介したりしている。E氏に触発された格好になるC・D両氏も、ある意味ローカルな専門家といえるかもしれない。

C氏やD氏と職業的な専門家の違いは、日常生活のなかで築き上げていく信用や地域のなかでの評価が、活動の方向性や意見を通せる・通せないといったことに大きく影響する点にある。また、彼らはE氏から一方的に働きかけられる存在ではなく、逆に地元の事情や文脈などをE氏に教える存在でもあるため、双方向的な関係にあったことを指摘できるだろう。

興味深いことに、E氏は前述の「控えめなマネージャー役」のひとつとして、先に述べた抗議の会の活動のなかで「天龍寺の塔頭を見下ろす建物はよくない」というような意見すら出て、それに共感する者が少なからずいたことを、サロンに参加した人びとの前で指摘したことがある。彼は「住民のなかから聴き取ることができたこの意見こそ、地域社会のなかにある暗黙の了解だ」と理解して注目し、それを地域の人が集まる機会に紹介したのだと考えられる。この場合、彼は自分がキャッチしたその「場」ならではの論理に解釈したものと推察される。

河合洋尚は、人類学者ロバート・ローテンバークの議論を参照しながら、「場（site）」という概念を手がかりに、どのような人びとの集まりが景観を構築していくのかを重視することに意義があると論じている。ここでいう「場」とは、「対話を通じて特定の価値観や望ましさを共有する活動空間」と定義され［河合　二〇一三：五八］、具体的には、同じ職業の人びとの集まりや、共同で社会活動をする団体といったコミュニティを指す。「場」の概念には幅があり、人類学・社会学など、多分野の研究者によってさまざまな使いかたがなされているが、ここでは上記の河合の用法を採用したい。それは、様々な社会経済的な生活環境、利益、人間関係をもつ人びとの集まりとしての「場」に、意見がさまざまあるなか、ある地域における「らしい」景観を構築するために人びとがいかなる意思決定の技術や工夫を用いるのかを、分析したいからである。

E氏は、「天龍寺の塔頭を上から見下ろすのはだめ」という配慮の感覚を、その場の習慣のようなもの、あるいはその地域に独自のコンテクスト、すなわち場所性とみなして言語化しようとしたのだと考えられる。コーディネーターとしての専門家による、暗黙の了解の診断が行なわれたのだ。とはいえ、この時点では「場の空気」のようなものが第三者的な立場の専門家によって拾われただけで、それを嵐山の住民たちが意識的に（再）確認するまでには至っていない。C氏は、近隣住民の意見と無関係に次々と作られる新しい建築物のデザインについて、積極的に意見を主張したり、商店街という性質上古い建物が残っているわけではないものの嵐山らしさをい

写真６－５　天龍寺と家並みを前景とする長辻通沿いの眺め（筆者撮影）

かにして守っていくのかを根本的に考えたりしようと苦心している。

彼らがこれほど場所性を言葉にして住民間で周知しようと動く（ように見える）ことは、裏を返せば、場所性を必ずしも住民らが与件として感知できるわけではなく、主体的にとらえているとも限らないことの証左ではないだろうか。地理学者のエドワード・レルフ［一九九九］は、〈場所〉の「内側にいる」という「内側性」について論じ、それが経験の深さに応じていくつかのレベルに分けられると指摘している。レルフは、「無意識的で、もしかしたら潜在意識的でさえあるような場所とのつながり」を人と〈場所〉とのつながりの最も深いレベルに位置づけたうえで、その次のレベルが「場所の意義を余すところなく評価しようとする意識的な努力をともなう〔…〕感受性豊かな開かれた心を持つ部外者の経験」だと論じている［レルフ一九九九：二九六〕。この理論をふまえると、C氏やE氏は、感受性を最大限に働かせて、「内側」の論理を学び、身に着けようと努力しているのだと解釈できる。

「お寺を見下ろすことになってしまうのではないか」という危惧は単なるでまかせではない。問題となった施設は天龍寺の敷地に隣接している。筆者が実際に建築中の様子を確認しても、それが完成すれば上階から塔頭の瓦を見下ろすことになり、天龍寺の敷地内を覗くことができるようになると予測できた。

ここでの、寺の境内を見下ろすことを「よくない」と言うことに客観的に妥当性があるかどうかは比較的大きな問題ではないだろう。ここで注目したいのは、それが地元の人びとの価値基準に照らして説得力をもつ道理として、操作可能な「こじつけ」になりうるという点である。地元側が企業側に、違和感を覚える建物の問題点を伝えるために言葉を尽くして説明しようと努力したときに、だれかの口から飛び出したのが「見下ろすのはいけない」という言いまわしだったのだろう。このような理由づけには、寺社との関係性を強調する以外にもパターンがあると思われる。

五　ふたつの場所性

先斗町と嵐山は、前者の地理的な範囲がコンパクトなのに対して後者は広く、前者が都心の歓楽街に位置するのに対して後者は郊外だといった空間的な特徴で対比できる。地域の文化的特色のなかで目立つ点としては、たとえば、前者に存在する（芸舞妓の拠点である）花街と後者に存在する（芸舞妓の派遣先である）料理旅館街の存在によって違いが見いだせる。これらの要素の詳細には踏み込まないが、ここで注目したいのは、商業地として

写真６－６　天龍寺門前の商店街（筆者撮影）

の先斗町と嵐山が、不可避的な変化に対処しながらも、同時に、人びとを引き寄せる地域の魅力を維持していくことを、共通の課題として抱えている点である。先斗町のA氏とB氏、そして嵐山のC氏とD氏は、一見したところ、景観保全という抽象的な理念、ないしは政策へ理解を示したうえで、善意による地域景観づくり協議会の（開設にむけた）活動を行なっており、先見の明がある人達のように見える。ところが、A氏とC氏はこのような活動を「道楽」だと語る。

彼らはまじめな商売人であり、趣味で遊び同然に「地域景観づくり」活動に労力を使っているわけではない。しかし、かといって、自分が属する業界団体の利益になるように地域自治組織を操ろうとして動いているのでもない。彼らは周囲の社会関係のなかで行動を（最初はある意味で自分の意志によらず）要請された結果、手弁当で「地域景観づくり」に関わる情報を広く集めて、組織運営を担ってきた。それを「道楽」だと表現する彼らは、活動のやりがいを認めながらも、みずから俯瞰的な目線で冷静にとらえている。

先斗町でも嵐山でも、そこに店を構える人びとは、ある意味で地縁にもとづいて、つまり地域に縛られているという同条件のうえで、共通の課題に立ち向かう必要が生じている。先斗町に限ってみれば、対京都市や対近隣の商業地区の観点で、自分たちが不利になるような情報があれば、積極的に共有して対策を講じようとしている。嵐山ではそのような動きは目立たない。だからといって、「地域景観づくり」に熱心な先斗町に対して、嵐山での取り組みが劣るというわけではない。

ここまで、地域の特定の場所にふさわしい景観の構築をうながすための、法制度とは異なる次元での規制の方法を模索しているように見える事例を検討してきたが、そこから明らかなように、場所性には少なくともふたつのタイプがあると考えられる。

まず、先斗町では、地域にふさわしい建築物のデザインを議論するため、まちづくり協議会というコミュニティ、すなわち「場」があり、そこで地域の構成員を教化するための相互作用がみられる。このような場の核心は、住民に限定されない地域社会における景観問題の当事者たちが、コミュニケーションを通じて〈場所〉にたいする互いの認識を学びあうことである。これは、物理的に何がどう保護されるか、どのように変化するかといった部分より注目に値する。先斗町では、まちづくり協議会の会議が開催されるたびに、参加者が地域の住民ないし営業者として、どのようにふさわしい所作を身に着けたらよいか、意見が交わされる。それはコミュニケーションを通じて、明文化されていない規則を内面化させ、ひいては場所性を身体化する努力にほかならない。この場合、コミュニティのなかでどのように対面関係を通じて成員が日々なじんでいくべき（と期待されるの）かといった、〈場所〉の感覚にもとづく景観の理念が創り出されていく[6]。

他方、嵐山でも、建築物のデザインをめぐる論争をきっかけに、個人や自治会と異なる、新たな活動空間の必要性が意識された。その結果としてできたのが、サロンという場である。サロンの創設に至る抗議活動の記憶からは、開発行為を批判するための理由づけが、さまざまな言いわけのつなぎあわせで成り立っていることがうかがえる。ここでは、コーディネーターなどがたまたま投げかけ、多少なりと権威づけされた「こじつけ」を住民側が臨機応変に利用するなかで、場所性がたちあげられる展開が推察できる。

先斗町の事例では、景観の構築が場の空気のようなものへの気づきと不可分に結びついており（そのような体制が敷かれており）、明文化されていない規則を守るか守らないかが地域の成員に問われた。それに対して、嵐山の事例では、人びとが言いわけのストックのなかから、あるひとつを選び出すとき、それがみずからの言い分に説得力をもたせるために適合するかしないかに注意を払っているように見える。

このような嵐山の特徴には、自然環境の魅力という大看板がある下で、範囲の広さゆえに字義通り関係者も多種多様なので、小さな町並みの商店街の統一性をなんとかして創るというベクトルが、先斗町に比べて弱いという背景があると考えられる。先斗町の家屋や店舗が個々の魅力や独自の主張を失っているというわけでは決してないが、嵐山の商店街では、各建物がそれぞれ個性を発揮することで生まれる多彩なアンサンブルの妙が生まれるのは、自然な成り行きといえる。

先斗町と嵐山というふたつの地域では、同じように景観が論じられているとはいえ、それにかかわる当事者がつくる「場」は、大きく質感を異にしている。京都で場所性が論じられる空間を考える際には、ひとつの市内でも、このような幅があることをつねに念頭に置く必要がある。本章でキーパーソンとして紹介した協議会やサロンの世話人たちのような、人びとに場所性の学習や自覚をうながす黒衣役を担う者の存在など、共通の構図の存在をたとえ考えるにしてもである。

たとえば、嵐山で一九三〇年代に発足した保勝会の意味や、保勝会の活動を支えた関係者の動きへと考察を遡及してゆくとき、町場と郊外の差異を分析することは、地域自治の主体をめぐる議論と密接にかかわるのではないだろうか。先斗町での出来事は、日本文化史研究の大家である林屋辰三郎が唱えた中世「町衆」像に端を発し、現在まで議論が蓄積されている、町人――「町」共同体に特有の都市民衆像――の近代以降のあり方を、そして嵐山での出来事は近郊農村部の名望家の性格を、それぞれいかに見つめなおすのかに、つながってゆくだろう。このような人にまつわる差異には、細い街路や路地を挟んだコンパクトな町の空間と、巨大な名刹を抱え込んだ広がりのある空間という背景をもつ、それぞれの地域の特質を構成する歴史的要件の違いが、影響を及ぼしているといえるのかもしれない。

――注

（1）地域景観がそこに住む人びとの生活を通じていかに生成されてきたのか、あるいは、文化的にいかに構築されているのかを論じる研究は、環境社会学や環境民俗学、歴史学などに膨大な蓄積がある。

（2）京都市は十一行政区に区分され、それが「(元) 学区」と呼ばれる（自治）区域に区分され、概ねこれを単位として社会福祉や防犯、防災などに関する活動をおこなう各種団体が組織されている。学区はかつて番組小学校を核とする通学区であり、ある程度独立した地域行政の運営単位でもあった。学区の範囲はさらに町内と呼ばれる単位に区分される。町内には町内会と呼ばれる住民組織がある。町内会や各種団体は、いくつかまとまって自治会を構成する。そして複数の自治会が、自治連合会や住民福祉協議会といった連合組織によって、学区単位でまとめられている場合もみられる。

(3) 嵯峨・嵐山地域では、日本全国の多くの地域と同様に一九五〇年代から人口が増加し、同時に観光客向けの施設も増加したといわれている。郷土誌の記述によれば、一九七〇年に京都市内と(その郊外に位置する)嵐山を結ぶ新丸太町通と呼ばれる幹線道路が全面開通して以降、それまで竹藪・植木畑・田畑だったところが急速に宅地化して人口増に拍車がかかった。天龍寺近辺で生まれ育ったある七十代の女性は、現在宅地になっているところにかつて広がっていた鬱蒼とした竹林でキツネに化かされた経験がある、という笑い話を何度か筆者に語ってくれた。別のあるとき、彼女は自分が幼いころ近所の竹林に入り「蹴って折れた筍を持って帰ったりしていた。どこも周囲の住人の藪だし、とくに怒られたりしなかった」というように、牧歌的で気軽な竹林の利用形態を教えてくれた。このような語りの裏には、地元民にとって竹林が利用しづらくなったという意見があるように思える。たとえば、同地域のある寺の住職は、「京都市所有の藪は放ったらかし」だとつぶやく。そこには、竹林に限らず山林や並木といった、住民が親密な感情を抱く自然環境について、所有権をもつ主体が日常的に世話をしない／できないことへの不満感が見え隠れする。

(4) 風致地区条例第六条第一項は「市長は、審議会の意見を聴いて、風致保全計画に基づき、風致地区内において、建築物等の高さ、建蔽率、後退距離、位置、規模、形態および意匠並びに緑地の位置、形態および規模について特に配慮が必要な地域で、当該地域の特性に応じた特別の制限をおこなう必要があるものを、特別修景地域として指定することができる」というものである。風致保全計画とは、条例第一条二項の規定により市長が定めなければならないとされている「風致を維持するための計画」のことで、風致地区ごとに定まっている。

(5) バッファゾーンとは、世界文化遺産として登録された区域の外に設定される緩衝地帯・周辺環境を意味する。遺産の価値は建造物・モニュメント・遺跡など単体で測ることができるものではなく、その周辺の環境とともに保持されるべきだと考えられているため、遺跡を核とする景観が損なわれないための規制が必要とされる[松浦二〇一一]。「古都京都の文化財」は手続き上、京都市の条例と都市計画法によって建築行為などの制限が行なわれているエリアをバッファゾーンとして遺産登録されている。

（6）人類学者のスティーブン・フェルドとキース・バッソは「Sense of place」（場所の感覚／諸意味）を、「根をはる感覚をふくむもの」と論じている［Feld and Basso 1996］。

第七章　都市景観をめぐるポリティクス

――中国における漢族文化の類型学と〈場所〉の再構築

河合洋尚

一　はじめに

近年、中国では、歴史文化や民族文化を利用して、都市の特色をつくる動きが顕著になっている。急速な経済成長を遂げる中国の都市では、開発ラッシュが進むことにより、多くの伝統家屋や小道が壊され、高層ビルやコンクリートで舗装された幹線道路が次々と建設されてきた。しかし、一九九〇年代になると、各都市の多様性が失われてきたことを反省する声が高まり、伝統的な街並みを復元したり、民族の神話を利用して公園やランドマークを建設したりする動きが重視されるようになった。それにより、近年では、各都市の特色が付与された景観が現れるようになってきている。

本章の目的は、人類学の視点から中国の都市景観をめぐる近年の動きを考察することである。人類学は、二十世紀前半という早い時期から都市における調査に着手しており、都市に住む人びとの社会的ネットワーク、生活様式、文化摩擦などのミクロな事象を研究の対象としてきた。さらに、一九九〇年代以降、都市計画や空間政策などのマクロな政治力学にも注目しており、住民の身体実践との相互行為について議論するようになった。こうしたなか人類学者は、都市景観をめぐるプランナー、実業家、マスメディア、学者、住民などのポリティクスについて考察するようになってきている。

本章ではまず、都市景観をめぐる人類学的なアプローチを紹介してから、中国における都市景観の表象と再生について、具体例を挙げていくことにしたい。特に本章は、漢族の一系統である客家《ハッカ》が住む広東省梅州市を例にとり、都市景観の建設をめぐる文化のポリティクスについて論じることにする。

二　都市をめぐる景観人類学

都市景観は、建築学や都市工学など他分野で扱われてきたテーマであるが、一九九〇年代になると人類学でも、都市景観の設計や建設における文化の役割について着目するようになった。『都市空間の文化的意味』[Rotenberg and McDonogh eds. 1993]や『都市を理論化する――新都市人類学読本』[Low ed. 1999]など、都市計画や空間政策も研究の視野に入れた論集では、景観が重要な研究対象として挙げられるようになっている。そのうち、本章の主題である都市景観の特殊性をつくりだす動きについては、今まで主に二つの視点から研究が展開されてきた。

第一は、施政者や実業者などが特定の歴史文化や民族文化を資源とし、都市景観を設計・建設する過程を論じる研究である。この研究領域では、都市計画や空間政策といったマクロな政治力学に重点を置き、特色ある都市をつくることで、施政者や実業家などが経済的利益を得る過程を考察の対象としてきた。

その一例として、ルセイザーのアトランタ研究［Rutheiser 1999］を挙げてみるとしよう。ルセイザーによると、アトランタはもともと、どこにでも見られる、何の特色もない近代都市であった。しかし、一九九六年にこの都市でオリンピックが開催されることが決まると、アトランタの政府と実業家は、伝統文化を利用して都市を再建設するようになった。こうしてアトランタは、オリンピックが開催されるまでには、特に下町において伝統的な特色をもつ都市として再生するようになったのだという。この事例は、アトランタという〈空間〉において、一部の特色ある文化が資源として選ばれ、それが都市全体を表すシンボルとされた過程を論じている。

このように、第一の研究領域では、もともと多様であるはずの都市の諸事象から、一部の特色ある文化が政治的に選び出され、都市のイメージがつくりだされる過程を研究の対象にしている。換言すれば、施政者や実業家が、各々の利益を得るために、一部の特色ある文化的意味を環境に付与し、それを物質として建設することで外的景観（序論を参照のこと）を形成する政治力学を論じるのである。

こうした景観への意味づけには、歴史文化のみならず民族文化が利用されることもある［Selwyn 1995］。たとえば、チャイナタウンの景観には、外部者が想像する中国らしい文化的意味が付与されている。世界のチャイナタウンでは、もともと広東人、福建人、客家など、言葉や習慣の異なる人びとが住んでおり、彼らの生活文化も多様である。しかし、チャイナタウンの景観を形成する時には、そこから中華民族を代表する一部の文化（豪華な牌坊や亭、風水、パンダ、カンフー、チャイナドレス…）が選ばれ、それがチャイナタウンの景観を彩る要素となるのである。(1)

簡潔に言えば、第一の研究領域は、観光パンフレットで描かれるような景観がいかにつくられていくのか、その権力作用を読み解くことを主要な研究目的としている。しかしながら、この研究領域では、地域住民など、生活者の声や行為がさして検討されていない［Holston 1999］。これに対して、第二の研究領域は、マクロな空間政策を配慮しつつも、ミクロな視点から地域住民や観光客などの主体性に焦点を当てる。

セサ・ロウによるコスタリカの研究［Low 1999］は、こうしたアプローチの代表例の一つである。ロウは首都サン・ホセの公園を調査し、国家が広場に特定のイメージを付与してきた歴史的経緯を論じる。そして、こうしたイメージが人びとの公園の利用に及ぼす影響を考察するとともに、異なる記憶や経験をもつ人びとが公園をいかに認知し意味づけているのか、ロウは考察する。たとえば、サン・ホセの広場の一つである中央広場は、コロニアル調の様式で建造されたが、多くの労働者により使われる憩いの場にもなっていた。それゆえ、市政府や上流階級者が近代的なキオスクを廃してビクトリア調のキオスクを設置しようとした時、前者に馴染みが深かった労働者階級がこれに反対した。

この事例は、広場の特色を出そうとする市政府や上流階級の〈空間〉の生産（the social production of space）に抗して、労働者が彼らの記憶、愛着、人間関係を付与した〈場所〉を守ろうとする動きを表している。結局、労働者の働きかけにより、近代的なキオスクはもとに戻されることになった。ロウは、人びとが各々の記憶や経験に基づき多様に景観を解釈し、時には景観を再構築する過程を、空間（本書の定義に合わせるならば〈場所〉）の再構築（the social construction of space）と呼んでいる［Low 1999; cf. Rodman and Cooper 1989］。

さらに、ロウは、広場を使用する人びとの多様性を考慮し、上流階級、労働者だけでなく、女性、若者、観光客など、異なる集団による景観の認知と使用形態の違いについて論じている。それを通してロウは、国家・上流階級と労働者の間の異なる景観の意味づけとその葛藤をめぐる、競合（contestation）の現象に焦点を当てている［Low ed. 1999, 1996］。景観をめぐる異なる集団間の競合については、ローテンバーグ［Rotenberg 1995,

1999］をはじめとする多くの研究者が述べており[2]、この研究領域の主要な潮流の一つを形成している。

このように、第二の研究領域は、人びとの記憶、愛着、社会行為などといった身体実践に着目し、外的景観を異なる角度から認知することで、いかように彼らの内的景観を再形成していくのかについて考察する。そして、外的景観と内的景観、もしくは異なる内的景観が競合する過程について論じることを、主要な研究目的としているのである。

つまり、この研究領域においては、政治的に選び出された文化資源ではなく、人びとが日常の生活を通して紡ぎだす文化的意味（記憶、愛着、アイデンティティなど）を考察の対象とし、それを環境に付与していく側面に着目する。ただし、ロウのコスタリカ研究にみるように、ここで提示される文化的意味には、各々の民族が祖先から引き継いできた慣習やしきたりが含まれていない。しかし、人びとによる内的景観の形成過程を読み解くにあたり――民族固有の特色とまでは言わないまでも――各々の親族集団や民族集団が祖先から継承してきた景観への認知・実践をどこまで考慮するかは、さらに検討していくべき問題として残されている。

次に、以上述べてきた都市景観をめぐる視野と手法を援用しつつ、中国における都市景観形成の事例を考察していくことにしよう。景観人類学では、社会主義国の事例を扱う研究が相対的に少なく、とりわけ中国の事例は非常に限られている[3]。次節以降は、特に中国の漢族文化に焦点を当て、民族文化を用いた景観のポリティクスについて考察していく。

三　中国における民族文化表象と景観の形成

1　中国の市場経済化と民族文化資源の利用

中国は日本の約二五倍の面積に十三億を超える人口を抱える大国である。一九四九年に共産党政権が樹立して以降、中国は社会主義体制をとっているが、一九七八年十二月に改革・開放政策を採択すると、市場経済を一部導入し、急速に経済が成長した。それに伴い、中国の各都市で開発ラッシュが起こり、幹線道路、高層ビル、マンションなどが次々と建設された。しかし、一九九〇年代に入ると、冒頭で述べたように、伝統文化や民族文化を用いて街並みを改造し、地域的な特色のある都市景観をつくりだす動きが顕著になった。

たとえば、首都の北京では、下町の約四十%が開発され、伝統住居である四合院《しごういん》[4]、および住居の間の小道である胡同《フートン》が次々と失われていった［*China Daily* 2010, Aug 14］。北京では、〇〇胡同という地名は残っていても、実際には高層のマンションが乱立する光景が珍しくはない。だが、一九九〇年代になると、四合院や胡同は北京の特徴的な建造物として注目を集め、観光化に使われるようになった。さらに二〇〇八年に北京でオリンピックが開催されることになると、北京の政府は、残された四合院や胡同を都市の特色ある資源として利用し、改造するようになった。具体的に、四合院は、北京オリンピックが開催するまでには、青レンガの壁に赤い門をベースとするデザインに塗り替えられるようになったのである（写真7－1）。こうしたデザインは、北京の特色を表す景観として、博物館で展示されるだけでなく、北京首都国際空港の店舗のデザインにも用いられるようになった[5]。

近年、都市の特色を表すランドマークを建設し、伝統建築や古い歩道を改造する動きは、北京に限らず、各地

写真７－１　北京オリンピック時の北京の四合院（筆者撮影）

の都市でみられるようになっている。その動きが特に少数民族が多い西部の都市で顕著であることは、いくつかの人類学的調査をみれば明らかである［長谷川 二〇〇八 他］。

なかでも、松岡は、四川大地震が発生した汶川《ぶんせん》県を対象とし、震災後、広州市や珠海市の援助で、チャン族文化を用いた都市景観が新たにつくられた経緯について述べている。そのなかで、松岡が主張するのは、汶川県には確かにチャン族がいるが、そのうちの一部の特色ある文化（岷江モデル）が拾い出され、現地の特色ある景観としてつくられているという事実である［松岡 二〇一二］。すなわち、前節でみるように、中国の少数民族地域においても、施政者や実業家などが一部の文化的特色を拾い出し、それを都市の〈空間〉で全体化することで外的景観をつくる政治力学が働いているといえる。

このように、いくつかの人類学的研究は、景観という概念こそ使わなくても、中国の施政者や実業家が少数民族文化を利用することで外的景観を形成してきたことについて、具体例をもって示してきた。ただし、このように民族文化を利用して特色ある都市景観を出す動きは、少数民族に限定されることはない。一九九〇年代以降、漢族文化を資源として利用して特色ある都市景観をつくりだす政策は、漢族が大多数を占める一部の地域でもみられるようになっている。次に、漢族文化を用いて都市景観を創出する過程をみていく。

2　漢族文化の分類と特色——巴蜀文化と嶺南文化の景観

中国は多民族国家である。マジョリティである漢族と五五の少数民族を合わせて五六の民族を抱えている。言うまでもなく、中国の各民族は異なる文化をもっているが、たとえ同じ民族であっても言語や習慣が異なることも珍しくはない。特に、漢族は、中国人口の約九二％を占める巨大な民族であるため、その内部の文化的多様性も大きい。一例を挙げると、中国では、上海語、広東語、閩南《びんなん》語、客家語など多くの「方言」があり、異なる「方言」間では意思疎通を図ることができない。また、中国の北方と

図7－1　漢族文化の類型化の一例

写真７－２　成都郊外で近年改造された「川式民居」（筆者撮影）

南方の漢族地域では食文化も大きく異なる。それゆえ、漢族は、さらに文化の異なるいくつかの系統に分けることができる。漢族のサブ・エスニック集団の文化をどのように分けるかについては、学者や施政者によって基準が異なるので、中国全土で統一した見解があるわけではない。しかし、言語や習慣の違いをもとに、しばしば中原《ちゅうげん》文化、斎魯《さいろ》文化、呉越《ごえつ》文化、荊楚《けいそ》文化、巴蜀《はしょく》文化、嶺《れい》南《なん》文化というカテゴリーが、中国各地で使われることがある（図７－１）。

　図７－１は、しばしば中国の学術により定式化され、政策、商業で使われる漢族文化の類型化を図示したものである。ここで図示された複数の文化は、一方で同じ漢族（中華）文化を継承しながらも、異なるものとして一般的にみなされている。たとえば、四川省を中心に広がる巴蜀文化と、広東省や広西チワン族自治区を基盤とする嶺南文化は、互いに異なった文化的特徴をもつことが強調

写真７－３　青レンガの壁、趟櫳門《とうろうもん》、満州窓からなる建築スタイル
（荔湾湖《らいわんこ》公園のレプリカより）（筆者撮影）

される。そのうち、本書のかかわりで興味深いのは、両者の建築スタイルにも異なる特色があることが主張されており、さらに、そうした特色が実際の景観政策にも活かされているという点である。

まず巴蜀文化の建築スタイルをみていくとしよう。四川省の中心である成都では、赤レンガと緑の瓦をベースとした「川式民居」（四川式の家屋）が、巴蜀文化の典型的な建築として規定されている（写真7－2）。政府は、このデザインを活かした都市開発を推進しており、それにより特色ある都市景観を創出してきた。言うまでもなく、成都にはさまざまな種類の建築があり、「川式民居」はそのうちの一部にすぎない。また、成都には省外から移民した人びとも住んでいる。たとえば、成都の郊外にあるA村は、リゾート地として知られるが、ここに住む人びとには福建省などから移民してきた客家が

写真7－4　鑊耳壁《かくじへき》のある住宅（筆者撮影）

多い。彼らはもともと「土壁」（土で作った壁）と「倒朝房《とうちょうぼう》」（客間）のある家屋に住んでおり、「川式民居」は見たこともない建築であった。しかし、二〇〇三年に、政府はA村とその周辺をリゾート開発するにあたり、「川式民居」を典型的な巴蜀文化として認定し、その文化的特色でもって景観を改造する指令を出してきた。そして、A村の住民は、彼らの家屋を赤レンガと緑瓦のそれに改造したのだという。[6]

他方で、嶺南文化の代表的な建築スタイルは、青レンガの壁、趟櫳門《とうろうもん》（横木の門）、満州窓《まんしゅうまど》（煌びやかな窓）をベースとしている（写真7－3）。また、鑊耳壁《かくじへき》（両側が突き出た屋根）をもつ家屋も、嶺南文化の特色であると考えられることがある（写真7－4）。近年、珠江デルタ地帯（広州、佛山、東莞、中山）では、政府の主導で青レンガの壁、趟櫳門、満州窓、鑊耳壁を使って家屋を改造したり、店舗や公共施設をデザインしたりする動きが強まっている。一例を挙げると、広州市内にあるB社区では、区役所が青レンガの壁、趟櫳門、満州窓をもつ家屋を保護の対象とし、さらに住民にもこのデザインを用いて家屋を改造するよう呼びかけている。また、二〇一〇年に広州で開催されたアジアオリンピックに向けて、政府は、青レンガの色である灰色に景観を統一し、都市の特色をつくりだそうとした。広州では、木造家屋、赤レンガの家、コンクリートのアパートなどさまざまな家屋があったが、アジアオリンピックが開催する頃には、少なからずの建築物が青レンガを模したデザインに変えられたのである［河合 二〇一二］。

次に、客家の居住地である広東省の梅州市を例にとり、外部者の文化表象が外的景観の形成に及ぼしてきた過程について、より詳細に検討していくことにする。

四　中国客家地域における景観の競合

1　梅州における外的景観の形成

客家《ハッカ》は、中国東南部を中心に居住する漢族のサブ・エスニック集団である。標準中国語とは意志疎通を図ることができない客家語を話し、他の漢族とは異なる文化をもつと一般的にみなされている［高木 一九九一］。客家は、図7−2にみるように、広東省・福建省・江西省の省境を本拠地としており、ここから中国南部や海外に華僑を送り出している。なかでも広東省梅州《ばいしゅう》市、福建省龍岩《りゅうがん》市、江西省贛州《かんしゅう》市は、住民のほぼ全員が客家と考えられており、「客家の故郷」とみなされている。

近年、「客家の故郷」では、客家文化を特色として利用して都市景観をつくりだす動きが活発である。特に梅

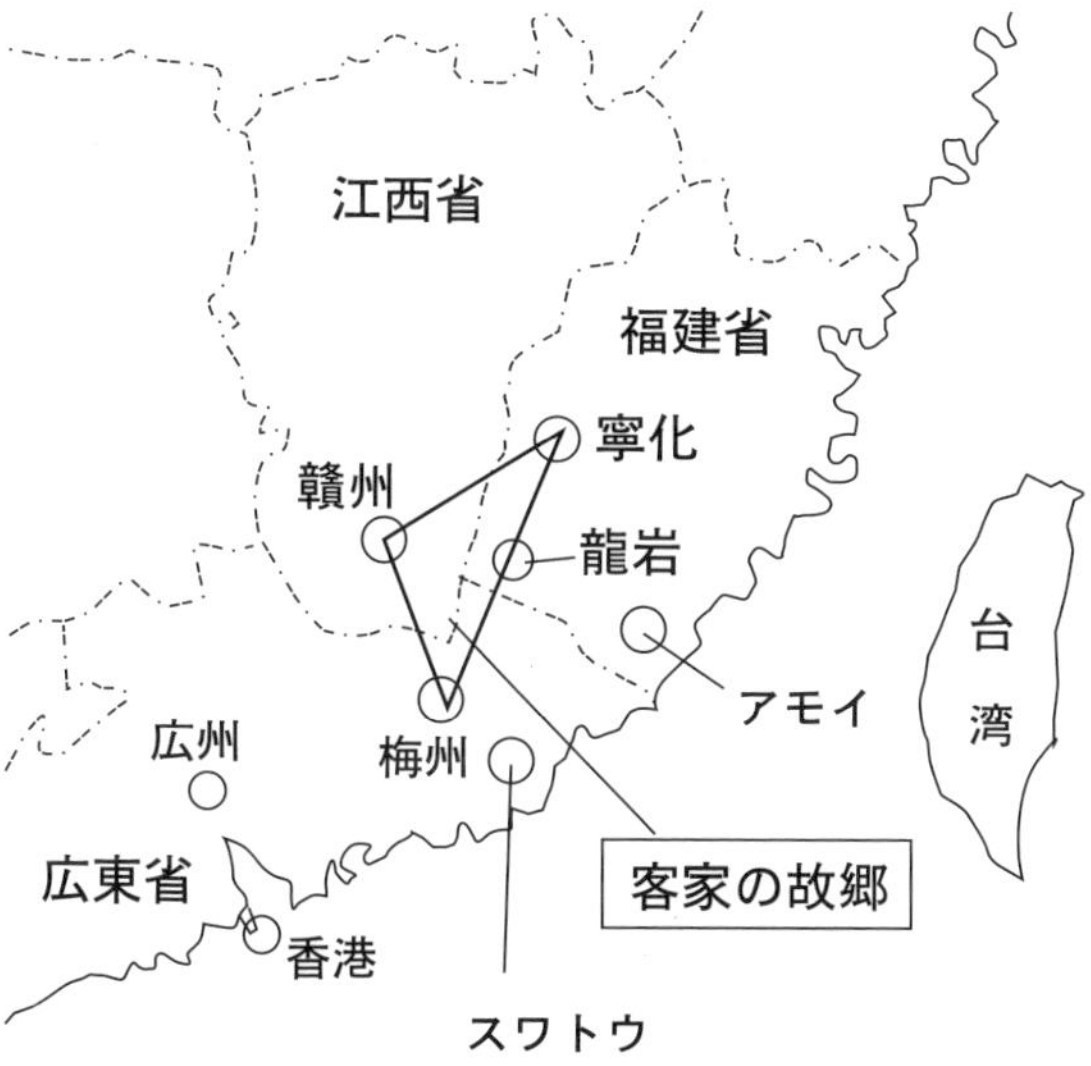

図７－２　客家の故郷

州では、一九九〇年代後半という早い時期から一部の客家文化を利用し、都市の特色づくりをおこなってきた。その背景には、梅州の社会的・経済的状況が大きく関係している。梅州は、交通の不便な山間部にあるため、広東省のなかで貧しい地区の一つである。それゆえ、一九七八年に改革・開放政策が実施されて外資の導入がおこなわれるようになると、梅州は、海外に移住した華僑からの金銭的援助を受け、経済を促進する方針を採択した。そこで、多くの投資者や観光客を惹きつけるため、梅州では都市の特色をつくりだすようになった。特に、一九九〇年代後半になると、客家文化を利用して特色ある景観をつくりだす事業が進められ、華僑などの外部者が思い描く「客家の故郷」を視覚的に演出するようになっている。

　梅州で最初に客家文化を利用してつくられた景観の一つは、一九九七年に都市郊外で建設された雁南飛《がんなんひ》茶田リゾート村である。このリゾート村の

写真7－5　福建省永定県の円形土楼（筆者撮影）

建設を担った開発業者は、円形《えんけい》土楼《どろう》を模したホテルを建設し、そのなかで客家料理や客家舞踊を提供するレストランを設置した。円形土楼とは、福建省龍岩市永《えい》定《てい》県を中心に分布する伝統集合家屋である（写真7－5）。中国国内外で客家の代表的な文化であるとみなされており、二〇〇八年七月にはユネスコの世界文化遺産に登録されたことで知られている。もともと円形土楼は、福建省の客家地域とその周辺に多い建築物で、梅州の都市部とその郊外には存在していない。しかし、開発業者は、見た目のインパクトに加えて知名度も高い円形土楼を特色として利用し、特に梅州を訪れるビジネス客や観光客を招きよせようとした。

　他方で、政府の主導のもと都市郊外につくられた泮坑《はんこう》観光リゾート村も、客家文化を利用してつくられた景観の一つである。泮坑観光リゾート村の目玉は泮坑公王廟と呼ばれる宗教施設で、そこには三山国王という三体の神が座している。梅州の民間では三山国王という名称はあまり馴染み深くなく、地元では一般的

写真7－6　洋坑公王廟《はんこうこうおうびょう》（筆者撮影）

に公王と呼ばれている。[7] しかし、台湾や東南アジアの一部の華人社会では三山国王は客家の守護神とみなされているため、梅州の外に向けて、公王は客家文化としての記号を付与された。また、泮坑公王廟は、外地で成功した一族が建てたため、公王には「保外郷」（外出した人びとを守る）の効能があると信じられている。そのため、ここは改革・開放政策後、政府の役人や学者が海外から来た華僑や外国人を連れていくところでもあった。それゆえ、一九九七年には、とりわけ華僑、外国人、国内観光客などの外部者を意識し、ここを客家文化の特色に溢れた景観として再開発したのである。

二一世紀に入ると、梅州市内でも、客家文化を利用した景観が次々と建てられるようになった。筆者が最初に梅州を訪問したのは二〇〇四年秋であるが、それから十年間、市内では「世界客都」（世界の客家の都）という文字が刻まれたランドマークが設置されたり、「客家」の看板を掲げたレ

写真7－7　円型土楼型の体育館（筆者撮影）

ストランが増加したり、銀行やゲームセンターにも「客家」の二文字が付けられたりと、街中の景観は大きく変化した。また、二〇〇七年には都市中心部に客家公園が建設されたが、そこの入り口や、公園の目玉である中国客家博物館は、円形土楼を参考にデザインされた。また、二〇〇六年より建設された客天下観光産業園というリゾート地では、円形土楼を模したレストランがつくられ、その内外で客家料理や客家舞踊が提供されている。その他、梅州では、円形土楼をデザインとして採用したマンションや体育館も現れるようになっている（写真7－7）。

　ここで注意したいのは、梅州の人びとは太古の昔から自らを客家とみなしてきたわけではないということである［夏 二〇一二］。歴史学者である飯島典子［二〇〇七］は、客家の概念や意識が顕在化したのは、むしろ東南アジア諸国や香港の方が早く、それが後に梅州にフィードバックされたと考えている。一九三〇年代、梅州出身の民族学者である羅香林は、西洋の民族概念を適用して、客家が一方で中原から南下した漢族の末裔であり、他方で先住民の文化と混合して独自の文化を生みだした集団であると考えた。その延長上で、羅氏は、客家が中原の文化を継承している一方で、固有かつ特殊な文化をもっていると述べた［羅　一九九二（一九三三）］。

梅州地区の出身者である羅香林にとって、円形土楼や三山国王は馴染みのある文化ではなかったので、彼自身は、これらを客家文化の特色として描いていない。しかし、後に台湾の有名な客家研究者である陳運棟［一九八三］が三山国王を客家文化の特色として描き出し、一九八〇年代に台湾、香港、シンガポール、日本などで円形土楼が客家の文化的特色として注目されるようになると［小林　二〇一三］、これらが代表的な客家文化であるという見解は「科学的権威」をもって迎えられるようになった。たとえば、「円形土楼は、客家が中原から南下する際に結束した象徴である」という説が一部の学者により唱えられると、その言説が梅州の政府、開発業者、マスメディアにも流用され、土楼型建築をめぐるイメージの形成に用いられるようになっている。

2　内的景観としての囲龍屋の重視

このように、梅州では、学者や華僑などの外部者により客家文化の特色と考えられている円形土楼や三山国王廟が選ばれ、この都市の特色ある景観として利用されている。学者や政府にとって、円形土楼や三山国王廟は典型的な客家文化であり、梅州の大多数を占める客家住民の文化を代表しているはずである。ところが、これらの建築物は、特に外部者のイメージに合わせてつくった外的景観であったため、梅州の住民の暮らしとは必ずしもかかわるものではなかった。確かに三山国王は梅州に住む高齢者たちが生まれる前から存在していたが、彼らが親しんできたのは公王であり、客家文化の特色としての三山国王ではなかった。また、円形土楼は今まで目にしたこともない建築物であり、彼らの生活を体現するものではなかった。梅州では、言葉があまり通じない永定県の人びとを客家とみなさないこともあるので、にわかに円形土楼型の建物が出現したことに、不満や違和感を覚えている人びともいる。

梅州市内には約四十万人の人口がいるため、筆者は、数百年前から住む宗族がひしめく下市《ハースー》地域で、円形土楼型の建物をめぐる質問をした。もちろん下市には約三十の姓の宗族がおり、年齢や職業が異なるため、成員間の意見は一様でない。しかし、円形土楼を模した建築物に関して肯定的な発言をする者はほとんどおらず、多くは無関心であったり、否定的な感情をもって語っていたりしていた。筆者は、下市の調査で数十名に土楼型のマンションに住みたいかと聞いたが、「住みたい」と答えた者はいなかった。その理由を聞くと、土楼はかつて一族の者が一緒に住んでいたから良かったのであり、他人が何をしているか一望できる建築構造になっているのでプライバシーの意識が強い現代人には合わないのだという。「そもそも見知らぬ建築になぜ愛着をもたねばならないのか」と言う者も少なくなく、彼らを代表する文化としての円形土楼に愛着をもっている者は皆無に等しかった。特に年齢が高ければ高いほど、円形土楼型の建築物を重視した開発をおこない彼らが昔から住んできた囲《い》龍屋《りゅうおく》や平屋を壊すことに、疑問を投げかける傾向が強い。下市のＸ宗族において発言力の強いＸＡ氏は、二〇〇六年、円形土楼型の客家博物館が建設されている時、「なぜ我々の生活と密着した平屋や囲龍屋を壊して、私たちが目にしたこともない円形土楼をつくるのか。平屋や囲龍屋こそがホンモノの客家文化ではないのか」と、憤って筆者に語ったことがある。

ＸＡ氏の発言は、政府や学者が唱える客家文化と、彼ら住民の思い描く客家文化との間に、溝があることを示

写真７－８　囲龍屋《いりゅうおく》の概観（夏遠鳴撮影）

している点で興味深い。つまり、前者の客家文化は、外部者のまなざしを意識し、一部の特色ある事象をエスニック集団の文化に全体化した、表象としての文化である。この文化概念は政治経済的利益につながるが、客家の人びとの多様性を考慮したものではない。他方で、後者の文化は、生活を営む人びとの記憶や経験から紡ぎだされるものであり、いわゆる古典的な人類学が扱ってきた生活文化を示している。下市では、前者の文化的意味に基づいてつくられた外的景観を必ずしも歓迎しておらず、むしろ後者の文化的意味に基づくオルターナティブな景観を重視し始めている。その代表の一つが囲龍屋である。

囲龍屋は、梅州を中心に分布する伝統的集合住宅である。円形土楼と同じく、内部に多くの部屋があり、伝統的には一族の者が居住していた。図7－3にみるように、上から見下ろすと囲龍屋は馬蹄形であり、そのうち中軸ラインにある上庁、

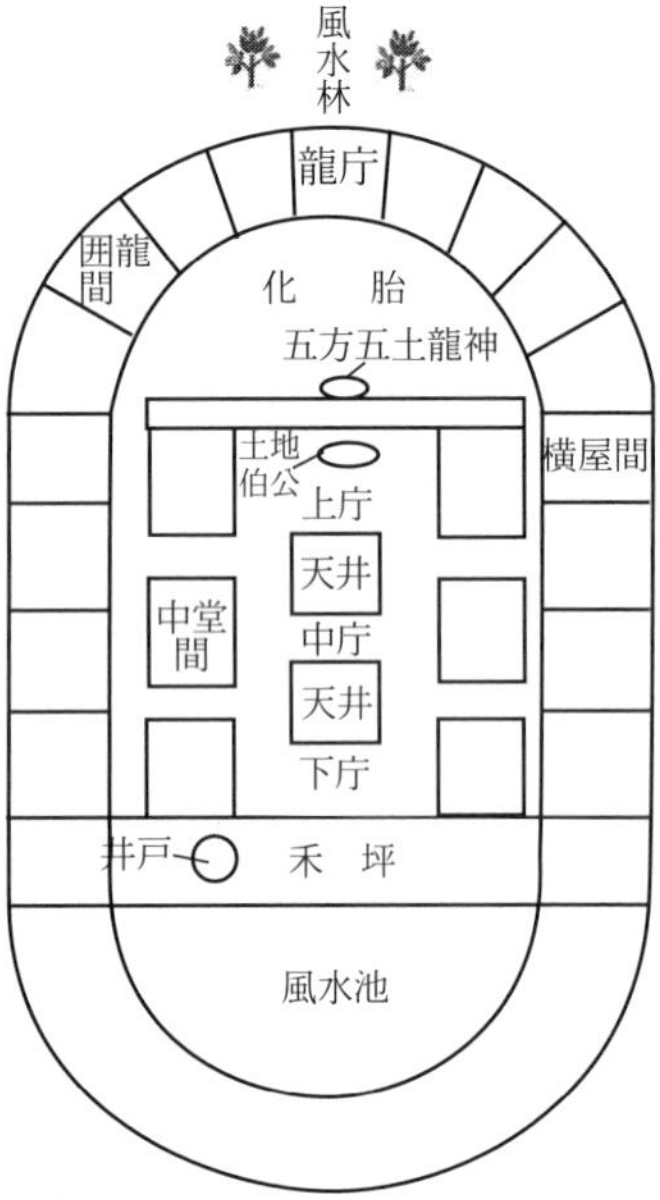

図7－3　囲龍屋《いりゆうおく》の平面図

中庁、下庁は公共のスペースとなっている。上庁は祖堂とも呼ばれ、祖先の位牌や神像が置かれている。祖堂の後ろは化胎という半月型の高台となっており、下庁の前には半月型の池がある。宗族の成員は、公共スペースの周りにある中堂間、横屋間、囲龍間に住んできた。ただし、改革・開放政策が始まり宗族の生活水準が向上すると、宗族の成員は、囲龍屋の近くに二～三階建てのコンクリート造りの住宅を構え、そちらに移り住むようになっている。普段、囲龍屋には、一部の親戚の他、外地から移住した労働者や学生が住んでおり、宗族の成員は、年中行事や冠婚葬祭などの特別な時にしか利用しない。

それゆえ、政府や開発業者にしてみれば、囲龍屋は、普段使われていないわりには広い敷地を占拠する、古びた家屋にみえる。もし囲龍屋を壊してその敷地内にビルを建てれば、より多くの収益を見込めることになる。それゆえ、梅州市政府は、〈空間〉の編成において、円形土楼型の近代建築を特色として重視し、同時に高層のビルやマンションを建ててきた。その反面、一階建ての囲龍屋や平屋は、都市の特色ある景観とみなされることもなく、破壊の対象となってきた。しかし、囲龍屋は、普段使われていなくても、一部の、特に規模の大きい宗族にとっては、彼ら一族の歴史的記憶が埋め込まれ、社会的ネットワークの結節点となる重要な〈場所〉として機能している。したがって、二一世紀に入って梅州で急速な都市開発が進むにつれ、囲龍屋を破壊していくことに、一部の宗族は違和感や不満を覚えるようになった。

こうした状況において、梅州の一部では、囲龍屋こそが「ホンモノ」の客家文化であるとみて、それを保護しようとする動きが強まっている。中国の人類学者である周建新［二〇〇六］は、梅州のある宗族が香港や海外にいる親族の助けを借りて囲龍屋の保護運動を展開し、結果的に都市開発の魔の手から彼らの囲龍屋を守ることに成功した事例を論じている。また、この事例のように社会運動にまで発展しなくても、囲龍屋を彼らの重要な景観として主張し、最終的には、「文物保護単位」（有形文化遺産）として政府に認めさせた例もある。先述したX宗族は、そうした事例の一つである。

X宗族の囲龍屋は、清代後期に建てられた。この囲龍屋からは、科挙合格者や学問・文学で成功を収めた祖先を複数名輩出しており、それが成員の誇りとなっている。X宗族の成員は、一九八〇年代以降、囲龍屋から離れてコンクリート造りの近代建築に移り住んでいる。しかし、祖先の位牌を囲龍屋の上庁に、祖先の功績を顕す扁《へん》額《がく》を下庁に、科挙の合格者などの威厳を表す柱（現地で「楣杆《ミーガン》」と呼ばれる）を禾坪に置いている（写真7－9）。さらに、春節（旧正月）などの年中行事の際には、遠くに住む親戚が囲龍屋に会して祖先を参拝し、一緒に食事をとる。X宗族にとって、囲龍屋は、祖先の功績が残されるだけでなく、一族の者が集まり、祖先の記憶を思い起こすことで団結を強める重要な〈場所〉である。

また、調査を進めるにつれて分かってきたのは、X宗族が囲龍屋を重視する理由には、その土地の生命力とのつながりがあるということである。XA氏によると、囲龍屋の化胎と上庁は彼らの生命力の根源であり、特に最も重要なのは上庁の奥にある土地伯公（土地の神）である。土地伯公の上方には祖先の位牌があり、その前には子孫が祖先に供物を与えるテーブルがあるが、この配置は、土地が祖先を養い、祖先が子孫を養う摂理を表して

写真7－9　扁額《へんがく》（上）と楣杆《ミーガン》（下）（筆者撮影）

いる。また、化胎は女性の子宮を表しており、一族の生命の根源であるという。化胎の前には五つの異なる刻みのある五方五土龍神がいるが、その中央の四角い刻みは子宮の入り口を表しており、生命エネルギーの排出口であるとみなされている。それゆえ、X宗族では、病気になったり不妊になったりすると、五方五土龍神を拝む習慣がある［河合 二〇〇七：八〇－八二］。

X氏の高齢者によると、囲龍屋をめぐるこうした知識は、祖先から伝えられたものであるが、中国では「迷信」とみなされる要素が多いので表立って子孫に教えていないのだという[8]。ただし、子宝に恵まれない女性が五方五土龍神を拝みに行ったり、春節の時に化胎で獅子舞をして生命力を受け継いだりする行為を繰り返すことで、こうした知識は下の世代でも身体化されている。X宗族の人びとは、このように祖先とのつながりや生命観という観点から囲龍屋とかかわっており、これを破壊してはならない対象としてとらえている。それだけに、外部者のまなざしや経済効率から形成される外的景観とは相容れないものとなっている。

X宗族の事例において、円形土楼に代表される外的景観は、囲龍屋に代表される内的景観と明らかに競合している。ただし、X宗族の成員は、政府やマスメディアの関係者などに向けては、アニミズムや性器信仰に関連する話を一切せず、扁額《へんがく》や楣杆《ミーガン》など別の要素を強調している。また、X宗族ほど大規模な集団になると、一族のなかには政府機関の役人、学校で教鞭をとる教員、開発業者の社長など、外的景観の担い手ともなる成員もいる。それゆえ、X宗族は、囲龍屋も客家文化の特色であることを主張し、保護を訴えると同時に、水面下で祖先から伝えられた認知や実践を継承することに成功している。

五　中国客家地域における景観の相律

梅州の宗族がどの建造物を彼らの内的景観として重視するかは、各宗族をめぐる歴史的・社会的事情により異なってくる。次に、Y宗族の事例をみていくことにしよう[9]。

Y宗族は、囲龍屋をもっていないが、かわりに一〇〇〇年以上も前に建造されたという始祖（梅州で定住した第一代目の祖先）の墓を重視している。しかし、一九九〇年代に都市化が促進すると、都市部の多くの住宅や墓が取り壊され、移転させられた。特に、梅州の都市部では火葬の普及と公共墓地の建設が進み、沖縄の亀甲墓にも似た個人墓の新設が禁じられた。Y宗族の始祖の墓は、都市部である下市に位置するため、いつ撤去されても

写真７－10　Ｙ公園と公園内の墓（筆者撮影）

おかしくない状態にあった。こうした状況のなか、Y宗族は、墓の移転や破壊から守ろうとした。

では、Y宗族は、なぜこの場所に墓がなければならないと考えているのか。なぜ現在の墓の形を守り、公共墓地への移転にこれほどの嫌悪感を示すのか。筆者のこの問いに対して、Y宗族の説明は「当然である」「しきたりだから」「災いが起きる」などと一定しておらず、なかには感覚的なものであるため、説明が困難であるような場合もあった。そのなかで、おそらく最も言語化されていたのは、YB氏による風水の説明であった。

風水とは、中国で古くから伝わる環境評価法であり、環境の良し悪しが人間の命運を左右するという思想に基づいている［渡邊 一九九三、二〇〇一］。特に風水では、墓の風水の良し悪しは住宅の風水の良し悪しよりも重視される。祖先の墓の立地・形状・方角が良ければ、すべての子孫に幸運をもたらすが、悪ければすべての子孫に災いをもたらすからである。Y宗族は、梅州でも有数の大規模な宗族であり、中国国内の政界、軍事界、メディア界、学界、商業界で活躍する子孫が少なからずいる。また、海外に移住し成功した華僑もいる。YB氏は、一族が繁栄し各界で活躍する子孫を輩出できた理由として始祖の風水の良さを挙げており、そのために今の墓の風水を守らねばならないというのである。

始祖の墓を守るため、Y宗族が考えたのは、始祖の墓とその周囲を整備して公園（以下、Y公園と呼ぶ）にすることであった。主にY宗族の高齢者（YB氏を含む）から結成される運営委員会は、二〇〇三年よりY公園の建設準備にとりかかり、まずは墓の周りの土地を借用した。そして、Y宗族の成員、特に東南アジア諸国やモーリシャスなど海外に住む親戚を頼りにし、公園建設の資金を募集した。また、春祭りと秋祭りには祖先祭祀をおこない、国内外から親戚が参拝しに来た。二〇〇六年の秋祭りに参加したシンガポール在住の夫婦は、彼らのルーツは始祖の墓にあり、良い風水を得るために梅州まではるばる来たと話した。彼らは、始祖の墓に備えた餡を持ち帰り、良い霊的なパワー（気）をシンガポールに持って帰ったのであった。

もちろんY宗族は大規模な宗族であるため、内部の多様性が大きい。宗族の成員のなかには、風水を信じようとしない者や、単に宗族の威信を示そうとする動機から公園の建設に参与した者まで、さまざまであった。他方で、一族には政府機関に勤務する者もおり、草の根から客家文化の言説を用いて「新たな特色をもつ」外的景観の形成を考える者もいた。

このように、Y宗族では多様な立場の者がいるが、墓を守ろうとする点では一致していた。そのなかで、Y宗族は、都市開発により「ホンモノ」の客家文化が失われることを危惧しつつも、表立ってそれに反対することはなく、客家文化を利用して都市の特色をつくる政策を敏感にキャッチしてきた。そして、春祭りや秋祭りが客家文化であることを文字で書いて強調し、始祖の墓およびそれとかかわる活動を「客家らしい」文化的景観としてアピールしてきたのである。また、二〇一二年には、公園内にビルや亭を新たに建設したが、そこには一族の歴史を記した亭だけでなく、共産党革命に参与した一族を記念した亭も建設した。すなわち、Y宗族は、愛国主義的な客家のパーソナリティを特色として景観に埋め込むことで、政府のイデオロギーに迎合させたのである。

Y宗族は、こうして「客家文化の高揚」というスローガンを掲げて外的景観の形成に貢献するよう見せかけてはいる。しかし実際には、祖先から伝えられたしきたりに従って墓を参拝するという行為を継続させている。二〇〇四年に開催された秋祭りと、二〇一四年に開催されたそれを比較しても、祖先を敬い、祖先の好風水を得るための基本的なやり方には変化が起きていない。(10) 角度を変えてみるならば、Y宗族における祖先―子孫―土地とのかかわりは、客家文化政策が起きても基本的には変化しておらず、むしろ外的景観の論理をとりこむことで、内的景観を持続させることに成功しているのである。つまり、Y公園の建設の事例においては、外的景観と内的景観は競合するのではなく、矛盾することなく併存している。ある集団が内的景観と外的景観を併存させるこのような力学を、本章は相律（multi-phase）［河合 二〇一三］という概念で表すことにしたい。

六 おわりに

以上、都市景観の建設における文化のポリティクスについて、中国の事例から考察してきた。それにより明らかになったのは以下の通りである。

第一に、中国では都市の特色を出すため景観の建設が進行しているが、そのなかで民族文化の利用が顕著になっている。中国の事例において注目に値するのは、文化相対主義の視点から漢族の文化を細分化し、それぞれの特色を強調していることである。巴蜀文化、嶺南文化、客家文化など、漢族の下位文化を用いて特色ある都市景観を創出する主体は、主に地方政府や開発業者である。しかし、各々の文化の特色は、民族学者（民族を対象とするあらゆる分野の研究者）により「科学的権威」をもって示され、それが政府や開発業者などに流用されることもある。それゆえ、中国の外的景観を考察するためには、ある民族集団の文化がいかに学術的に表象され、それが政治的に使われて環境（建築など）に付与されるのかという過程をみていく必要がある。

第二に、地域住民は、各々の社会的立場に基づき、こうして創出された外的景観を別の角度から認知する。さらに、彼らは、外的景観を「ニセモノ」として判断し、彼らの記憶や経験から、別のマテリアリティを内的景観として重視し、時としてそれを保護したり改造したりする。梅州の事例から明らかであるのは、外的景観で使われる文化が政治経済的な利益を得るために選ばれた部分的事実であるのに対し、内的景観の基盤となる文化は各々の身体実践にかかわるものであるため、両者はしばしば競合するということである。こうした異なる景観の競合については、他地域の調査から導き出された先行研究の議論とも合致する。ただし、Ｙ公園の事例から分かるように、人びとは、外的景観の論理を部分的に借用することで、内的景観を持続させる工夫をなすこともある。

本章は、都市景観をめぐる文化のポリティクスとその競合について、中国の事例から論じてきた。しかし、従来の研究は、外的景観と内的景観が対立し葛藤することについては多く述べてきたが、両者が時として矛盾せず併存する相律の現象については、あまり論じられてこなかった。

都市景観をめぐる従来の研究は、本章で述べてきたように、ポリティクスという観点から人間と景観のつながりをとらえすぎてきた。一方では、都市の特色を視覚的に示すという権力的な作用は、景観の形成を見るうえで欠かせない重要な要素である。しかし他方で、いかにグローバル化が進み、客家文化政策が推進されようとも、各々の親族集団が祖先から継承してきた景観への認知や実践は、現地で引き継がれている。逆に、長期にわたって人間と土地（景観）とのかかわりを観察すると、内的景観の論理は――若干の変形こそしても――外的景観の論理を逆にとりこんで、併存させることもありうる。もちろん、本章で繰り返し論じているように、内的景観がいかように持続し影響力をもつかは各宗族の状況により異なるため、筆者は、伝統的な要素を絶対視しているわけではない。しかし、個々人が現象的世界を構築していくうえで、民族文化表象と祖先から伝えられた知識を、時と場合により相律させていく過程を柔軟にとらえていくべきであると考える。

さらに、筆者は、外的景観と内的景観は決して固定的ではなく、時間の経過により流動的に転換しうると考える。たとえば、今でこそ円形土楼は、梅州の人びとにより馴染みある景観として受け入れられてはいないが、物心ついた頃から円形土楼型の建築物に親しんできた子どもにとっては、愛着や記憶が籠った内的景観になるかもしれない。他方で、今は内的景観であっても、私がこうして文字に書き、後に文化政策に利用されることで、外的景観に転換していくかもしれない。実際に、囲龍屋は最近、梅州の都市の特色を出す新たな文化資源として注目されはじめており、郊外の都市開発計画の写真では、囲龍屋のシルエットが採用されるようになっている。

人類学は、一つの地域における長期のフィールドワークを出発点として、特に〈場所〉における人びとの内的景観を仔細に調べることを主要な調査法としている。[11] それゆえ、人類学者は、一つの地域で調査を進めることで、時間の経過に応じて景観の変化を追いかけていく視野をもつことができる。景観人類学をいかに景観歴史学へとつなげていくかは、今後、議論していかねばならない課題の一つである。

注

（１）オーストラリアのメルボルンでは、広東系、福建系、客家系など、中国南方から移住した漢族が大多数を占めている。にもかかわらず、華人博物館では、兵馬俑や餃子などの北方文化が中国文化のシンボルとして強調されている（二〇一三年二月時点の調査による）。中華街を彩る景観は、必ずしも居住者の生活文化が体現されるのではなく、外部者により想像され、消費されやすい一部の文化が特色として選ばれるのである。

（２）ローテンバークは、ウィーンにおける庭園イメージの歴史的な生産を考察した後で、庭園経営者が個々の経験から望ましい象徴的意味を領有し、庭園景観を形成していることを論じた。彼は、都市の居住者が、生活経験より獲得する知識を「都市知識（metropolitan knowledge）」と呼び、それが個々の〈場所〉と庭園景観をつくりあげるのだと主張する［Rotenberg 1995, 1999］。

（３）ただし、キャロリン・ハンフリー［Humphry 2001］が、内モンゴルにおける万里の長城をめぐる民族間の葛藤について論じているなど、若干の研究はある。

（４）四合院は、中国の伝統集合住宅の一つの形態で、屋敷地の四方を部屋で囲んでいることに特徴がある。一般的には中央に公共のスペースがあり、四方に複数の部屋がある。国立民族学博物館の展示場にも四合院の模型がある。

（５）二〇〇八年八月および二〇一四年十一月に観察した記録による。

（６）二〇一四年六月、夏遠鳴氏（嘉応大学客家研究院）との共同調査による。「川式民居」への改築にあたっては、費用の八十％を政府が、二十％を住民が負担する条件が出されたが、それでも住民は、なぜこの見たこともないデザインに改造しなければならないのか戸惑ったという。住民のなかには反対する者もいたと聞く。

（７）台湾では三山国王が客家の守護神とみなされているが、中国大陸では、むしろ潮州市や汕頭《スワトウ》市など潮汕人の居住地に多い。洋坑公王廟のように、梅州にも三山国王は存在するが、大抵は公王と呼ばれており、三山国王という名称を知らない人びともいる。その反面、潮汕地域では、一般的に子どもでも三山国王という名前を知っている。

（８）社会主義体制をとる中国では、宗教は、カソリック、プロテスタント、イスラーム教、仏教、道教しか認められておらず、その他の信仰実践は「迷信」と位置付けられている。本章で例示した三山国王は道教の範疇に位置づけられているが、風水、シャーマニズム、アニミズム、性器信仰は、「迷信」として禁じられている。とりわけ、シャーマニズム、アニミズム、性器信仰は、「未開」の信仰なので、発展段階の低い少数民族地域にはあっても、発展段階の高い漢族地域には存在しないとされる。風水も「迷信」扱いではあるが、中原文化の系譜を引くという理由から、客家地域では正当化されることがある［河合 二〇〇七］。

（9）筆者は、梅州の全ての宗族が囲龍屋を重視していると述べているわけではないし、囲龍屋をめぐる認知が一様であると考えているわけでもない。梅州では、囲龍屋をめぐる認知や行為はきわめて多様であるし、なかには囲龍屋を重要な建築物とみなさず破棄する宗族もいる。囲龍屋をどれだけ重視するかは、どれだけ成功した祖先がいるかも関係してくるし、もちろん子孫がそれをどう価値づけるかにもよる。ただし、X宗族のように、囲龍屋を彼らの歴史記憶、社会関係、アイデンティティの拠り所としてとらえる集団にとって、この建築物は何よりも重要な内的景観となる。

（10）Y宗族による秋祭りの詳細については、別稿で改めて述べることにする。

（11）もちろん人類学が「長期」調査をする手法は一つではない。調査の難しい中国では、一つの地域における短期の調査を繰り返す者もいる。筆者自身は、梅州の下市という一つの地点から出発して複数の関連する地点に調査地を広げる、マルチサイトワークの手法を近年採用している。

第Ⅲ部　応用アプローチへの可能性

第八章　景観と開発のあわいに生きる

――インド・タール沙漠における風力発電開発事業と人びとの世界認識

小西公大

一　はじめに

見渡す限りの乾燥した大地、吹きすさぶ砂塵混じりの風、肌に突き刺さる太陽光。夜は漆黒の闇か、裸電球をしつらえたかのように煌々と光る満月や星々が照らし出す広漠とした世界。インドの北西部、タール沙漠エリアを訪れたことのある人間なら、このような自然の厳しさと、ある種ロマンティックな沙漠の情景を思い描くことができるかもしれない。事実、「非日常」的世界の情景を楽しむための沙漠周遊ツアー（キャメル・サファリ、後述）が人気を博し始めてから、すでに三十年余の時間が過ぎている。

しかし、こうしたタール沙漠をめぐる環境や情景が、ここ十年ほどで大きな変容を余儀なくされている。沙漠の位置するラージャスターン州政府と大手企業が手を結んで大掛かりに進めている、風力発電開発事業（ウィンドファームの建設）によるものだ。[1]緩やかな丘陵地を中心に、沙漠の広大なエリアを風力発電のための風力タービン（風車）や電力ケーブルが埋めつくすようになった。キャメル・サファリの通る主要なルートの周辺部は、たいてい風力タービンの建設ラッシュのただ中にあり、静寂で荒涼とした沙漠世界のロマンティシズムを求めて訪れたツーリストたちの怒りを買っている。問題は、これら外部者たちの意識にとどまらず、そこに住み続けて来た人びとの生活や社会そのものに大きな変容が迫られており、地元住民の不満や憤慨も蠢き始めていることだろう。しかし一方で、開発を歓待し、周辺環境の変容を誇りに思う一部の人びとがいることも、忘れてはならない。こうした人びとの意識の差はなぜ生まれるのか。風力発電開発は、人びとと自然に何をもたらしたのか。

本章では、開発を通じた周辺環境の変容に対する、多様な人びとの意識を明らかにしながら、そこに生きる人びとの「景観」のあり方を提示したい。ここでは景観を、生活世界の外部に存在する可視的な（物理的）自然環境としてではなく、人びとの行動様式をある程度規定し、かつ人間の感覚機能と連携した、世界認識とマテリアリティの交差する場として定位したい。その上で、風力発電開発が巻き起こすこうした景観の変容のもつ意味を明らかにすることを試みる。

まずは開発と景観との関係を考える上での理論的な枠組みから話を始めよう。

二　開発と景観をめぐる論理構成

開発と景観との関係性を整理するために、ここでは人類学者川田順造の提唱する人間／自然の関係に関わる四つの理念モデルを取り上げよう［川田　一九九七］。

人間と自然に関する最も根源的な組み合わせは、開発を「人間によって自然に加えられる一切の改変としてとらえ、同時に人間を自然の一部として、自然史の中に位置付ける」ものであり、これを「自然史的非人間中心主義」（第一モデル）と川田は位置づける。続く第二、第三モデルは、現在の開発の「直接の適用原理として働いて」いるものである。すなわち第二モデルとは、「人間も生物の一部として自然史過程のなかにあるものとみなすにしても、人間のよりよい生存を、他の生物をはじめとする自然の利用、ある意味でのそれらの犠牲において推進することを正当化する立場」であり、「自然史的人間中心主義」と呼ぶ。第三モデルは、ユダヤ＝キリスト教的世界観に認められるものであり、人間を「特別の資格を神から与えられた被造物」とみなし、自然を支配し、人間に役立てる努力をおこなうことの論理的な下支えをするものである。これを川田は「一神教的人間中心主義」と名づける。最後の第四モデルは、これまでの三つのモデルとは異なって、体系化も思想化もされていない、「単一の原理にまとめることが不可能であるような、しかし現代の開発の問題を考える上で無視できない」ものであり、「汎生的世界像」とでも呼ぶものであるとしている。このモデルは、先述の三つのモデル以外のものといった、ネガティブな規定によってまとめられるものであり、アニミズムなど「多様な変異形」を内に含みこむ。川田はこのモデルの基本的性格を、「人間の非人間世界への比喩的投影による拡大認知」として特徴づける。つまり、人間以外の生物や無生物を擬人化（人間の比喩的拡大）することを特徴とし、生け贄や祈願を含む交渉が行われる世界である。

四つの基本モデルを提示しつつ、現代の開発の問題の不整合や軋轢は、開発される社会が、第二・第三モデルの適用されにくい第四モデルの力が強い社会であるために生まれていることを、川田は鋭く指摘する。

このモデルを用いてタール沙漠の風力発電開発を整理するとどうなるか。外部者によるトップダウン的な大規模開発の一例となるであろうこの開発計画は、都市部の人間や工場などで消費されるエネルギーを、人工的な構造物を媒介として自然環境の一定の犠牲の上に生産するという意味では、人間中心的な性格をもつ第二・第三モデルに適合すると考えられる。しかし、問題はそう簡単ではない。開発主体である企業や州政府は、こぞってこの開発事業が「エコ・フレンドリー」なものであると主張し、自然と人間の融和的な対話を可能としている事を告げている（例えば［Voluntary Carbon Standard-India 2009］、［Wind World-Clean Energy Forever 2014］など）。いわく、温室効果ガスを排出する従来の発電事業とは異なり、大気汚染を軽減し、持続可能で安定したエネルギー供給を可能としている、また、雇用創出やインフラ整備による地元住民への恩恵も少なくない、と。自然への配慮を基盤とした、エネルギー開発と現地住民の社会開発がパッケージ化された形で遂行される、環境に優しい開発の姿であるという。

「自然との対話」という主張からは、この事業の理念は（人間と自然を対等のものとしてとらえているという意味で）非人間中心的な第一モデルに近いものととらえることができる。しかし川田は第一モデルを、ラディカルな自然への回帰を説くような意味での「自然との合一」とはベクトルが異なるものとし、自然との関係において「非人間中心主義」を唱える洗練された思想でありながらも、あくまで中心は人間にあると主張する。一方で、沙漠の自然と人間の共存のあり方を、「持続可能性」の高い開発のかたちととらえた場合、第二・第三モデルに基づいた効率的でバランスのとれた自然支配（管理）の肯定と位置付けることもできよう。持続可能性とは、「希望の表明としての意味」はあっても、第二・第三モデルにおける人間の欲望の果てしない増大の肯定を前提とする以上、矛盾にはらんだものとなる。企業の論理には、第四モデル的世界への具体的言及はみられない。川田のモデルを用いる限り、タール沙漠における開発の論理は、自然との対話を語りながらも、究極のところ人間中心的な視点に基づき、人間の欲望の増大を前提とした開発モデルであるととりあえず結論づけられよう。

川田のモデルは、一方では人間の欲望のあり方や独我論的な世界認識の誤謬を白日のもとにさらけ出すための強力な武器になりえるものであり、彼を支える反開発的思想の輪郭を浮き彫りにするものであった。したがって、タール沙漠で起きている大規模開発とその理念へのラディカルな反論となりうるものである。しかし他方で、人間と自然を二分法的に分離し、前者の後者に対する働きかけ（もしくは収奪）を告発する意思（すなわち反開発的思想）が強固なあまり、両者の境界を越えた、間主体的な世界の構築過程をとらえるための視点が抜け落ちていると考えられる。タール沙漠を構成するマテリアリティ、センティメント、生の営み、認識の作用を包含する創造的な世界にこそ目を向ける必要があるだろう。なぜなら、開発によって影響を受けるのは、人間と切り離された自然ということではなく、そこに生きる人びとや動植物・自然現象・マテリアルから、超自然的な存在、悪霊に至るまで、すべてが相互に連関する包括的な現象世界のあり方なのである。ここでは、こうした人間／自然の二分法的な理論枠組みから生まれる問題を越えるための論理的な補助線として、「景観」論を導入したいと考えている。

たとえばインゴルドは、景観（landscape）を「人間と自然を分離する思考に抗う視野を開くもの」と特徴づけ、以下のように述べている。

> 景観は、自然と同一視できるものではなく、かつ自然に対峙する人間性の側に与するものでもない。［…］自然（nature）として解釈された世界では、すべての対象は自己充足的な実在であり、一種の外部的な接触を通して相互に連関している。しかし景観（landscape）は、それぞれの構成要素が、それぞれの／すべての他の要素と連関しているその全体性を本質として含み込んでいる。つまり、自然の秩序が説明的（ex-plicate）であるのに対し、景観の秩序は含意的（implicate）なのである［Ingold 1993: 154］。

インゴルドは、ここで極めて関係論的で、かつ全体論的なものとして景観をとらえる枠組みを提示している。人間と自然とのインタラクションを描くというよりは、構成要素を成り立たしめている関係の、全体的な動態そのものを扱おうとする意思が読み取れる。ある特定の景観をとらえるためには、そこに住む人びとの存在を成立させるための、諸要素間の関係の断片を丁寧にかき集め、再構成していく作業が必要となるだろう。そのためにインゴルドは、「景観の特定の特質との連関において、聞き手自らが位置づけられていくような、人びとの物語群」の重要性を提示している［Ingold 1993: 171］。

こうした全体世界において自らを連関させていく物語に着目した景観研究として、スチュワートとストラザーンの民族誌があげられるだろう［Stewart and Strathern 2005］。そこで扱われるのは、パプアニューギニアにおける巨大な石油汲上機をめぐる現地のドゥナ人の反発の物語である。その反発は、人間が死ぬと土地の油になり子孫に豊穣を与える、という彼らのもつ「世界との連関の物語」と、石油開発を推進する人びとの景観認識に大きなズレが存在したことから生み出された。スチュワートとストラザーンは、こうしたドゥナの持つ人びとの認識を「内的景観」とし、その理解こそが開発問題の解決につながると主張した。

一方で、内的景観として彼らの物語を内なるものとして定位してしまうことは、その全き「外部」を想定することにつながるだろう。すなわち、内／外、人間／自然、主体／客体といったおなじみの二項対立的な思考回路に取り込まれてしまう危険性を内包している。他方で、人間の存在と大地のエネルギー（豊穣性）を結びつける連関の物語に着目するという意味では、景観論として重要な枠組みを与えてくれるのかもしれない。

このように考えた時、我々は川田の論における汎生的世界像（第四モデル）に生きる人びとの、その認識の内

写真8－1　キャメル・サファリへ出発するツーリストたち（筆者撮影）

奥に踏み込んでみること、そして人びとが表出する断片的な物語を丁寧にかき集め、その全体論的な動態を再構築していく作業が、決定的に必要である事に気がつく。それは、人間の存在を存在たらしめているものの、存在論的把握にも向けた探索のプロセスでもある。

三　タール沙漠にみる景観の断片

タール沙漠に話を戻そう。同地は「沙漠」という語からも想定されるように、基本的には乾燥した平原、および岩盤に覆われた緩やかな丘陵が続く大地の連なりを特徴とする。人びとは同地で産出される黄砂岩やライムストーンを建材とした家屋を作り、この広漠とした大地のあちこちで、零細農や小規模な牧畜業、もしくは石材産業や観光業などと、末端での賃労働などのマイナーな仕事とを、兼用しながら生計を立ててきた。

従来この地は、ラートール家やバーティー家などを中心とする王侯氏族（ラージプート）による支配を基盤として成立してきた。タール沙漠は、現在の行政区分ではラージャスターン州の北西部を占めており、かつてマールワール（死の地）と呼ばれた地方と多く重なり合う。沙漠には、巨大な城塞を中央に抱き、その周辺を市街地と外壁で取り囲む都市が点在している。こうした都市が沙漠の通商路のハブとして機能している他は、ガーオンと呼ばれる集村や、ダーニーと呼ばれる数世帯（多くても十〜二十世帯）の家屋からなる小集落が、広大な乾燥エリアに散在しているのが特徴である。はじめてこの地を訪れたツーリストたちは、都市部から離れた瞬間に、まるで「何もない不毛な大地」に足を踏み入れてしまったような感覚を得る。こうした「無」の世界に想いを馳せるロマンティストたちは、都市部のホテルや旅行代理店でアレンジされるキャメル・サファリに参加する。文字通りラクダの背に乗って沙漠エリアを数日間徘徊するこのツアーは、タール沙漠の観光の目玉であり、大小様々な旅行代理店が、こぞって独自のルートを売りものにしている。こうしたルートの最大の目玉は、砂の堆積によって形成された風紋の美しい砂丘であり、ツーリストたちは、大抵この砂丘にブランケットを敷いて一夜を明かすのである。

一方で、タール沙漠に生きる人びとにとって、この世界は全てに意味が存在している「有」の世界である。人びとは、ときに過剰とも思えるほどに大地の隆起や形状、動植物の姿や自然現象に至るまで差異を見出し、名付け、物語を生み出す。たとえば、筆者のフィールドノートからは、彼らが風の微細な性質の差を意識し、その動態に九つの語彙を当てていることがわかる――熱風をルー（*loo*）、砂交じりの風をジョーンク（*jhonkh*）、雨まじりの風をトゥーファーン（*toophaan*）といった具合である。これら風の形態に付随した神話や占いは数多くあり、それらは気候の変動の読みや農作物への気遣いなど、具体的な生活実践とも深く結びついている。また、太い幹のケージュリー（*khejree*）の木や、赤い実をたくさんつけるボール（*bor*）の木など、植物種のなかでも際立った

写真８－２　ケージュリーの木に据えられた女神の祠（筆者撮影）

性質をもつものには、必ずといっていいほど神話や英雄譚などの物語が語り継がれていたりする。

実際、沙漠には、無数の神々が「生息」している。その種類は、正統的なヒンドゥーの神々は当然のことながら、人びとに悪さを行ったり害をもたらしたりする悪霊（*bhoot*）の類から、多様な祖霊神（*petrik*）、悪霊たちを退治する英雄神（*jihoojhaar*）や女神たち、村や領地を守る村落神、疫病や天然痘から人びとを守る女神、特定の親族関係を体現する氏族女神に至るまで、極めて多様である。こうした神々が、沙漠の至るところに祀られている。小高い丘陵地には、必ずといっていいほどデーヴィー（*devee*）やジョーガン（*jogan*）と呼ばれる特定の力脳（*shaktee*）を所持する女神の寺院が建造されており、かつ巨石や巨木の下には祖霊神や氏族女神の像が祀られていたりする。それらの多様な神格の中には、その来歴を忘れ去られたものも少なくないが、多くの場合、現在でも豊かな物語が語り継がれている。年に一度行われるそれらの神々の個別の祭礼の際には、人びとは山羊や水牛を供犠し、祈りが捧げられるのである。こうした神々は、自然界における（大きさや形状、色などの）突出したマテリアルと結びついて物語が生み出されることが多い。

信仰に結びついた物語による世界把握が広く行われている一方、人びとは日常を過ごす上での生活空間としても、沙漠の空間に多様な意味を見出している。外部者の目には何もない大地の広がりに見えても、生活者の目には山羊の放牧ルートとして映っているかもしれないし、狩場や、没薬の採集をおこなう重要なスポットとして映っているかもしれない。その場所は、人びとの休息の場かもしれないし、死者の火葬場の可能性もある。誰かの所有する休耕地、または近隣の寺院に参拝する人びとのための野営地、中世の王族達が建造した貯水池の痕跡ということも考えられる。一見乾燥した大地の連なりとして、特徴を見いだすことが難しい広漠とした空間のすべてに意味が付与されており、歴史的な背景や共有された意味が蓄積されている。

沙漠の景観は、このように、人びとの語り伝えてきた物語や記憶、生活の中で構築された意味づけ、信仰世界が生み出す特殊な条件などが、連結したり切断されたりしながら形成される、包括的な知覚領域とマテリアルの有機的結合から顕在化するのである。

四　開発が生み出す軋轢

ここ十年近くで、こうした沙漠の景観が大きな変化を余儀なくされていることはすでに述べた。沙漠における風量に目をつけたラージャスターン州政府および風力発電企業が、こぞって大規模な風力ファームの建設に着手し、沙漠は見渡す限り風力タービンの林立する空間へと様変わりしてきている。これは、インドにおけるエネル

写真8－3　ウィンドファーム（開発エリア）と隣接する場所で暮らす家族（筆者撮影）

ギー政策の転換に負うところが多い。現在では第十二次五カ年計画が推進されており、インドは世界五位の風力エネルギー生産能力を有すまでに成長しているという現状がある。(2)

沙漠に進出してきた風力発電企業は主にSuzlon Energy, Enercon, Vestas Wind Systemの三社であり、Suzlonを除く二社は、海外企業のインドにおける合弁会社である。事の発端は、二〇〇一年八月にSuzlon社が自社のすべての風力発電技術を結集させるべく取りかかったJaisalmer Wind Parkの建設にある。国内で最大を誇るこの風力発電ファームの建設は、州政府のバックアップを受けつつ、所有者のいない「無主地（No Man's Land）」において推進された。これを皮切りに、タール沙漠は風力発電ファームの建設ラッシュに突入したのである。

ここで、沙漠の土地形態に関する説明を加えておかねばならない。旧来沙漠の土地の多くは、この地を支配していた多様な王侯氏族集団（総称してラージプートと呼ばれる）が自らの領土としてきたものであった。一方で、こうした王権に各種サービスを提供する多様なカースト集団やトライブ集団たちも存在し、彼らには封土として小規模な土地が譲与されることがあった。これらの土地は、インド独立後に制定されていった土地管理システムとはまったく別個の論理でもって（つまり王権の判断のもと）「所有」が認められてきた。しかし他方で、政府の介在する近代的な土地管理政策と徴税のシステムが浸透してきており、そのような場合従来の土地の利用者は土地登記を行って「正式」な「所有者」となる。沙漠の広大な土地の全てがこのように登記されてきたわけではなく、「神々の聖なる地 *oran*」や「家畜の放牧地 *aan*」を代表として、政府に登録されていない伝統的な「共有の地 *vanis*」として扱われてきたエリアも多く存在する［Bharucha 2003: 42-44］。風力タービンの建設場所として政府が認可を与えてきたのはこのような「無主」の「公用地 common land」である。一方でこうした土地は、そこに生きる人びとにとっては多くの物語が集積され、かつ放牧などの生活実践に欠かせない空間であった。土地に対する認識のあり方そのものをめぐり、現地住民と外部者である開発企業に携わる人びとの間には、その端緒から大きな認識のズレが存在していた。このことが、後に人びとの大きな憤りとなって噴出することにつながっていったのである。

五　風力開発と人びとの憤り

どのような状況が人びとの憤りを生み出していったのか。最大の要因として、（従来共有地として認識されていた）風力発電ファームの建設地または建設予定地のほぼすべての領域で、地元住民が入域を禁じられたことがあげられよう。公にはされていないが、この措置が取られた理由として、風力タービンや蓄電施設を建設する際に持ち込まれるワイヤーや鉄筋などの金属類を狙った窃盗事件が相次いだことが調査の過程で分かってきた。こうした窃盗行為は、その周辺に生活する地元住民によるものではなく、遠方から噂を聞きつけてやってくる特定の窃盗集団であると、インフォーマントたちは説明する。その窃盗集団を動かしているのは、現地で支配的な力を持っているラージプート（王侯氏族集団）に属す人びとであるとも主張する。

入域を禁じられたことが、なぜ人びとの怒りへと繋がったのか、開発側の人びとは理解できなかった／できないでいる可能性も否定できない。そもそも風力発電ファーム建設の候補地となった土地は、作物などを栽培するのに適していない、岩盤が隆起した小高い丘やなだらかな丘陵部であることが多い。こうした土地は多くの場合、牛や山羊の放牧ルートであり、かつ人びとの信仰の中心地として重要な意味を持ってきた。丘陵地はその地形全体を取り込む形でご神体となり、聖地と認識されることが多い。そのことを如実に告げるのは、沙漠に存在する多様な女神の名前に、山や丘陵を意味するドゥーンガルという用語が多く当てられていることだ。例としてカーレー・ドゥーンガル・ラーイという名の女神や、ドュジュラー・ドゥーンガルと呼ばれる聖地をあげておこう。前者は、直訳すると「黒い山（丘陵地）の女神」となり、後者はドゥジュラーという悪鬼を女神が退治した聖なる山（丘陵地）、ということになる。これらの聖地への入域が禁じられたということと共に、聖地に風力タービンが林立している状態が、連綿と続けられてきた人びとの信仰の形を蹂躙しているような意識を醸成させている。

次に、人びとの憤懣の理由として、鳥たちが風力タービンのブレード（羽根）に衝突して死んでしまうという認識がある。ブレードにぶつかる鳥たちは多種にわたる。これらの鳥たちの背景には、それぞれ意味や物語が存在しており、彼らの景観認識を形成する上で重要な要素となっている。ここでは、ブレード下に屍体をよく見かけるとされるスガン・チリと呼ばれるタカ科の猛禽類と、グーグー・ラージャーと呼ばれるフクロウ科の鳥類を例に取ろう。

スガン・チリは、直訳で「運を運ぶ鳥」となるだろうか。人びとはこの鳥を、日々の運勢を左右するもの、もしくは予兆をもたらすものとしてとらえている。

沙漠には目に見えない無数のルートが敷かれている。この移動ルートとスガン・チリは密接にかかわっており、出発後にこの鳥がどのような経路で人びとの頭上を通過するかによって、その都度移動ルートが変更される。具体的には、右から左にこの鳥が横切ると吉、反対が凶、といった具合である。後者の場合、ルートが変更されるか、その日の移動は取りやめになる場合もあり、筆者も出発した集落まで戻らねばならないといった事態を何度か経験している。鳥の飛翔経路も、彼らにとって重要な景観の断片なのである。

グーグー・ラージャーは直訳すると「糞の王」となるだろう。このフクロウ科の鳥類は、神話上では高位の座を誇る王族の王子が化身したものとされる。同地で広く信仰を集める女神＝マーラン・バーイーへの強引な求婚が災いし、空高くから突き落とされた悲劇のプリンスである。女神は、この王子との婚姻儀礼の最終段階で（つまり婚姻の儀礼的な完了をみる前に）王子と共に宙に舞い上がり、「グーグーと泣き、グー（糞）を食らえ」と呪詛のことばを投げかけ、王子を空中から突き落とす。王子はフクロウとなって糞を食らって生き延びなければならなくなった。王子は大地に充満する女神のエネルギーの強力さを表すストーリーのわき役として登場する。人びとはこのフクロウが現れると足を止め、グーグー！　と大声で語りかけるのである。

鳥という存在は、その飛翔能力や移動経路に超自然的存在の力が重ね合わされて認識されている。風力発電ファームはこうした力をもつ鳥たちの生態を壊し、移動経路を遮断し、時にはそれらを直接的にブレードで殺傷してしまう存在として立ち現れている。

六　景観の変容と社会の動態

人びとが語り継いできた神話世界や聖なる空間が蹂躙されたこととともに、人びとは生活における直接的な害悪を語ることで風力発電の開発事業を非難する。その多くは、林立する風力タービンの存在から生み出されたものだ。

まずは風車のブレードの回転する音から取り上げよう。直径が百メートルを超えることも珍しくないブレードは、沙漠の強風を直接的に受けてブワンブワンと音を出す。特に風力タービンに近接して居住する住民にとってその音は、ふだん聞き慣れている風音とは異質な、不快な音として認識されている。インタビューからは、ブレードが風を切る規則的な音は、人びとの気持ちを逆撫でし、平穏な精神を保つことを難しくさせ、時には耳鳴りといった症状を引き起こす原因としてとらえられていることが理解された。特に人びとが寝静まった深夜に発せられる音に不快感を表明する人が多かった。

深夜の音から想起されるのは、人びとの神話語りの中に深夜に発せられる音の話が多くみられることだ。ライオンの背に乗り、空をかける女神の「チクロッチクロッ」という音、重い塩の袋を担ぐ死者を追いかけ回す犬の鳴き声（この状況はそのまま北斗七星の配列となる）、自らの変わり果てた姿を悲嘆し、ため息のような鳴き声を発するフクロウ（先述のグーグー・ラージャー）など、深夜に発せられる音に関する物語は多い。こうした現地で共有されているサウンドスケープは、ブレードの風を切る、止むことのない「騒音」によって一変しようとしている。

次に風力タービンの発する光の問題がある。調査地であるジャイサルメール県は、西側をパキスタン国境と接

写真８－４　音と光を発する風力タービン
（筆者撮影）

しているため、インド政府軍の関係施設が多い。中でもインド空軍（Indian Air Force）の重要な拠点の一つともなっている。この空軍の戦闘機が飛行訓練中にぶつからないように配慮されたのが、風力タービンの車軸に設えられた赤い二つのランプである。このランプは日没以降、点滅しながら朝方まで光り続けるのであるが、林立した全ての風力タービンから同様の光が発せられるため、遠くから眺めると地平線上に点滅する赤い帯が生み出される形になる。もとより沙漠エリアの電化にむけた政策が遅々として進展せず、日没以降に発光するものは月や星の光や焚火の火、雷光だけであった沙漠の住民にとって、この人工的に作られた赤い帯状の光の点滅は極めて異質なものであり、戸惑いや違和感を覚える人も多い。中には眩暈《めまい》を訴えるインフォーマントも存在した。

　風力タービンへの違和感は、深夜の世界に止まらない。この地に散住する貧困世帯で、かつ社会的に低位と位置づけられる「不可触民」やトライブと呼ばれる人びとの多くは、ブームとなった沙漠の観光ツアー（＝キャメル・サファリ）のラクダ引き（キャメル・ドライバー）の仕事を引き受けることで糊口を凌いでいる。しかしながら、ツアーのどのルートを通っても視界を遮る風力タービンの存在は、「無」の世界のロマンを期待してくるツーリストの間では、極めて評判が悪い。そのため、キャメル・サファリの需要が大きく低下することが、人びと

写真８－５　バダー・バーグ：王家の墓標と林立する風力タービン（筆者撮影）

の間で危惧されている。ツーリストをラクダに乗せながら、自慢のスポットへと誘い、声を高らかにその場所の美しさを伝えていた彼らにとって、ウィンドファームの存在は彼らの感情を害し、かつ収入減少の一因にもなりうるのである。

この問題が顕著に現れるのは、ジャイサルメール市街地の近郊に散らばる数々の名所旧跡においてである。古のジャイナ教寺院群や美しい湖のほとり（古都ローダルヴァや聖地アーマルサーガルなど）、王家の墓標が立ち並ぶバダー・バーグなどの歴史的なスポットの周辺は、特に風力タービンの建造が著しい。これらの地は、サファリの主要な立ち寄りスポットであったのみならず、興隆するインド映画産業の撮影ロケ地として定番となっていた場所でもある。外部からの需要によって生み出された、駐車場の管理やエリアへの入場料の徴収、英語・ヒンディー語によるガイドなどの仕事は、地元住民の主要な収入源となってきた。しかし、開発による景観の破壊と撮影地としての著しい需要の低下は、彼らの収入の減少（もしくは消失）にもつながっている。

沙漠周辺部に散住する、特に拡大し続けるウィンドファーム周辺部に生きる人びととの不満や怒りのかたわら、こうした開発のあり方や風力タービンの乱立に対して肯定的な態度を表明する人びとも少なからず存在することは冒頭で述べた。これらの人びとは、風力発電開発事業によって、なんらかの経済的な利益を得ている層であることが徐々に明らかになってきている。肯定派の人びとは、「共有地」の使用に関して「伝統的」な地権を主張し、補償金を獲得し、開発エリアにおいて様々な職務（労働者の監督官やエリアの見張り役など）にありつくことのできた、現地の旧支配者層であるラージプート系の住人によって構成されている、ステークホルダーたちなのである。本章で詳述することは難しいが、開発主体は（地主であり支配カーストに属す）現地の有力者への利益誘導的な方法を取りつつ、現地の階層構造を利用したトップダウン的な事業推進を行ってきた。また、こうした旧支配層は、開発主体をバックアップする州政府の（開始当時の、そして現在の）政権与党であるインド人民党（BJP）の、主たる支持母体であることも事態に影響していることがわかってきている。

ここで起きていることとは、近代化以前の旧来の社会関係（支配層とその周辺に配されたサーヴィス・カーストの諸集団との有機的接合）が再構築されているというより、経済的利潤を生み出す空間となった周辺エリアに対する権利を、旧支配層が過去の論理を援用しながら排他的に掌握しようとする状況である。実際に現地調査からは、開発事業にともなって創出された雇用や、土地使用に関する補償金などで利益を得ることができた旧支配層以外の住人は、皆無である状況が明らかとなっている。したがって、開発の恩恵に与った旧支配層と、そこから排除された多くの住民たちとの間には、景観認識に関して大きな差異が生み出されることになる。風力タービンが発する光や音に悩まされる人びとの憤懣の中には、得られる可能性があった恩恵から除外された怒りと、それを独占した旧支配層、そしてその状況を作り出した開発主体、および州政府への不満が、その根底に存在したとしても不思議ではない。一方で、風力発電開発によって多くの利益を得ることのできた限定的なステークホルダーたちにとって、林立する風力タービンの群れは、自らの経済状況を向上させる未来を象徴するものになった。そこに違和感や憤慨を表す余地はないのである。

七　抵抗とその先へ

景観認識のとらえ方の差異は、ポジショナリティの別によって明確に生み出されていく。開発の恩恵に与った旧支配層たちにとって、開発エリアは、生活者と自然の間主体的関係性が織りなす、人びとの実践と認知が埋め込まれた包括的空間ではなく、生きとし生けるものや超越的な存在が住まう場所でもない。むしろ利益を生み出す物理的空間として立ち現れている場なのである。彼らは、風力発電はクリーン・エナジーであり、インド国家の持続的な発展のために必要な事業であると、開発主体の言説と酷似した紋切り型の語りをする。一方で、開発事業から排除された人びとは、入域すら禁じられた空間のもつ意味を問い続け、失われたものの大きさを噛みしめることになる。人びとは、怒りを口にしながら、抵抗の語りを共有し始める。

二〇一二年、モンスーンの季節のことである。ジャイサルメール市街地から西北西に五十キロほど離れた地バーンダー（Bandha）にある聖地ナヴ・ドゥーンガル（「九つの山」の意）で、建造中の風力タービンが倒壊する事故があった。この地は、山が生きており、聖なる力が充満していた「サッティヤ・ユガ（真実の時代）」に、聖者ブーラー・バーバーが生活と修行の拠点としていたことで知られている。ブーラー・バーバーは数々の奇跡を起

写真８－６　風車軸の倒壊によって休止となった聖地ナブ・ドゥーンガルの建設地（筆者撮影）

こして人びとを救い、またナヴ・ドゥーンガルの中腹に洞穴をいくつか掘り、そこで厳しい修行の日々を送っていたことが伝えられている。この山の麓にあるバーンダー村のラージプート（旧支配層）たちが許可することで始まった風力ファームの建設事業は、未だに再開の目途が立っていない。前述の通り、事故があった場所では、その後幾度か風力タービンの風車軸を組み上げる作業が試みられたが、その都度、倒壊を繰り返すこととなった。この事故は、聖なる地をケガした企業と州政府に対するブーラー・バーバーの怒りがひき起こしたものとして、地元住民の語り草となっている。

興味深いのは、こうした人びとの抵抗の語りが、聖人の生きた「サッティヤ・ユガ」の時代を象徴する聖なる山＝ナブ・ドゥーンガルを侮蔑する開発のあり方を、「カーリー・ユガ（暗黒の時代）＝現在的時間」の悪行としてとらえようとする、時間軸を基礎とした因果論に基づいていることである。つまり、景観の破壊が聖なる時間と悪なる時間との対立の中で描写されており、景観に刻印された歴史的パースペクティブとの連関の中で開発事業を非難するという特質が浮き彫りとなっている。

風力発電開発に対する、排除された人びとの喪失感や違和感、憤懣を紐解くことで明らかになったのは、自然と人間の間主体的な関係から生み出される認識のあり方と、経済的効果のみで計測される物理的空間への認識との乖離、すなわち双方の景観のとらえ方の間にみられる明らかな齟齬であった。

前者の（川田の言を借りると第四モデル的世界における）景観のあり方を理解するには、そこに生きた人びとの「連関の物語」を丹念に抽出し、包含的に再構築していくことが肝要である。一方で、変化し続ける同時代的世界を把握するために多様な歴史的パースペクティブを作用させつつ、断片的な物語を新たに生成させていくような状況をとらえることとの重要性も理解された。しかし一方で開発の受益者たちは、景観のもつ包括的な意味性を巧妙に排除し、本来共有されていたであろう景観認識を否定することによる、自己正当化の語り口を身に着けていった。このことは景観の再構築作業では、どのアクターにとっての景観なのかといったポジショナリティに対して、敏感に対応する必要性があることを示唆している。

最後にもう一度、開発と景観との関係に立ち戻って考えてみよう。開発の論理において最も重視しなければならないのは、ナイーブに抽象化され認識されるような「自然環境の保全」に配慮することではなく、本章でとらえようとした「含意的な秩序」としての景観をどのように扱うかということにある。問題の根底には、切り離された自然と人間との折衷案を模索するという建前のもとに行われる、しかし人間の欲望の肥大化を前提として推進する、本源的には人間中心主義的な外部環境への働きかけとしてとらえられる開発の暴力的側面のみならず、自然と人間の双方向的営為が間主体的に絡み合い、長時間をかけて構築されてきた複合的な景観のあり方を一切、無に帰そうとする、開発という営為のもつ排除の力学が存在している。景観論は、忘れ去られようとしている知覚・実践・マテリアリティの豊かな混合のもつ想像／創造性を再度照射するという意味で、今こそ必要とされる議論であることは疑いえない。

――注

（1）Jaisalmer Wind Parkと呼ばれる集合型風力発電所の開発は、世界最大級の風力タービンのシェアを誇るSuzlon社の主導によって二〇〇一年から開始された

（2）二〇一二年末の段階で世界の風力発電設備容量（累積）は約二八二GWにのぼり、その中でインドは設備容量一八・四GW。世界では第五位、アジアでは中国に次ぐ第二位となっている［Global Wind Energy Council 2012］。

第九章　リビングヘリテージとしての景観

――カンボジアにおけるアンコール期／ポスト・アンコール期遺跡の文化遺産保護をめぐって

石村　智

一　はじめに

文化遺産保護の分野においても近年、「景観」の概念は重要視されてきている。特に、国際社会が協力して人類の遺産を守っていこうという理念で発足した「ユネスコ世界遺産条約」の枠組みでは、一九九二年に「文化的景観（cultural landscape）」という概念が提示され、作業指針の中に組み込まれた。また我が国においても、二〇〇五年に「文化財保護法」の中に「重要文化的景観」のカテゴリーが追加されるなど、こうした動きは国内外に広がりをもって展開されている。

このうちユネスコ世界遺産条約における「文化的景観」は、世界遺産委員会によって定められた「世界遺産条約履行のための作業指針」[1]の中で、「人間を取り巻く自然環境からの制約や恩恵または継続する内外の社会的・経済的・文化的な営みの影響の下に、時間を超えて築かれた人間の社会と居住の進化の例証である」と定義され、次のようなものが対象とされている。

① 意匠された景観（庭園など）

② 有機的に発展する景観（田園や牧場など）

③ 精神性（信仰や芸術）に関する景観（宗教的な聖地など）

そして「文化的景観」として登録された世界遺産の第一号はニュージーランドのトンガリロ国立公園であった。ここはもともと一九九〇年に自然遺産として登録されていたが、先住民マオリの信仰の対象としての文化的側面が評価され、一九九三年に複合遺産として再登録されると同時に「文化的景観」としても登録された。その後、「文化的景観」として数多くの遺産が世界遺産として登録されるようになり、その例としては「フィリピン・コルディリェーラの棚田群」や「アフガニスタン・バーミヤーン渓谷の文化的景観と古代遺跡群」、「紀伊山地の霊場と参詣道」など、枚挙にいとまがない。また当初、自然遺産として登録を目指していたが、最終的に文化遺産として登録された富士山についても、その「文化的景観」としての価値が評価されたことが登録の大きな理由であった。

この「文化的景観」の概念が世界遺産条約に取り入れられた理由として、次のようなものが挙げられる［稲葉二〇〇二］。ひとつには世界遺産リストの不均衡を是正することである。それまで世界遺産として登録されてきた文化遺産の多くは、歴史的な建築や古代文明の遺跡などに偏重する優品主義に陥り、とりわけヨーロッパ地域に偏るという傾向にあった。しかし世界の各地域には、その文化を建造物等の恒久的な材料で表現しない民族が数多くあり、農耕や狩猟、漁業といった自然の利用形態や口承などで、歴史が語り継がれる文化も数多くある。「文化的景観」は、こうした形態の遺産をすくいあげるという期待をになって導入されたのである。またもうひとつには、世界遺産を、これまでのように専門家による技術的な閉ざされた世界に囲い込んでおくのではなく、地域住民をはじめとする社会の枠組みに連携させることで、自立的に遺産を保護していくシステムを育てようという動きである。特に「文化的景観」は、地域住民の日々の営みと密接に関わっているため、地域社会による理解と協力は不可欠である。そのなかで遺産を観光資源とし、地域開発に活用していく動きも盛んになってきている。

こうした文脈で「文化的景観」を考えるとき、やはり近年、広く用いられるようになった「リビングヘリテージ」という概念も重要となってくる。

「リビングヘリテージ」という概念には様々な定義が試みられているが[2]、一般的には、今日なお遺産を受け継ぐ人たちがおり、彼らによって継続的に使用されている遺産が「生きている遺産」、すなわち「リビングヘリテージ」とされるだろう。例えば「文化的景観」として世界遺産に登録されている「フィリピン・コルディリェーラの棚田群」（一九九五年登録）においては、その棚田を耕作し続ける地域住民がいて初めて、その存続が可能となるのであり、「リビングヘリテージ」の一例として挙げることができるだろう。ここではかつて、地域住民の都市域への人口流出とそれによる耕作放棄地の増大によって棚田の存続が困難となり、遺産の存続が危ぶまれたこともあったが、さまざまな方面の努力と協力により地域社会の回復が果たされ、危機的な状況を脱するに至ったこともあったのである。つまり、「文化的景観」や「リビングヘリテージ」を保護していく上では、その遺産およびその周辺に暮らす地域住民の協力を得ることが重要なのである。

筆者が調査フィールドのひとつとするカンボジアの文化遺産保護においても、「文化的景観」および「リビングヘリテージ」の概念は重要である。とりわけ、一九九二年に世界遺産に登録された世界的にも有名なアンコール遺跡群は、その登録時こそ「文化的景観」の概念は適用されていないものの、その遺産の保護のプロセスにおいては遺産と地域住民との関係が大きな要素となっている。またアンコール遺跡群以外の、まだ世界遺産に登録されていない数多くの遺跡を保護していく上でも、「文化的景観」および「リビングヘリテージ」の概念をもとに、遺産と地域住民の関係を考えていくことは不可欠である。

そこで本章では、「文化的景観」および「リビングヘリテージ」の概念を通して、カンボジアにおける文化遺産保護のあり方について論じたい。まず、世界遺産アンコール遺跡群における文化遺産保護の状況を概観する。次に、まだ世界遺産には登録されてはいないが、カンボジアの歴史を考える上で重要なロンヴェーク遺跡の事例を取り上げ、この遺跡を保護する上で「文化的景観」および「リビングヘリテージ」の概念が有効であることを論じる。その上で、「文化的景観」を「リビングヘリテージ」として守っていくためには、文化遺産保護の取り組みに地域住民が参画することが重要であることを指摘したい。

二　世界遺産アンコール遺跡群における文化遺産保護

アンコール遺跡群はかつての古代クメール王朝（九～十四世紀）の中心地であり、高さ六五メートルの壮大な石造建造物アンコール・ワット、および三キロメートル四方の都城遺跡であるアンコール・トムをはじめとして、大小数百もの寺院やモニュメントによって構成される複合遺跡である。とりわけアンコール・ワットはカンボジアの国旗のモチーフに用いられ、国のシンボルとなっている（写真9－1）。

しかしカンボジアは一九七〇年から一九九一年の長期にわたる内戦に見舞われ、アンコール遺跡群をはじめとする数多くの文化遺産が大きな被害を受けた。実際に遺跡自体が毀損されるのみならず、盗掘も横行し、遺跡を

写真９－１　世界遺産アンコール遺跡群のアンコール・ワット（筆者撮影）

彩っていた数多くの仏像や神像、レリーフなどが遺跡から引きはがされ、ブラックマーケットに売られたりもした［三留　二〇〇四］。さらに、遺跡を守る考古学者や遺跡保護管理官のほとんどがポルポト政権下（一九七五年～一九七八年）の大虐殺により、殺されるか国外に亡命を余儀なくされ、遺跡が放置されたことも深刻であった。

内戦が終結した翌年の一九九二年に、アンコール遺跡群は世界資産に登録され、また同時に「危機遺産リスト」にも登録された。このリストは、保存に深刻な問題をかかえており、当該国の努力のみならず国際社会の支援を必要とする遺跡を記載したものである。こうしたユネスコの決議を受け、一九九三年に東京で「アンコール遺跡救済国際会議」が開催され、アンコール遺跡群の保護はカンボジア復興の大きな柱のひとつとして位置づけられて、国際社会が協力して遺跡の保存修復にあたっていくことが決議された。それを受け、日本をはじめとする十数か国におよぶ国々が遺跡修復チームをアンコール遺跡群に派遣し、それぞれ協力しながら遺跡の修復を今日にいたるまで継続している。

写真９－２　樹木が建造物に絡みつくタ・プローム遺跡（筆者撮影）

その様子は、しばしば「修復オリンピック」と形容されることもある［石村　二〇一四］。

こうした国際社会による支援と並行して、一九九五年には、アンコール遺跡群を保護する組織である、アンコール・シェムリアップ地域文化財保護管理機構（ＡＰＳＡＲＡ機構）が設立された。それまでカンボジアの文化遺産は政府の文化芸術省が管轄していたが、アンコール遺跡群はこのＡＰＳＡＲＡ機構が管轄することとなった。さらにＡＰＳＡＲＡ機構はアンコール遺跡群周辺地域のインフラ整備や観光開発なども管轄しており、いわば小さな政府と言ってよいくらい強力な権限が与えられた。

そしてアンコール遺跡群で活動する外国の修復チームとＡＰＳＡＲＡ機構は、年二回、アンコール国際調整委員会（ICC-Angkor）において一堂に会し、話し合いをもつ。この国際調整委員会では、「遺跡の保存」と「持続可能な発展」の二つの部会が設けられており、前者では各修復チームによる遺跡の修復方針や遺跡の保存状態について評価をおこない、後者では遺跡公園の整備や観光開発、さらに周辺地域のインフラ整備や環境問題などについての評価がなされる。このように単に遺跡を物理的に保存するだけではなく、遺跡をとりまく社会や環境の問題もあわせてマネジメントしていく仕組みが作られたのが、アンコール遺跡群における文化遺産保護の大きな特色である。

アンコール遺跡は実に四〇〇平方キロメートルという広大な範囲に展開しており、その大部分は森林に覆われている。とりわけ有名なのがアンコール・トムの北東に位置するタ・プローム遺跡で、遺跡に巨大な樹木が絡みついている様子が有名である（写真９―２）。このように、アンコール遺跡群はそのモニュメントのみならず、周囲の景観も遺跡の重要な価値を構成するとみなされている。さらにアンコール遺跡群が広がる範囲の中には、数多くの村落が点在しており、今なおそこに多くの地域住民が暮らしている。いわば遺跡の中に地域住民が居住しているという状況であり、「リビングヘリテージ」としての側面も持っている。

そのため、遺産の保護と住民の利益が相反することも珍しいことではない。例えば、コア・ゾーンと呼ばれる遺跡の中心的な範囲に住んでいる住民は、今の家が老朽化したとしても新しい建物を建てることは許されず、APSARA機構が定めたゾーン外の土地に移らざるを得ない。また住民が生活のために必要な木材も、遺跡内で自由に伐採することは許されていない。しかし一方で、そうした住民も、観光客相手の仕事（例えば土産物屋や食堂、ガイド、タクシーの運転手など）に携わることで利益を得ている側面もある。このようにアンコール遺跡群では、文化遺産と地域住民とがいかに共生していくのか、ということも重要な課題となってきたのである［石澤・丸井　二〇一〇、三浦　二〇一一］。

アンコール遺跡群における文化遺産保護の取り組みには、まだまだ解決すべき課題が多いのも事実であるが、ある意味で恵まれた理想的な状況にあると言えるだろう。それは、アンコール遺跡群が国際的にも注目度の高い文化遺産であり、とりわけカンボジア復興のシンボルとして位置づけられたこと、さらにはアンコール遺跡群への観光が今やカンボジアにおける主力産業のひとつであることによる。一方、カンボジア国内にはアンコール遺跡群以外にも多様な文化遺産が存在するが、それらのすべてが、必ずしもアンコール遺跡群のように確立された体制で保護されているとは言えないのも、また事実である。とりわけ、アンコール王朝が衰退した後のポスト・アンコール期と呼ばれる時期（十五〜十九世紀）の遺跡は、歴史的には重要であるにもかかわらず、研究の面でも文化遺産保護の面でもこれまであまり注目されてこなかった。

　そこで次に、こうしたポスト・アンコール期の遺跡における文化遺産保護の現状と課題を見ることとしたい。

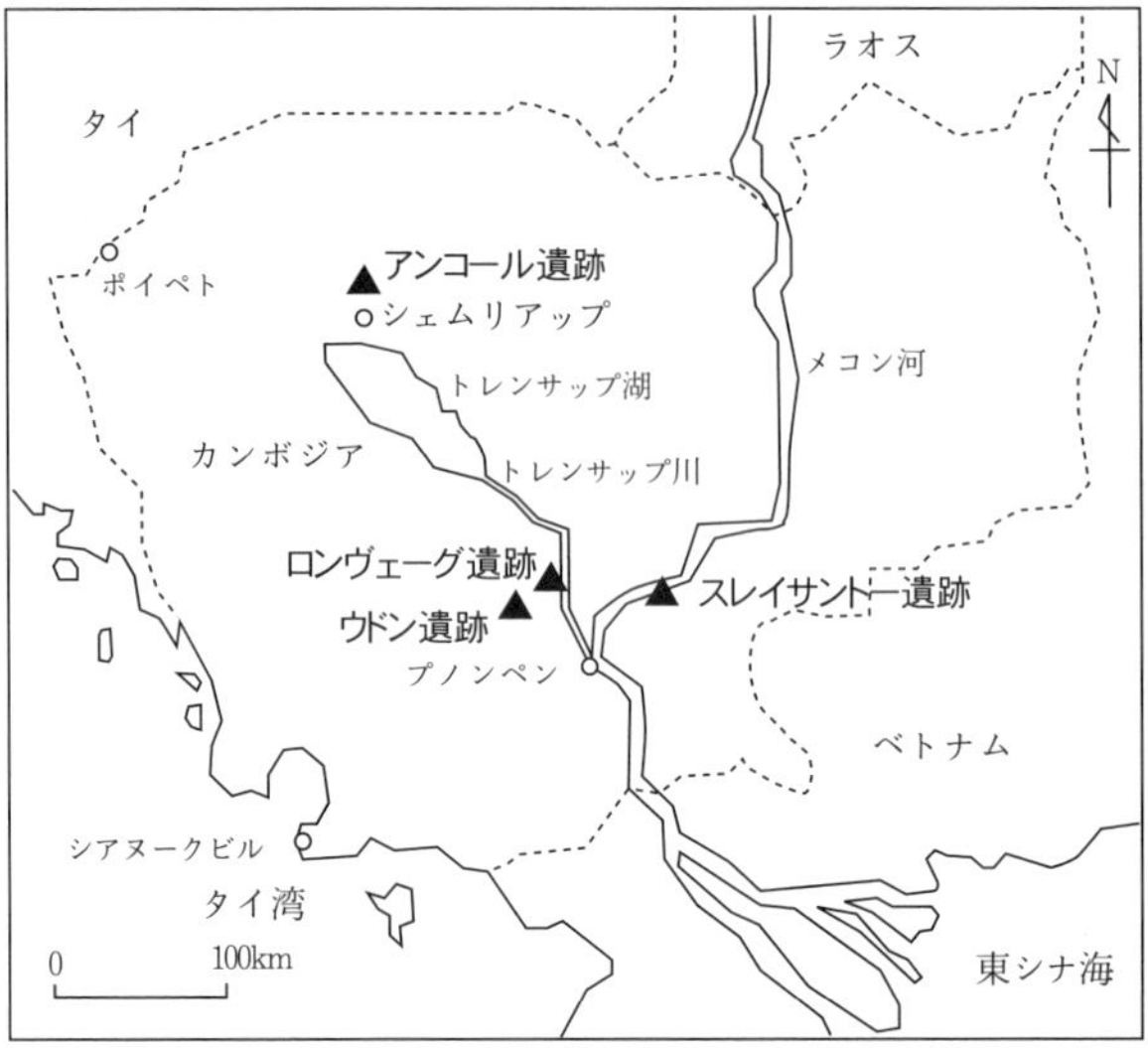

図９－１　ロンヴェーグ遺跡および関連遺跡の分布

三　ポスト・アンコール期の遺跡における文化遺産保護

カンボジアの歴史において、シャム軍の攻撃によりアンコールの王都が陥落した一四三一年から、フランス－カンボジア保護条約が調印されフランスの植民地になった一八六三年までの時期をポスト・アンコール期と呼ぶ。この時期には、アンコール遺跡のような石造りの壮麗なモニュメントの建造はおこなわれなくなり、隣国から度重なる侵略を受け領土が縮小するなど、クメール文明の衰退期と一般的には見なされている。この時期には王都もスレイサントー、プノンペン、ロンヴェーク、ウドンと転々と変遷せざるを得なかった（図９－１）。

しかし歴史的には重要な時期で、アンコール期に盛行したヒンドゥー教や大乗仏教に代わって上座部仏教が興隆し、さらに大航海時代の影響を受けて人やモノが活発に交流した時代でもある。特に十六世紀後半から十七世紀前半にかけては、ロンヴェークやウドンに近いトンレサップ川沿いのポニャールーに日本人町が建設され［杉山　二〇〇八］、さらに一六三二年には日本人の森本右近大夫一房がアンコール・ワットを参拝し、墨書を書き残していったことはよく知られている。

しかしこの時期の文化遺産は、残念ながらアンコール遺跡群ほどの注目を集めていない。現在カンボジアには二件の世界遺産に登録された物件があるが、いずれもアンコール期のものである。また世界遺産登録の準備を進めている「暫定リスト」に記載された物件は九件あるが、そのうちアンコール期のものが六件、プレ・アンコール期（八〇二年以前）のものが二件なのに対し、ポスト・アンコール期のものはウドン遺跡（一六一八年～一八六六年）の一件にとどまっている。

しかし一部の方面からは、この時期の遺跡に対する重要性の指摘がなされると同時に、その保護の必要性も指摘されるようになってきた。とりわけ内戦終結後から長年にわたってカンボジアで活動を続ける奈良文化財研究所は、二〇一〇年よりカンボジア政府文化芸術省と協定書を交わし、ウドン遺跡およびロンヴェーク遺跡を中心としたポスト・アンコール期の都城遺跡の共同研究を開始した。[3]また同じ頃、ロンヴェーク遺跡から北西に十五

写真9－3　空中から見たロンヴェーク遺跡の様子（筆者撮影）
濠や土塁、地割などが明瞭にわかる

キロメートルほど離れたクラン・コー村において、盗掘をきっかけとしてポスト・アンコール期の埋葬遺跡（クラン・コー遺跡）が発見されるなど、この時期の文化遺産について保護の重要性が再認識された［Sugiyama 2013a,b］。

奈良文化財研究所と文化芸術省による共同研究ではこれまで、ウドン遺跡およびロンヴェーク遺跡のジェネラル・サーベイを実施するとともに、クラン・コー遺跡の発掘調査もおこなった。とりわけロンヴェーク遺跡においては、いくつかの地点において試掘調査を実施したのに加え、遺跡全体をくまなく踏査し、遺構の分布をマッピングするとともにその性質や保存状況などを記述した一覧表を作成した［Sugiyama 2013b］。こうした作業をおこなった理由は、いまだ詳細が明らかでなかったロンヴェーク遺跡の構造を解明するとともに、遺構の存在を特定することで、ゾーニングなどを含めた遺跡の

写真９－４地上から見たロンヴェーク遺跡の濠の様子（筆者撮影）
水田として利用されており、一見、濠とはわからない

保存管理計画を策定し、開発などによる破壊や毀損から遺構を保護するためである。

というのもロンヴェーク遺跡をはじめとするポスト・アンコール期の遺跡には、アンコール期に見られた石造りの壮麗なモニュメントはほとんどなく、寺院や住居の基壇と考えられるマウンドや、都城を取り囲んでいた土塁や濠、さらには居住遺跡の痕跡を示唆する陶磁器片の散布地といったものが代表的な遺構であり、しかもそれらは現在の遺跡周辺の村落景観にほとんど埋没してしまっているため、認識するのが難しいものが多いからである。たとえば、濠の遺構は空中から観察すると比較的明瞭に確認できるが（写真９－３）、実際にはすでに埋没して水田に利用されるなどしていることが多く、地上からは判別が難しいことも多い（写真９－４）。さらにロンヴェーク遺跡の調査中にも、一部の土塁やマウンドが道路の拡幅や土取りなどによ

写真９－５　ワット・トロラエン・カエン寺院（左）と、その内部に祀られた仏足のひとつ（右）（筆者撮影）

って破壊を被っている事例が確認された。さらに遺跡の近傍ではレンガ工場が操業しており、そのための土取りが遺跡のすぐ近くでおこなわれていることも確認された。このように、開発などによる毀損から遺跡を守るための基礎資料として、遺構のマップおよび一覧表が不可欠なのである。

こうした作業を進める中で、ロンヴェーク遺跡に分布する遺構のすべてが、ただ単に破壊の危機にさらされているのではなく、そのうちのいくつかは地域住民の信仰のなかに取り込まれることによって、結果的に守られているという事例を見出すことができた。そこで次項では、ロンヴェーク遺跡のそうした事例に注目してみることとしたい。

四　ロンヴェーク遺跡における遺跡・遺物の「転用」と地域住民

ロンヴェーク王都は一五二八年に建設され、一五九四年にシャム軍の攻撃で陥落するまでの間、カンボジアの王都として機能した。ロンヴェーク王都は東西三キロメートル、南北二キロメートルのやや歪んだ四辺形のプランをもち、中心にはワット・トロラエン・カエン（Wat Tralaeng Kaeong）寺院が創建され、そこには四方を向いた四体の仏立像と四対の石の仏足が祀られた（写真９－５）のをはじめとして、一〇八におよぶ寺

写真９－６　プレア・ヴィヘア・バッコー寺院に祀られたポスト・アンコール期もしくはアンコール期の彫像（筆者撮影）

院が都城の内外に設けられたと伝えられる［北川　一九九八］。しかし王城の陥落後、この地は現在にいたる農村的な景観へと戻っていったと考えられる。

奈良文化財研究所と文化芸術省がおこなった現地調査では、一〇八におよぶ寺院に相当するすべての遺構を確認することはできなかったが、数多くの寺院の遺構を確認することができた。そのうち、ワット・トロラエン・カエン（Wat Tralaeng Kaeong）やワット・プレア・テープ（Wat Preah Tep）などのようにロンヴェーク王都の時代に創建され、現在まで存続している寺院がいくつかある一方で、かつての寺院の基壇跡を示すマウンドだけが残されていたり、のちの時代に新たな寺院として建て直されたりしたものも多いことがわかった。

そのうちロンヴェーク遺跡の南側に位置し、現在プレア・ヴィヘア・バッコー（Preah Vihear Preah Bakko）もしくはプレア・ヴィヘア・トゥオル・オン・キエサ（Preah Vihear Tuol Ong Kiesa）と呼ばれている寺院では、かつての寺院の基壇跡と考えられるマウンドの上部に、コンクリートとレンガを用いた新しい建物が建造中である様子を確認した。さらにその寺院では、明らかに最近製作さ

写真9－7　ヴィヘア・コック寺院の現在の建物（奥）と、ポスト・アンコール期の基壇の外装石材（手前）（筆者撮影）

れた仏像が祀られている中に混じって、ポスト・アンコール期もしくはアンコール期にまでさかのぼりうる石製の彫像が置かれているのが確認された（写真9－6）。

またロンヴェーク遺跡中心部に位置し、現在ヴィヘア・コック（Vihear Kok）と呼ばれる寺院も、やはりかつての寺院の基壇跡と考えられるマウンドの上部に、現在の木造茅葺の寺院の建物が建てられているが、マウンドの周辺には化粧剳方（彫刻）が施された砂岩製の石材が散在しているのが確認された（写真9－7）。これらの石材はポスト・アンコール期のロンヴェーク王都の時期にさかのぼるものと考えられ、かつてここに存在した寺院の基壇を構成した石材と想定される。すなわちかつての寺院が衰退もしくは廃絶した後、同じ場所に現在の小規模な寺院が建てられたと考えられる。

これらの事例は、かつての寺院が衰退もしく

写真9－8　ネアック・ター・アップ・パアンの祠堂（筆者撮影）

は廃絶した後も、同じ場所に引き続き寺院が建てられ、信仰が継続していることを示す事例といえる。そして一番目の事例のように、過去の遺物（彫像）を「転用」して、現在の祭祀の中に取り込んでいるという様相も興味深い。

過去の遺跡・遺物を現在の信仰のなかに「転用」して取り込んでいる事例は、こうした仏教（上座部仏教）の寺院だけではなく、民間信仰であるネアック・ターの祭祀においても認められる。ネアック・ターとはいわば土地の霊もしくは守護神であり、もともと仏教とは関係のない土着信仰であるが、実際には仏教やヒンドゥー教とも結びついて信じられている［Ang 1986］。たとえば、もともとヒンドゥー寺院として創建され、現在は仏教寺院とされているアンコール・ワットにはいくつかのネアック・ターが存在するが、そのうちター・リエイと呼ばれるものはヴィシュヌ神を依代とし、アンコール地域では最強の霊力を持つネアック・ターとされる。ロンヴェーク遺跡の中にも数多くのネアック・ターが存在すると

写真９－９　プラサット・プレア・ミエッダーの小祠堂（左）およびネアック・ター・プレア・コー・プレア・カエウの牛の彫像（右）（筆者撮影）

信じられており、中でもネアック・ター・クレアン・ムアンと呼ばれるものが強力な霊力を持ち、幾度となくシャムからの侵略軍を撃退したと『王朝年代記』に記されている［北川　二〇〇六］。

ロンヴェーク遺跡にはいくつものネアック・ターの祠堂が建てられており、それらの分布する場所は、かつての王都の構造と何らかの関係がある可能性が高い。例えばロンヴェーク遺跡北東部の、道路のために一部土塁が切通しとなっている箇所の土塁上に、ネアック・ター・アップ・パアン（Neak Ta Ap Paang）というネアック・ターの祠堂が建てられている（写真9－8）。この切通しがロンヴェーク王都の時期まで遡るかは明らかでないが、もしその時期まで遡るとしたら、この場所は城門が設置された重要地点である可能性が高い。

またロンヴェーク遺跡北部の三叉路には、プ

写真９－10　ツオル・クラパウ・ニ・ツンの祠堂とシーマ石（結界石）（筆者撮影）

ラサット・プレア・ミエッダー（Prasat Preah Miet Dah）と呼ばれる上座部仏教の小祠堂とともに、牛の彫像を祀ったネアック・ター・プレア・コー・プレア・カエウ（Neak Ta Preah Ko Preah Kaeu）が所在する（写真９－９）。この三叉路もまたロンヴェーク王都の時期まで遡るかどうかはわからないが、もしそうならば、これもまた王都の中の重要地点に位置していると考えられる。

ネアック・ターの祭祀においても、過去の遺跡や遺物が「転用」されている事例を見出すことができる。たとえばロンヴェーク遺跡東部に所在するツオル・クラパウ・ニ・ツン（Tuol Krapaw ni Tung）と呼ばれるネアック・ターの祠堂では、コンクリート製の基壇の上にワニに乗った人物の彫像が祀られている。ここには砂岩製のシーマ石が置かれているのが確認された（写真９－10）。シーマ石とは上座部仏教の寺院に設置されるもので、境内の内と外の境界に置かれる結界石である。このシーマ石は、その様式からポスト・アン

写真9－11　ワット・ソトピー・レアンサイ寺院のネアック・ターの祠堂（左）と、その内部に祀られたポスト・アンコール期もしくはアンコール期の彫像（右）（筆者撮影）

コール期にさかのぼるものと推定される。こうした状況から、おそらくこのネアック・ターの祠堂の周辺には廃絶した仏教寺院が存在し、そこから掘り出されたものが、ここで祀られているものと考えられる。

またロンヴェーク遺跡北東部に所在するワット・ソトピー・レアンサイ（Wat Sotpee Reangsay）寺院の境内にはいくつかのネアック・ターの祠堂が確認されたが、そのうちのひとつの中にはポスト・アンコール期もしくはアンコール期にさかのぼると考えられる彫像の破片が納められていることが確認された（写真9－11）。これもすでに廃絶した仏教寺院に祀られていた仏像が、現在のネアック・ター信仰の祭祀の中に「転用」されている事例といえよう。

このようにロンヴェーク遺跡では、過去の遺跡や遺物が今日の仏教およびネアック・ターの信仰に「転用」されることで残されているという様相が確認された。これらはある意味で「文化遺産保護」の一形態といえるかもしれない。しかしそれは専門家による学術的・技術的な意味での文化遺産保護ではなく、地域社会のローカルな論理のなかでの「文化遺産保護」ということができるだろう。

こうした「文化遺産保護」の形態は必ずしも信仰面に関わるものに特有というわけではない。すでに指摘したように、都城の濠の大部分はすでに埋められ、水田として利用されているが、その土地区画のあり方はかつての都城の構造を反映したものであり、今日なお、空中から観察することによってその存在を確認することができる。もし今後、圃場整備などの区画整理がおこなわれることなく、現在の土地利用が踏襲されつづけるならば、こうした都城の痕跡も存続することができるだろう。

五　ロンヴェーク遺跡における「文化的景観」と「リビングヘリテージ」

ロンヴェーク遺跡の景観は、基本的には「過去」のロンヴェーク王都の景観の上に、「現在」の農村景観が上書きされることによって構成されているが、「現在」の景観が「過去」の景観を完全に覆い尽くしているわけではなく、基本的に「過去」の景観を踏襲しつつ、部分的に残存する「過去」の景観の要素を「転用」して使い続けている。つまり、「現在」の景観を見ることで、ある程度「過去」の景観を理解することができる。ロンヴェーク遺跡を文化遺産保護の観点から「文化的景観」としてとらえるとき、それは「現在の農村景観の中に過去の王都の記憶をとどめている」という点に特色があると評価することができるだろう。

さらにロンヴェーク遺跡を「リビングヘリテージ」としてとらえるなら、現在も地域住民が生活の場としながら、かつての王都の遺跡・遺構を「転用」して自分たちの生活や信仰の中に取り込み、保持し続けているという点に特色があると評価できるだろう。すなわち、地域住民の土地利用や信仰のあり方も、遺産を構成する重要な要素とみなすことができるのである。ただし前にも指摘したとおり、開発による遺跡の毀損もみとめられるため、楽観すべき状況ではないのも事実である。

このような点を踏まえると、文化遺産保護の取り組みにおいて、ロンヴェーク遺跡ではアンコール遺跡群とは異なる戦略が必要になると考えられる。アンコール遺跡群では、比較的明瞭な形で過去の遺跡・遺物がその姿を留めているため、それらを「文化財」すなわち保護の対象として指定し、公的機関が保存・管理していくというアプローチが比較的容易である。しかしロンヴェーク遺跡においては、そのようなアプローチはとりにくい。過去の遺跡・遺物が「転用」されながら今なお地域住民に使用され続けているためである。そうした文脈から遺跡を切り離して「文化財」として指定し、保存・管理していくことは難しいし、もしそれを強行するなら地域住民から大きな反発を買う結果となるだろう。

そこで「文化的景観」および「リビングヘリテージ」の観点から、地域住民が長年にわたって遺跡のある景観に住み続け、その遺跡・遺物を「転用」しながら保持し続けてきたことを尊重し、それこそがこの遺産の価値であるというロジックを組み立てるのが有効であると考える。しかしそれは遺産の保護をすべて地域住民に委ねてしまうということを意味するものではない。遺跡の一部は毀損にさらされていることもまた事実であり、そういったリスクを回避するためには、ある程度の公的機関による規制は必要となるだろう。ただし、従来のように政府や行政だけが遺産の保存・管理に携わるのではなく、地域住民を重要なステークホールダー（利害関係者）と位置づけ、政府・行政・地域住民、そして観光業者・開発業者までを含めたすべてのステークホルダーたちが、遺産の保存・管理に参画し、意見を述べることができるような枠組みが求められる。

現在、すでに暫定リストに記載されているウドン遺跡とともに、ロンヴェーク遺跡などのポスト・アンコール期の遺跡を文化遺産として保護していく取り組みがカンボジア政府文化芸術省を中心に進められており、奈良文化財研究所も引き続きその事業に協力していく予定である。そのなかで、「文化的景観」および「リビングヘリテージ」の概念をカギとして、住民を巻き込んだ形での文化遺産マネジメントの仕組みを作り上げることが期待される。

——注

（1）「世界遺産条約履行のための作業指針」については、これまで世界遺産委員会を通じて数度の改訂を経ているが、現在運用されているものについてはユネスコ世界遺産センターのウェブサイト（http://whc.unesco.org/en/guidelines/）からダウンロードできる。

（2）「リビングヘリテージ」の概念の起源を考えるにあたっては、一九〇四年にスペインのマドリードで開催された第六回国際建築家会議において採択された「記念的建造物の保存と修復」憲章が重要である。このなかで、「死んだ記念物」と「生きた記念物」という概念が示され、それらの保存と修復について次のような方針が提示された。「死んだ記念物は、破壊から防止するために不可欠な補強だけをおこなうことによって保存すべきである。何故ならば、こうした記念物の重要性は記念物自体とともに消え去るその歴史的かつ技術的価値にあるからである。生きた記念物は、利用され続けるために修復されなければならない。何故ならば、建築の有用性が美の基盤のひとつであるからである」。

（3）本研究はこのカンボジア政府文化芸術省と奈良文化財研究所の共同研究の成果の一部であり、文化庁平成二三年度～二四年度文化遺産国際協力拠点交流事業「カンボジア・ウドン遺跡およびロンヴェック遺跡等の保存に関する拠点交流事業」（奈良文化財研究所）および平成二六年度日本学術振興会科学研究費（基盤研究B海外学術「アンコール王朝末期の総合的歴史学の構築」（代表：杉山洋）の事業として実施された。

第十章　文化財ポリティックスとしての景観価値

――奄美群島における世界遺産登録推進と現地の景観認識

大西秀之

一　景観の価値をめぐって

いかなる景観も、一切の価値づけを排除して存立しえない。というのも、景観とは、人間がある視点から価値づけた概念だからである［Antrop 2000］。この言明に対して、景観は、物理的な基盤に立脚するものであり、人間の視点や価値づけの有無にかかわらず存在している、と反論したくなるかもしれない。だが、それは徒労に終わるだろう。たとえば、「手つかずの自然」などと表現される景観は、それが事実であるか否かにかかわらず、結局のところ「人間の関与の有無」という価値づけを前提としたものである。またそれ以前に、文化的背景から個人的経験の違いにかかわらず、誰にとってもまったく同じようにとらえられる景観など、到底想定しえないファンタジー以外のなにものでもない。

とすれば、景観と対峙した時、われわれは、それを成り立たせている価値を、同時的かつ不可分に認知していることとなる。もっとも、こうした認知は、通常ほとんど明確に意識されることはない。またそれは、一般社会のみならず、自然科学から人文社会学に至るまでのアカデミズムにおいても、さほどの違いはないだろう[Tress et al 2001]。

こうした課題を考慮に入れ、本章では、ユネスコ（国際連合教育科学文化機関）の世界遺産を対象とし、その選定にかかわる価値づけのポリティクスを検討する。ユネスコ世界遺産を取り上げる理由は、それが極めて政治性を帯びた文化的価値をめぐる実践であると同時に、そのプロセスにアカデミズムが直接的かつ多大な関与を果たしているためである。

以上のような視座の下、本章では、鹿児島県奄美群島において現在推進されているユネスコ世界自然遺産への登録推進運動を対象として、文化資源としての景観の価値づけをめぐる重層的なポリティクスの読み解きを試みる。具体的には、世界遺産選定をめぐる既存の価値基準を明らかにするとともに、奄美に暮らす人びとが自らの歴史、文化、環境などを改めて学び、その価値を再発見しようとしている「奄美遺産」の運動を取り上げ、現地の人びと自らが景観価値を見出しユネスコの世界遺産に対するオルタナティブを紡ぎ出そうとしている実践を検討する。これにより、景観価値の普遍性を語る科学的知識やグローバルな文化財ポリティクスに対するオルタナティブとしての、現地の人びとによる景観に関する知識や価値づけの可能性を追究する。

二　世界遺産登録をめぐる政治性

ユネスコの世界遺産とは、一九七二年に採択された「世界の文化遺産および自然遺産の保護に関する条約」（通称：「世界遺産条約」）に基づくものである。その主要な目的は、「顕著な普遍的な価値」を有する遺跡、景観、

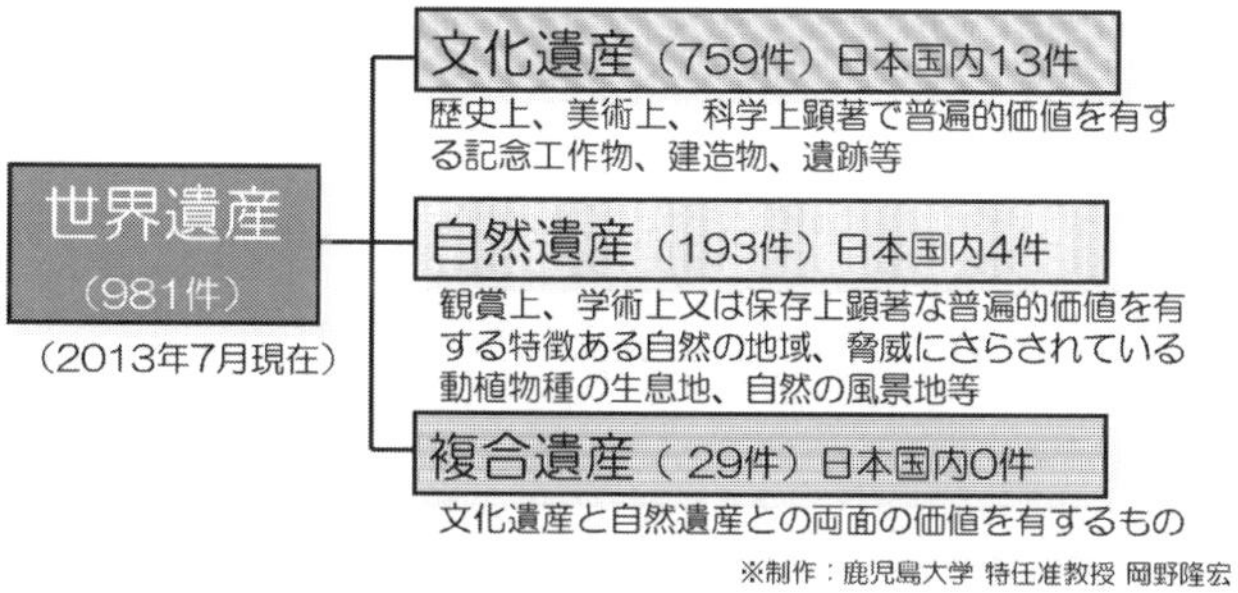

図10－1 世界遺産の三分類［大西2013: 3］

文化遺産

ⅰ人類の創造的才能を表現する傑作。

ⅱ ある期間を通じてまたはある文化圏において建築、技術、記念碑的芸術、都市計画、景観デザインの発展に関し、人類の価値の重要な交流を示すもの。

ⅲ 現存するまたは消滅した文化的伝統または文明の、唯一のまたは少なくとも稀な証拠。

ⅳ人類の歴史上重要な時代を例証する建築様式、建築物群、技術の集積または景観の優れた例。

ⅴある文化（または複数の文化）を代表する伝統的集落、あるいは陸上ないし海上利用の際立った例。もしくは特に不可逆的な変化の中で存続が危ぶまれている人と環境の関わりあいの際立った例。

ⅵ 顕著で普遍的な意義を有する出来事、現存する伝統、思想、信仰または芸術的、文学的作品と、直接にまたは明白に関連するもの（この基準は他の基準と組み合わせて用いるのが望ましいと世界遺産委員会は考えている）。

自然遺産

ⅶ ひときわすぐれた自然美及び美的な重要性をもつ最高の自然現象または地域を含むもの。

ⅷ 地球の歴史上の主要な段階を示す顕著な見本であるもの。これには、生物の記録、地形の発達における重要な地学的進行過程、重要な地形的特性、自然地理的特性などが含まれる。

ⅸ 陸上、淡水、沿岸および海洋生態系と動植物群集の進化と発達において、進行しつつある重要な生態学的、生物学的プロセスを示す顕著な見本であるもの。

ⅹ 生物多様性の本来的保全にとって、もっとも重要かつ意義深い自然生息地を含んでいるもの。これには科学上または保全上の観点から、すぐれて普遍的価値を持つ絶滅の恐れのある種の生息地などが含まれる。

表10－1　世界遺産の登録基準［大西2013: 3］

自然などを、特定の国家や民族集団のみならず「人類共有の遺産」として保護し保存することにある。なお、世界遺産の対象となるのは、基本的に遺跡、建築、街並み、自然環境などの移動が不可能な有形の不動産——あるいはそれに準ずるもの——のみに限定されている。[1] したがって、世界遺産は、結果として可視的・物理的に認識される景観となる。

いっぽう、ユネスコでは、世界遺産を文化遺産、自然遺産、複合遺産の三種類に分類している[2]（図10－1）。また二〇一四年現在、世界遺産の登録数は一〇〇七件で、その内訳は文化遺産七七九件、自然遺産一九七件、複合遺産三一件である。なお、文化遺産と自然遺産では、審問機関が異なり、前者はICOMOS（国際記念物遺跡会議）が、後者はIUCN（国際自然保護連合）[3]が管轄している。ちなみに、日本の国内行政でも、文化遺産と自然遺産で所轄省庁が異なっており、前者は文化庁が、後者は環境省と林野庁が担当している。

世界遺産に選定・登録されるためには、「世界遺産条約履行のための作業指針」に規定されたⅰ～ⅹの基準を一つ以上満たすことが求められる[4]（表10－1）。また、ⅰ～ⅵが文化遺産にⅶ～ⅹが自然遺産に、それぞれ対応する基準である。ただし、複合遺産のみⅰ～ⅵとⅶ～ⅹの基準、それぞれから一つ以上に合致する必要がある。これに加え、世界遺産は、「真正性（authenticity）」と「完全性（integrity）」を満たすことが不可欠な条件とされる。この条件は、まず「完全性」が「顕著な普遍的価値（Outstanding Universal Value）」を証明するための必要な要素が全て揃っていることであり、また「真正性」が特に文化遺産のデザイン、材質、機能などが本来の価値を有していることである。

ユネスコによる世界遺産の登録基準は、一見きわめて厳格に規定されているかに見えるかもしれない。だがそこには、ひとつのブラックボックスの存在が指摘できる。それは、世界遺産の必須条件ともいえる「顕著な普遍

順位	国名	世界遺産の物件数
1	イタリア	49
2	中華人民共和国（中国）	45
3	スペイン	44
4	ドイツ	38
4	フランス	38
6	メキシコ	32
7	インド	30
8	イギリス（英国）	28
9	ロシア	25
10	アメリカ合衆国（米国）	21
：	：	：
13	日本	17

表10－2　世界遺産登録件数TOP10［大西2013：6］

的価値」が、いかに判定されるのか明確に定義されていないがゆえに、どのような基準にもとづき、それを誰が、どう判定するか、という疑義に起因するものである［大西　二〇一三：四］。

むろん、前述のようにユネスコは、「世界遺産条約履行のための作業指針」などで一定の基準を示してはいる。ただ、その基準を満たした上で文化遺産に選定・登録されるのは、「最上の代表（representative of the best）」たるものであり、自然遺産に至っては「最上の最上（The best of the best）」でなければならない、との見解がＩＣＯＭＯＳやＩＵＣＮによって提示されている。したがって、世界遺産に選定・登録されるためには、ⅰ〜ⅹの登録基準を満たすだけではなく、「最上の代表」なり「最上の最上」としての存在価値を認定されなければならない。だがそれらは、明確に定義されない抽象的なものであり、選定プロセスのなかで個々に判断されるため、そこに政治性が介在しうるブラックボックスが派生する余地となる。

実際、「人類共通の遺産」であるべき世界遺産の登録数には、明確な「東西格差」と「南北格差」が指摘できる［河上　二〇〇八：十六－十七］。すなわち、世界遺産の登録件数が、いわゆる欧米先進国に集中している[5]（表10－2）、という事実である。とくに、文化遺産に関しては、その傾向が顕著に窺える［大西　二〇一三：六－七］。

この根幹には、いうまでもなく文化遺産の価値を、どのように誰が見出すか、という極めて解消が困難な課題がかかわっている。またそこには、「人類共通」の文化的価値など存在しえるのか、という根源的な疑問が提起されるだろう。そもそも、文化的価値の普遍性を判別しようとすること自体が、政治的な判断が不可分に伴う試みである。

これに対して、自然遺産に関しては、文化遺産のようなポリティクスが介在する余地が一見ないように思われるかもしれない。というのも、自然の価値づけは、必ずしも個別文化に左右されるものではない——と一般に認識されている——からである。事実、前述したように、自然遺産の登録件数には、文化遺産で指摘されるような極端な格差は認められない。また、自然遺産の選定には、自然科学的な知見が積極的に参照されている。

とはいえ、自然遺産の選定・登録に政治性が完全に排除されているか、といえばにわかには肯定しがたい。なぜなら、世界遺産の推薦は、国家のみに委ねられており、国家間の政治力の差が排除しきれないためである。それ以上に、自然の価値を自然科学によって判断しようとする志向そのものが、極めて西欧近代的な営為にほかならない。さらには、科学哲学が明らかにしてきたように、自然科学が個別文化に囚われず営まれている、というのも現実を無視した近代のイデオロギーといえよう。

三　生態学的アプローチによる景観研究

世界遺産の選定・登録には、西欧近代的な価値観に根差した政治性が関与していることを確認した。とくに、自然遺産では、その価値判定において自然科学が重要な役割を果たしていることを指摘した。こうした背景を考慮し、ここでは特に自然遺産の登録などに際して往々に参照される生態学を取り上げ、その景観を対象としたアプローチを検討する。

景観生態学という一分野があるように、生態学では、景観を対象とした研究が盛んにおこなわれている［Turner, Gardner and O'Neill 2001; Wu and Hobbs eds. 2007］。むしろ、意図的であるか否かは別として、生物と環境の相互作用を主要な研究対象とする生態学は、自然景観を直接的に取り扱う研究領域といえる。というのも、自然景観とは、環境のなかでの生物の営みの結果として構築されるものにほかならないからである。

生態学を特徴づけるアプローチとして、物理的・化学的要因までも含めた生物群集の生息空間を一体として把握する、エコシステム（生態系）［Odum 1953: 9］として景観を位置づける視座をあげることができる［Wu 2006］。もっとも、エコシステムは古典的な概念であり、とりわけ「閉じた系」と見なす視点に関しては、生態学の内部でも批判が提示されている。とはいえ、現在でも生態学では、エコシステムを前提として物理的な自然環境のなかでの物質循環や生物種の生存活動、戦略、関係性を分析し、検討しようとする研究が活発におこなわれている。

いっぽう、生態学は、あくまでも自然科学を志向しているため、基本的なアプローチとしては人為＝人間活動の影響をノイズとして極力排除しようとしてきた。こうした志向の背景には、「ウィルダネス（手つかずの自然）」

のみを研究対象とする、極めてナイーブな自然観が窺われる［Nash 1967］。

しかし、このような傾向の一方で、一九八〇年代以降、生態学は自然環境の保全や生物種の保護に貢献しようとする、応用研究的な実践に積極的に取り組むようになる。その結果、生態学は、自然環境や生物種の攪乱要因となる人間活動を不可避的に考慮せざるをえなくなった。さらに、この取り組みは、生態学に思わぬ新たな視座を提供することとなった。それは、当初自然環境や生物種のために排除すべき要因と見なしていた人為＝人間活動による自然攪乱が、実は自然生態系や生物多様性の維持・再生産に重要な役割を果たしていたことが次々と明らかになってきたことである［森本　二〇一二］。

こうした研究成果がもたらされるなかで、生態学では、ヒューマンファクター／インパクトをエコシステムに組み込み、攪乱や破壊といったネガティブな要因のみとしてではなく、積極的に自然環境や生物種の存続に対する人間活動の役割の評価に取り組むようになった。その具体事例として、里山や水田などの景観が、循環型ライフスタイルのモデルとして称揚されることになった［鷲谷　二〇〇四］。さらにここから、非近代的・前近代的とされる社会のローカルナレッジに基づく実践が、生態系や生物多様性を維持・再生産する要因となっていることを指摘し、そうした実践を「ワイズユース(6)（賢明な利用）」として称揚しようとする傾向も散見されるようになった。

以上のように、自然科学を志向する生態学においても、人為＝人間活動によって形成された景観史に対する関心が、中心的なテーマとして位置づけられるようになった。と同時に、こうした志向は、民族誌的研究に関心を向ける契機ともなった。つまり、生態系や生物多様性の維持・再生産を実践している、現地の人びとの営みを明らかにすることが、生態学の関心になったのである。

これ以降、その関係が共同的であれ対立的であれ、人類学が生態学的な景観研究と関係することとなる。実際、アフリカや極北圏などで、現地の人びとのローカルナレッジや慣習に基づく社会実践が、当該地域の生態系や生物多様性に及ぼしている影響を、生態学的に評価しようとする民族誌研究が生産されるようになる［Colling 1997; Fairhead and Leach 1998］。また、こうしたアプローチのなかから、歴史生態学や政治生態学などの視点を取り入れ［池谷　二〇〇三：二一―二七；市川　二〇〇三：五四―六三］、現地の景観を読み解こうとする研究が提起されるようになってきた［Fairhead and Leach 1996］。

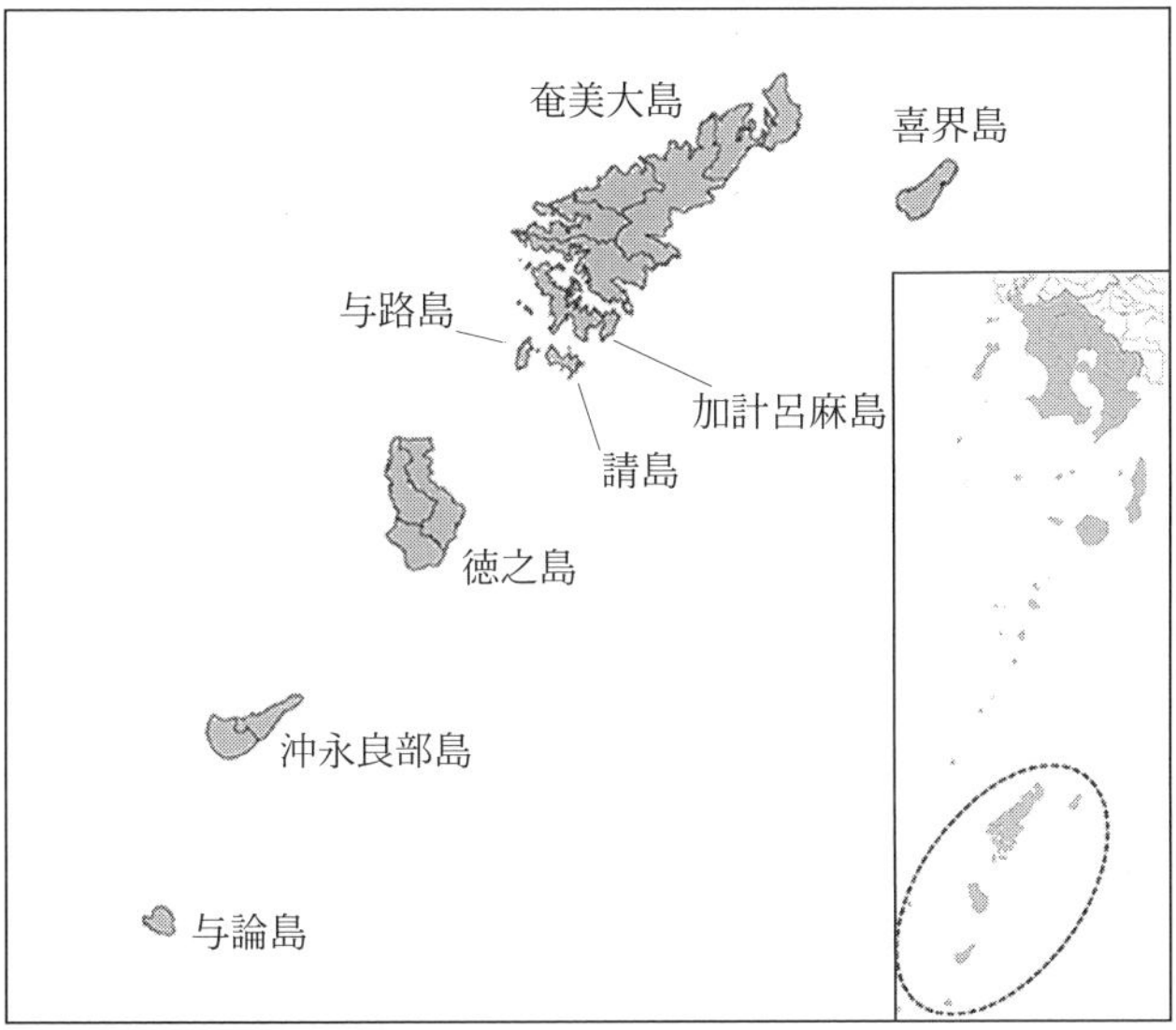

図10－2　奄美群島

四　世界遺産に向けた奄美群島の景観

奄美群島は、鹿児島県トカラ列島と沖縄本島の間に位置する、大小さまざまな島によって構成される島嶼群の総称である（図10－2）。同地域は、行政区分上は鹿児島県大島郡に属する。なお、同地域は一般的に「奄美諸島」または「奄美地方」などと呼称されることが多いが、それらの表記は日本の法令では用いられず、「奄美群島」が統一的に使用されている。

奄美群島の気候区分は、亜熱帯に属し、通年温暖な気候である。また、同地域はアマミノクロウサギを代表とする地域固有の動植物種が数多く、それらの動植物種が生息する生態環境の多様性などから、「東洋のガラパゴス」とも称されている。[7]

いっぽう、奄美群島は、中世以降さまざまな政権によって支配を受け続ける歴史的経験を経てきた。具体的には、まず十五世紀以降に琉球王朝の統治下におかれて以降、一六〇九年の薩摩藩の琉球侵攻後は同藩の直轄地とされ、そのまま明治維新を迎えたため、廃藩置県によって鹿児島県の一地域となった。さらに、第二次世界大戦後は、沖縄県とともに、アメリカ軍による軍政統治下に一時的（一九四六年二月二日〜一九五三年十二月二五日）に組み込まれた。このような被支配の歴史を踏まえ、同地域では、琉球による支配を「那覇世《なはんゆ》」、薩摩藩支配を「大和世《やまとんゆ》」、米軍統治期を「アメリカ世《ゆ》」とそれぞれ呼称する独自の時代区分が提唱されてもいる[8]［穂積編　二〇〇〇］。

もっとも、奄美群島は、先史時代から日本本土や沖縄諸島との交易が活発におこなわれ、両地域の文物を橋渡しする要の地として重要な役割を果たしてきたことが、考古学的な調査研究によって明らかにされている。このため、同地方では、言語や信仰などといった多様な文化的側面において、九州以北の「ヤマト」と沖縄本島以南の「琉球」の文化的要素が混雑する独特の性質を見出すことができる。

以上のような自然的、歴史的、文化的背景から形作られている奄美群島の景観は、日本列島でも非常にユニークなものといえる。他方、奄美群島は、二〇一三年一月に「奄美・琉球」の一部として、ユネスコの世界遺産暫定一覧表に記載された。また同年十二月には、「奄美・琉球世界自然遺産候補地科学委員会」が奄美大島、徳之島、沖縄島北部、西表島を世界自然遺産の登録候補地として選定した。[9] 奄美群島含む「琉球諸島」が自然遺産の候補となった理由は、大陸との関係において独特の地誌を有し、極めて多様で固有性の高い亜熱帯生態系やサンゴ礁生態系を有していること、また優れた陸上・海中景観や絶滅危惧種の生息地となっていることが高く評価されたからにほかならない。

こうした状況の下、奄美群島では、現在、政府機関や地方公共団体からNPOなどの民間団体までが入り乱れ、世界遺産登録に向けたさまざまな取り組みがおこなわれている。またそれらの取り組みによって、奄美群島の景観は、普遍から個別あるいはグローバルからローカルまで広範かつ多様なレベルで価値づけがなされている。

五　奄美群島の文化的景観

ユネスコの世界遺産選定では、近年、自然遺産であったとしても、純粋な自然環境的側面の保護のみならず、周辺住民の生活を始めとする人間と環境の関連性を考慮することが重要視されており、文化的景観の保全は重要な比重を占めるようになっている。このため、奄美群島の登録推進運動においても、現地の人びとの営みによって形成された文化的景観の重要性が認識されている。

以上のような背景から、奄美の文化的景観の代表的事例のひとつとして「カミ山」が注目を集めている。カミ山とは、奄美群島の地域文化に密着した信仰対象の地とされる山々の総称である[10]（写真10－1）。この信仰の地が注目されている理由は、同地が地域住民から畏敬の念を払うべき「聖地」と認識され、「獣（虫）一匹殺してはならない、または草木一本採ってはならない」禁猟区・保護区であったがため、生物多様性が守られ同地域に固有の原生林的な生態系＝自然環境が維持されてきた――生態学的価値のある――空間との認識によるものである。

写真10－１　カミ山（加計呂麻島薩川集落）（筆者撮影）

写真10－２　大和村カミ山（通称滝川山）（筆者撮影）

写真10－3　カミ道（加計呂麻島薩川集落）
（筆者撮影）

実際、奄美大島の大和村にある――通称滝川山と呼ばれる――カミ山は、「琉球列島の代表的森林を形成し、北限域の奄美大島で数少ない自然林として貴重[11]」と評価され、天然記念物として国指定文化財に登録されている（写真10－2）。こうしたカミ山は、地域文化に根差した現地の人びとによる実践が、生態系や生物多様性を保全してきた、まさに格好の「ワイズユース」的事例と見なしうる。

ところで、カミ山には、通常、山頂や中腹から集落を通って海辺の浜まで通じる「カミ道」と呼ばれる一本の道が敷設されている（写真10－3）。このカミ道も、かつてはカミ山と同様に神聖な場所と認識され、神や祖霊がカミ山から集落へと降りるために通る道であり、またこの道を通って神や祖霊はカミ山へ帰るとされていた。

くわえて、カミ道は、物理的に実在する地理的空間というだけではなく、琉球の「ニライカナイ」――あるいは奄美で「ネリヤカナヤ」――などと呼ばれる、神や祖霊が暮らす常世の国に繋がっている、というコスモロジーに根差したものである。このように、カミ山やカミ道は、奄美群島のみならず琉球列島にまで広がる異（他）界観念を、山と海に囲まれた集落景観に読み込んだものと見なすことができる。

さらには、カミ山やカミ道は、異（他）界観念との関係のみならず、現実の物理的な空間構成も規定し、形作

写真10－4　トネヤ（加計呂麻島薩川集落）とアシャゲ（加計呂麻島芝集落）
（筆者撮影）

ってもいる。たとえば、奄美の集落の多くには、「トネヤ」と「アシャゲ」と呼ばれる祭祀施設[12]（写真10－4）が敷設された、「ミャー」という祭祀・儀礼などをおこなうための広場が設けられている。そして、この「ミャー」には、浜からカミ山まで繋がるカミ道が貫くように連結されている（図10－3）。この他、居住地や墓地などの空間配置・デザインも、少なからずカミ山やカミ道との位置関係から成り立っていることが指摘できる［クライナー　一九八二：一六一－一六三］。したがって、視覚的にとらえられる奄美群島の集落の物理的な景観構成は、在地の信仰と関連する象徴的な景観認識によって構築されている、といっても過言ではないだろう。

他方で、物理的・象徴的両面にわたって集落景観を構築するカミ山とカミ道は、神あるいは祖霊を迎える旧盆の儀礼的実践において非常に重要な意味と役割を担っている。奄美群島では、毎年、旧暦の盆に神や祖霊を迎える儀礼や祭祀が世帯単位から集落単位で実践されるが、前述のように神や祖霊は海の果てにある常世の国から戻ってくる、と考えられている。このような観念の下、旧盆には、まず神や祖霊を浜で迎え、カミ道を通って集落に招き入れミャーで儀礼や祭祀をおこない、そこから再びカミ道を経由してカミ山まで連れて行き最終的な儀礼や祭祀を執りおこなう、という一連の信仰的・慣習的実践がかつては展開されていたようである。そして、

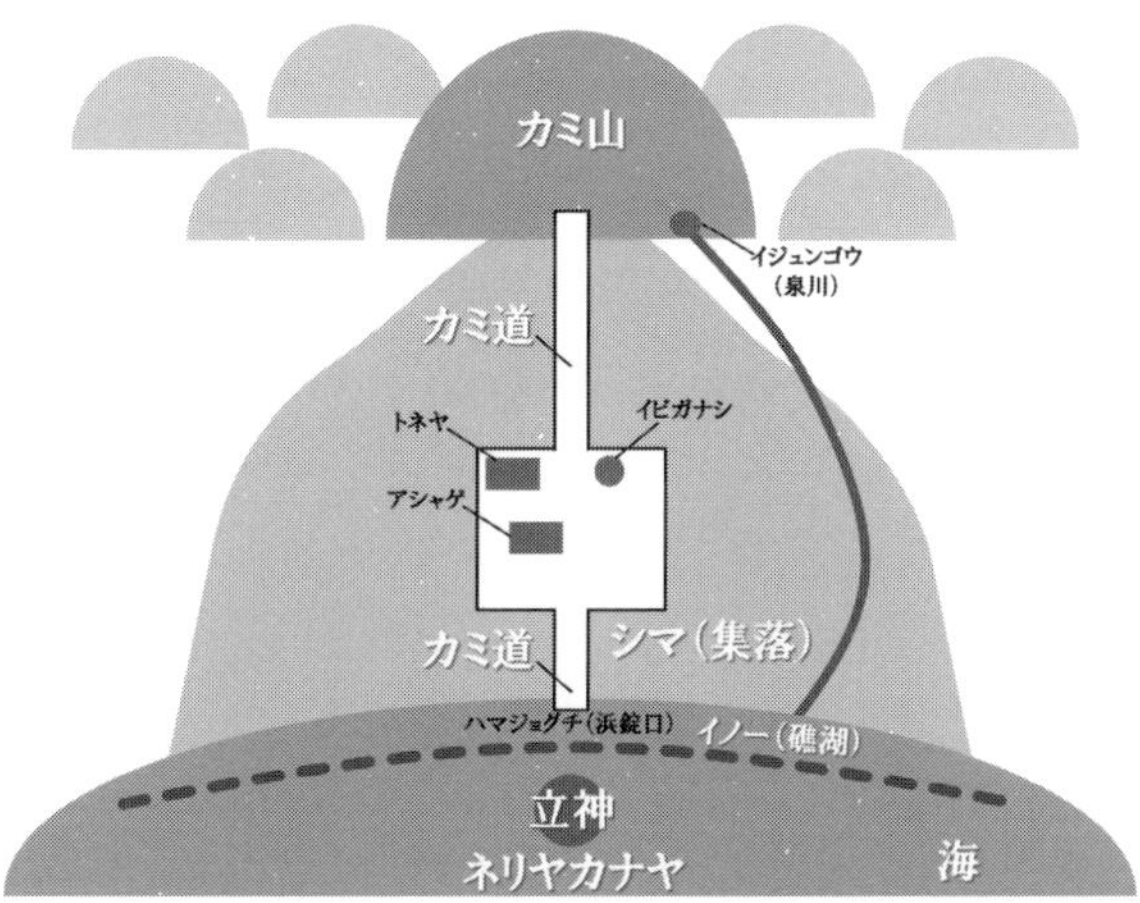

図10－3　奄美地方の集落景観の概念図（参照：奄美パーク）

この一連の儀礼は、「ノロ」と呼称される在地の信仰を司る祭祀集団によって中核的に執りおこなわれていた。

「ノロ」とは、奄美群島を含め琉球列島全域を統治していた琉球王府から正式に辞令を受け、各集落の儀礼や祭祀を執りおこなっていた女性の神職（司祭）のことである。ちなみに、ノロを中心とする祭祀集団の基本構成は、世話役である「グジ」一人を除くと、「カミンジョ（神人衆）」とされる役職はすべて女性である［下野　一九八六：一九〇］。

ノロ祭祀は、琉球列島と奄美群島に広がる琉球文化圏において発達した、同地域に固有の在地信仰の一形態として位置づけられている［宮城　一九七九］。もっとも、琉球信仰と一括されるノロ祭祀であるが、琉球列島と奄美群島の間には、数多くの相違を見出すことができる。たとえば、ノロは、琉球国王の「おなり神」である聞得大君《きこえのおおきみ》から公式に任命され、集落の祭祀を司るとの理解が一般的になされているが、奄美群島ではノロの位／役職の継承は琉球王府からの辞令書ではなく、集落内の特定世帯によって世襲制されていた。

さらには、奄美群島内においても、さまざまな差異が認められる。とりわけ、祭祀集団であるカミンジョ（神人衆）に関しては、一般にノロを筆頭として男性である「グジ」を含んだ数名の「カミンチュ（神人）」で構成されると認識されているが、実際には集落によって構成人数やカミンチュの呼称に違いがあり、常時ノロが不在なため、他集落のノロを招き迎えて祭祀をおこなっていた集落もあった[13]。

加えて、祭祀そのものにも、集落ごとの差異を認めることができる。なかでも、奄美群島のなかで、ノロ祭祀が最後まで存続した加計呂麻島では、近隣の集落と連携することなく、各集落で個別に完結した祭祀が実践されていた。こうした傾向は、毎年、旧盆の十五日に各集落でおこなわれる豊年祭[14]のあり方に窺うことができる。

上記のように、加計呂麻島のノロ祭祀には、同島内だけでも一括りにできない、集落単位の多様性が認められる［住谷・クライナー　一九七七：四七―六一］。こうしたノロ祭祀にかかわる多様性は、一六〇九年の琉球侵攻後、薩摩藩支配の下で琉球王府との直接的な交渉関係が断絶した歴史的背景に起因する、と想定される。またそれとともに、集落単位の顕著な違いは、同じ島にありながら集落間の交流が容易ではない、という地理的要因も少なからず関与していることが指摘できる。いずれにせよ、奄美群島のノロ祭祀は、歴史的・地理的要因などが積み重なって、琉球列島の他地域とは異なる独自性が形成されたことが確認できる。

六　現地の人びとの景観認識

奄美群島の文化的景観は、ノロ祭祀を中核とする地域コミュニティの信仰的・慣習的実践によって維持・再生産されるものであった。だが、こうした文化的背景は、戦前から高度経済成長までのライフスタイルの変化や産業構造の変化に伴う人口移動によって、奄美群島の多くの地域では姿を消していった。また、現在まで部分的、断片的に継承されている文化的実践も、その背景が失われ形骸化した形で存続している感が否めない。

加えて、国内各地の離島と同じく、たぶんにもれず奄美群島も急速な変化のただなかにある。とくに、近年は、これまでの過疎化や高齢化、あるいはライフスタイルの変容などに加え、行政サービスの再編・統廃合によってコミュニティそのものを維持できなくなる、いわゆる「限界集落」と表現されるような状況に早晩直面してくる危険性が少なくない。このため、奄美群島の景観を支えていた文化的背景は、よりドラスティックに変容してゆくことが予想される。

実際、奄美群島のほとんどの地域や集落では、カミ山やカミ道の正確な場所や役割を記憶している現地住民が急速に減少している。たとえば、カミ山やカミ道にかかわる景観認識を明らかにするため、わたしが組織した大島北部の旧笠利町（現奄美市）赤木名地区と龍郷町秋名地区の聞き取り調査では、[15]具体的な場所の知識が曖昧化あるいは断片化されており、その由来や役割に至っては正確に記憶している人物は皆無であることが確認できた。ちなみに、調査対象とした二地区は、赤木名が国指定の史跡である赤木名城を中心に文化的景観の整備が進められている地域であり、秋名が国指定の重要無形民俗文化財であるショチョガマと平瀬マンカイという伝統祭祀を継承、実践している地域である。このため、同二地区は、奄美群島のなかでも、いわゆる「伝統文化」に関する知識が比較的保全されている地といえる。

奄美群島において、カミ山やカミ道にかかわる景観認識が希薄化した要因は、いうまでもなく日常の生活実践のなかでノロ祭祀が衰退したからにほかならない。秋名地区の平瀬マンカイでは、集落の一般女性のなかから「ノロ役」が立てられ、重要な役割を果たすものの、それ以外で日常的にかかわる祭祀そのものは既に廃れており、日々の実生活において関与、実体験することは現在ない。つまり、カミ山やカミ道という景観認識を形作っていた祭祀が、現地住民に実践されなくなった結果、その認識を維持・再生産される機会がなくなったのである。

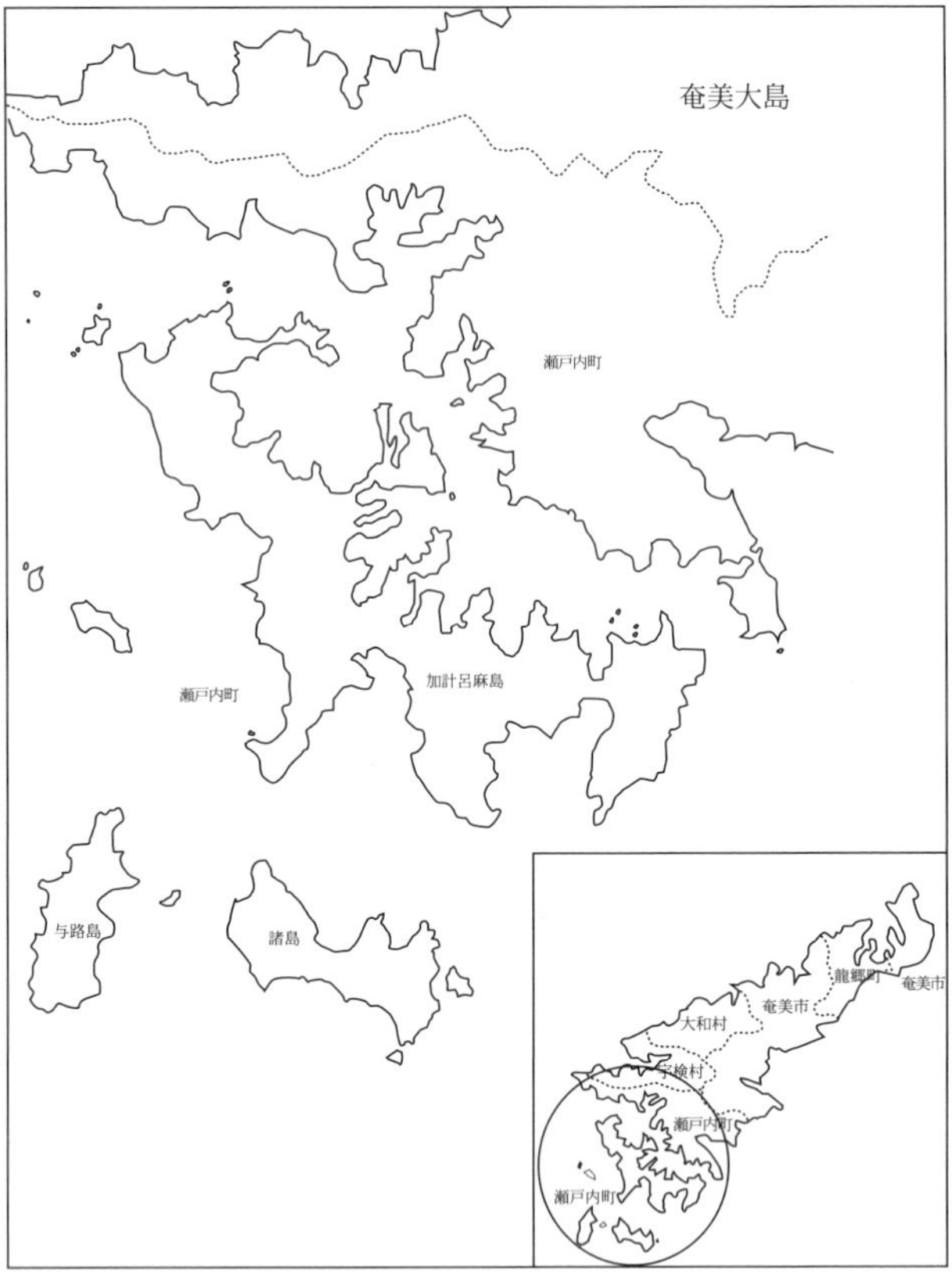

図10－4　加計呂麻島

こうした状況は、奄美群島内で、ノロ祭祀が最後まで存続していたとされる加計呂麻島でも確認できる（図10－4）。前述のように、大島海峡を挟んで奄美大島南部に隣接する加計呂麻島では、特に北西部の旧実久地区の各集落において、昭和三十～四十年代までノロ役が継承され、祭祀が実践されていたことが知られている。だが現在、旧実久地区においても、カミ山とカミ道にかかわる景観認識の希薄化が、はっきりと窺われる。実際、旧実久地区を対象とした過去の調査では、六集落で五五名に聞き取りを実施したところ、七十代以上の世代でも、カミ山やカミ道の場所を正確に覚えていない人物が少ならずいることが確認できた［大西　二〇一〇、二〇一一：大西・角南・石村　二〇〇九］。またそれ以上に、同調査では、カミ山やカミ道の知識に差異や齟齬があり、現地住民の景観認識に多様性が認められた。

七十代以上の世代であれば、旧実久地区でノロ祭祀が実践されていた昭和三十〜四十年代には、幼少期とはいえ、既に物心がつく年齢であったと推察される。むろん、五十〜六十年前のことであるため、記憶の希薄化が進んでいる可能性は当然ある。ただ、われわれの調査で確認された差異や祖語のなかには、カミ山やカミ道とされる場所の数や地点、あるいは呼称など、記憶違いや忘却などでは説明のつかない多様性が含まれていた(16)。さらには、同じ世代の住民のほとんどが、多かれ少なかれカミ山やカミ道の知識を有しているなかで、そもそも知識がまったく無いという人物も存在していた。

上記のような景観認識の多様性は、現地住民の個々人のさまざまな体験やライフヒストリーの違いが生み出したものである。たとえば、加計呂麻島の住民のほとんどは、年齢や期間に違いはあるものの、就学や就労などのなんらかの理由で島外に移住した経験を持っている。むしろ、移住歴がなく、基本的に生涯一貫して同島で過ごした、という住民の方が稀である。これを踏まえ、カミ山やカミ道の知識を持たない人物のライフヒストリーを確認すると、物心のつかない幼児期の早い年齢で移住し、比較的高齢になって帰島した住民であった。

他方、カミ山やカミ道に関する知識の差異や齟齬は、もう少し複雑な背景が介在していることが窺われた。その顕著な事例として、ノロ祭祀に関する体験があげられる。一般にカミ山の場所を尋ねると、ほとんどの住民は特定の山そのものを回答するのみであったが、例外的にある山の限定的な地点を回答し、そこでノロが実践する祭祀を説明する人物がいた。その地点は、過去にノロが祭祀を実践していた場であることが、既存の調査報告などから裏づけられたのであるが、この情報を提供した人物にはノロなどのカミンチュであった親族や知人がいたことがわかった。

とこのように、加計呂麻島における景観認識の多様性を解説すると、これが同地域の特殊事例のようにとらえられてしまうかもしれない。だが、それは完全な事実誤認である。というのも、現地住民の景観認識に差異や齟齬がなく、誰しも同じ知識を一律かつ均等に共有しているといった想定が、そもそも荒唐無稽なものだからである［大西・角南・石村　二〇〇九：一〇〇―一〇一］。もっとも、これは賢しらに指摘するまでもない、一般社会のリアリティといえる。

とはいえ、こうした一般社会のリアリティは、自ら以外の文化や社会が語られる時、しばしば忘却される傾向にある。そして、それは研究者といえども例外ではない。事実、世界遺産登録で語られる「奄美の文化」なるものも、現地に暮らす人びとの多様性を考慮したものか、と問われたならば返答に窮せざるをえないだろう。というよりも、そこでの「奄美の文化」とは、何時の、何処の、誰の、どんな文化実践なのか、具体的に想定されているとは到底思われない。

カミ山を例とすれば、たとえそれが生物多様性の地であったとしても、その生態環境を維持していたノロ祭祀は既に過去のものとなっているなかで、奄美の自然を守ってきた「現地の文化」とは、一体全体どの時代に、何処で、誰が担っていたものなのだろうか。少なくとも、現在の奄美に暮らす人びとの多くは、カミ山の生態環境の保全に寄与するような認識も実践も、日々の実生活のなかで維持しているわけではない［大西・角南・石村　二〇〇九：九一―九二］。

にもかかわらず、カミ山などの文化的景観は、現地住民の実態が捨象され、生態系保全や世界遺産登録といった目的に合致する側面のみが、科学的・政治的都合によって価値づけられる可能性が孕まれている。というよりも、「顕著な普遍的な価値」を有する「人類共有の遺産」であるか否か、と一方的に奄美の自然環境の価値を問うグローバルな文化財ポリティクスの前では、現地の人びとの景観認識など考慮のはるか枠の外なのかもしれない。いずれにせよ、世界遺産推進のなかで語られる現地文化としての奄美群島の景観にかかわる認識と実践は、外部によって取捨選択あるいは換骨堕胎され、価値づけられているといえよう。そして、その多くは過去にかってあった――かもしれない――実践と認識であって、決して当該地域に暮らす人びとの実生活を反映したものではない。

七　オルタナティブとしての「奄美遺産」

ユネスコ世界遺産登録に向けた動きは、奄美群島のケースに限らず、その制度上どうしてもトップダウン的に推進される。加えて、自然遺産は、生態学などを中心とする自然科学による「普遍的」な評価／基準が参照されるため、外部によって現地の景観の価値づけが一方的になされる傾向にある。

しかし近年、こうした傾向に対する異議申し立てが、奄美の現地コミュニティから提示され、独自の理念にもとづく取り組みが推進されるようになってきた。[17]なかでも注目されるのが、「奄美遺産」の取り組みである。「奄美遺産」とは、前奄美市立奄美博物館・館長（奄美群島文化財保護対策連絡協議会・会長）中山清美氏が中心となって推進されている、文化財活用を意図した地域運動のキーコンセプトである［宇検村・伊仙町・奄美市編二〇一一：中山　二〇一二］。その骨子は、トップダウン的に外部から価値づけられた世界遺産を受動的に受け入れるのではなく、まずは現地住民自身が地域の価値を能動的に見出し、それを「奄美遺産」として自ら認定して行こうとする志向である。さらには、その射程として、「奄美遺産」のなかから現地住民自らが世界遺産に相応しいものを選択し提案することが入れられている。したがって、「奄美遺産」は、既存のユネスコの世界遺

写真10－5　「ケンムン村」の活動（2012年９月合同シンポジウムと懇親会）
（筆者撮影）

産登録に対する、現地コミュニティからのオルタナティブな構想といえる。

このような構想の下、奄美群島では、現在さまざまな「奄美遺産」を見出すための試みが推進されている。なかでも、その代表的な活動の一つとしてあげられるのが、「ケンムン村」である。「ケンムン村」は、中山氏が「奄美遺産」の運動を本格的に開始する前から組織していた市民サークル団体であり、高齢者を中心とした現地住民が自ら暮らす地域の歴史文化や自然環境などを調査研究し、その価値を再認識しようとする活動を行っている（写真10－5）。したがって、「ケンムン村」は、「奄美遺産」構想を育んだ母体であり、またそのモデルケースと見なすことができる。ちなみに、ケンムンとは奄美群島でポピュラーな物の怪のことであり、同サークルの主要な活動として、その出没地や情報を地図上にプロットすることがおこなわれている。

「ケンムン村」に代表される活動は、現地住民による地域の学びを第一義的な目的としたものであるが、その一方で「奄美遺産」の取り組みのなかには、社会還元をターゲットとしたもの含まれている。一例としてあげられるのが、「しまコンシェルジュ」である。この取り組みは、「ケンムン村」の活動などによって明らかにされた、地域の歴史文化や自然環境に関する成果を学び、ツアーガイドなどの観光業に活用しようとするものである（写真10－6）。この他にも、「奄美遺産」関連では、具体的な社会還元を射程に入れた多様な

写真10－6　「しまコンシェルジュ」の活動（赤木名地区での学習会）（筆者撮影）

活動がおこなわれているが、それらは基本的に「ケンムン村」で見たように現地住民が自ら学び価値づける活動に依拠したものである。「奄美遺産」の取り組みは、現地住民による地域の学びとともに、その成果にもとづく社会還元が展開されていた。これだけでも、トップダウン的に押し付けられる普遍的な価値に対抗する、ボトムアップによる価値の創出を志向した取り組みといえる。だが、こうした実践面のみならず、「奄美遺産」には、アカデミズムやポリティクスにおける既存の景観概念を問い直す可能性が認められる。

　というのも、「奄美遺産」の取り組みは、景観の価値に関連するものではあるが、必ずしも可視的・物質的側面のみにアプローチを限定していないからである。事実、「奄美遺産」には聴覚、味覚、嗅覚にかかわる要素も積極的に取り込まれている［中山　二〇一二：一六三―一七〇］。しかも、これらは個別の収集にとどまらず、赤木名地区の文化的景観の整備事業のなかで統合が計画されている。たとえば、奄美には鶏飯という郷土料理（写真10―7）があるが、この調理法は鶏を丸ごと長時間煮てスープに旨味を出すため、脂が多過ぎるブロイラーの若鳥などではなく、庭先で放し飼いにされ身の引き締まった地鶏が必要となることから、「伝統の味」を維持するためには、野外で地鶏が歩き回る空間を用意しなければならなくなる。このように、味

写真10－7　奄美の郷土料理「鶏飯」（筆者撮影）

覚という文化要素は、可視的・物理的な景観と無関係ではないのである。

以上のような事例を勘案すると、聴覚、味覚、嗅覚なども取り込もうとする「奄美遺産」の構想は、決して突飛なものでも荒唐無稽なものでもないことが理解できる。むしろ、既存の景観に関する認識や議論が、視覚のみに固執してきたと見なすべきかもしれない。もっとも、近年ユネスコでも、現地の人びとの日常の生活実践によって当該遺産そのものが維持される、「リビングヘリテージ（生きている遺産）」の重要性が意識されていることからも、「奄美遺産」の志向は共有されつつあるといえるかもしれない。

とはいえ、グローバルからローカルなレベルまでの文化財ポリティクスにかかわる現状の制度が、こうした景観論の転換に十分に対応できているわけではない。そのことは、ユネスコでも日本の国内行政でも、自然遺産と文化遺産で、依然として所轄機関（官庁）が異なっていることが雄弁に物語っている。生物多様性の地であるカミ山が、現地の人びとの生活実践としての信仰によって維持されていたものであり、いうならば過去の遺棄されたリビングヘリテージと見なしうることを想起するならば、自然と文化を区分／分類することが、どれほど実態にそぐわないポリティクスであるか理解できるだろう。

さらには、カミ山の事例は、有形と無形というポピュラーな文化財の区分

図10－5　文化財四区分／分類と景観の構成要素［大西 2014］

／分類にも再考を求めるものとなる［中山　二〇一二：一五七－一六二］。いうまでもなく、それが否定できないことは、カミ山は——天然記念物にも認定されていることからも——一般に有形文化財と見なされるが、それを支えていたノロ信仰は無形文化財にほかならないからである。

　このように、景観は、文化財ポリティックスにおける自然と文化、有形と無形という既存の区分／分類を無効化させうるものといえる［大西　二〇一四：一三二］（図10－5）。実際、「奄美遺産」の取り組みでは、景観が孕む既存の文化財ポリティクスの問い直しが射程に入れられており、文化庁が規定する多様な区分／分類を踏まえつつ、それらを集落景観として統合しようと試みられている（図10－6）。こうした取り組みからも、「奄美遺産」は、単にユネスコの世界遺産選定にかかわる価値づけに再考を促すだけでなく、グローバルなレベルで共有されている文化財ポリティクスの既存の制度をも問い直しうるものといえる。

　いずれにせよ、「奄美遺産」は、現地に暮らす住民の視点や活動によって、自らの景観の価値づけをオルタナティブと

図10－6　赤木名地区の文化的景観の構想

して提示しようとする試みにほかならない。そういった試みを可能にするという意味で、景観は、多様な価値とそれらをめぐるポリティクスの交差点といえるだろう。とともに、それがどこまで成果を上げるかは置くとして、現地から紡ぎ出される価値によって、グローバルに流通する既存の「普遍的」価値を揺さぶりうる方向性を奄美群島に暮らす現地の人びとが志向している、という意味で「奄美遺産」は景観を舞台としたカウンターナラティブとして評価できる事例といえる。

補記

本章は、平成二六（二〇一四）年度日本学術振興会科学研究費（基盤研究C）「文化資源としての景観を巡るポリティクス」（代表：大西秀之）の研究成果の一部である。また本章の基となった現地調査は、平成二三（二〇一一）～二六（二〇一四）年度奄美市役所「イベント・コンベンション開催助成」（代表：大西秀之）を受け実施したものである。

注

（1）これに対し、美術品、遺物、動植物などの移動可能な動産は、世界遺産の対象とはならない。他方でユネスコでは、世界遺産とは別に、民俗芸能や食文化などを対象とする「無形文化遺産」、書物や文章などを対象とする「世界の記憶」（通称：「世界記憶遺産」）などの登録事業を行っている。

（2）日本ユネスコ協会連盟HP「世界遺産とは」（http://www.unesco.or.jp/isan/about/）参照。

（3）文化的景観に関しては、IUCNとの協議が行われるケースがある。

（4）日本ユネスコ協会連盟HP「世界遺産の登録基準」（http://www.unesco.or.jp/ isan/decides/）参照。

（5）外務省HP「世界遺産の多い国」（http://www.mofa.go.jp/mofaj/kids/ranking/isan.html）参照。

（6）「ワイズユース」は、湿地の保全に関する国際条約であるラムサール条約において提唱された概念であり、人類の利益のために湿地の生態系を維持しつつ持続的に利用しようとするものである。このため、厳密には湿地を対象とした限定的な概念である。ただ近年、湿地以外の生態系保全にも拡張利用されている。

（7）もっとも、この呼称に関しては、地質学的な形成過程や動植物相の性格の違いから、奄美群島の自然環境には適さない、という批判がある（環境省・岡野隆宏氏の御教示による）。

（8）ちなみに、「那覇世」以前の時代区分は、「奄美世《あまみんゆ》」という呼称が提唱されている［穂積編　二〇〇〇］。

（9）環境省HP那覇自然環境事務所「奄美・琉球世界自然遺産候補地科学委員会」（http://kyushu.env.go.jp/naha/nature/mat/m_5.html）参照。

（10）カミ山には、「オボツ山」、「モリ山」、「ゴンゲン山」、「テラ山」などの複数の別称がある。なかでも、加計呂麻島では、カミ山を「オボツ山」と呼称することが最も多く、それに次いで多いのが「モリ山」である［鹿児島民俗編　一九七〇：一三〇］。ちなみに、オボツ山には、「天の神」とされる「オボツ神（オボツカグラ）」が祀られる場とされる。他方、「ゴンゲン山」や「テラ山」は、一般的に「オボツ山」や「モリ山」に比べやや低いカミ山に対して使われる傾向が認められる。ただし、「ゴンゲン山」の多くには秋葉権現が祀られているのに対し、テラ山には厳島神社が祀られている場合が多いため〔鹿児島民俗編　一九七〇：一六三―一六四〕、カミ山に対する呼称の違いは、単なる高低による呼び分けではなく、そこに祀られている祭神の違いに由来する可能性も指摘できる。とはいえ、こうしたカミ山と祭祀の関係性から、奄美地方が琉球と日本本土の信仰とが複雑に絡み合った地域であることを窺い知ることができる。ただし、「テラ山」や「ゴンゲン山」は、一部の集落や住人によっては、カミ山と見なされないケースがある〔大西・角南・石村　二〇〇九：大西　二〇一〇、二〇一一〕。

（11）大和村役場ＨＰ（http://www.vill.yamato.lg.jp/print.asp?url=http%3A%2F%2Fwww.vill.yamato.lg.jp%2Fyamato01%2Fyamato35.asp）参照。

（12）「アシャゲ」は、ノロ祭祀が行われる建物であり、壁や床の無い茅葺屋根の簡素なつくりの小屋である。他方、「トネヤ」は、壁や床があり、なかには畳も敷いてあるような民家風の建物であり、その内部は神祭りをおこなう祭場と炊事場とに分かれている〔鹿児島民俗編　一九七〇：一三二〕。なお、アシャゲは主に祭りのみをおこなうが、トネヤの内部には小さな神棚がおかれ祭事に用いる太鼓や扇などが祀られている。ちなみに、近年、アシャゲもトネヤも、立て替え時に茅葺屋根から、トタンやコンクリート造りになるなど時代とともに変化している。

（13）加計呂麻島の祭祀集団は、その中核であり最高位とされる「ノロ」、ノロとは異なる神役としての「ワキノロ」、ノロに次ぐ地位にある「グジ」、その他の神役として「スドゥ」や「ワキガミ」などの神役があった〔住谷・クライナー　一九七七：五十〕。

（14）豊年祭は、集落の住民が一丸となって、一年間にわたって様々な準備がおこなわれる。また、こうした準備は、個々の世帯が独自におこなうわけではなく、たとえば婦人会や老人会などといった集落ごとに設けられた組織によって運営される。結果として、豊年祭は、集落ごとにおこなわれるがゆえに地域コミュニティの繋がりを再生産するものとなる。

（15）各現地調査では、二〇一二年九月に赤木名地区三二名の住民の方々に、二〇一四年に秋名地区十二名の住民の方々に、それぞれインタビューをおこなうことができた。

(16) たとえば、最も顕著な事例として、同じ集落の住民でも、カミ山は一つという人物もいれば、カミ山は三つあるという人物がいたことがあげられる。なお、加計呂麻島における特定集落のカミ山が複数存在する、ということはヨーゼフ・クライナーなどによっても指摘されている［クライナー　一九八二：一六三］。

(17) ユネスコ世界遺産登録にかかわる、現地コミュニティからの異議申し立ては、決して「奄美遺産」のみに限定されるものではない。たとえば、奄美群島では、現在のような世界遺産登録運動が推進される以前から、自然環境の保全や文化財の保護などを目的とした市民団体が組織され、さまざまな運動が展開されてきた。したがって、奄美群島の世界遺産登録に対する異議申し立てが、必ずしも「奄美遺産」のみに限定されるものでも収斂されるものでもないことを念のため付記しておきたい。

第十一章　地図と景観の現在

――気候変動とグーグルアース上における「沈む国」ツバルの視覚化

小林　誠

一　はじめに――景観としての地図

景観とは、ある特定の視点から主観的に眺めた環境を指す。環境に対する眺めには、さまざまなものがあるが、その一つに地図的なそれがある。私たちはふだん、自分の身の丈の高さから環境を眺めており、景観と聞いた時には、地上からみたそれを真っ先に思い浮かべるだろう。それに対して、地図は地上を真上から見下ろしたものであり、日常的には、直接それを見ることができない。しかし、それにもかかわらず、地図で描かれる景観は、私たちの日々の環境をめぐる経験に決定的な意味を持つ。社会学者の若林幹夫によれば、個々の人間が経験する「局所的な空間」は、地図という「全域的空間」の内部に位置づけることによって世界の中に確固たる場所を得るのであり、地図とは日常的な環境の経験を位置づけるための「土台」であるという［若林 二〇〇九：三二―五三］。

近年では、紙の地図に代わって、インターネット上で表示されるデータとしての地図が急速に普及しつつある。

とりわけ二〇一〇年代に入り、スマートフォンが急速に普及するようになると、データとしての地図が簡単に持ち運び可能になり、私たちの日常生活の隅々にまで入り込むようになった。インターネット上にあるデータとしての地図の代表例として、グーグルマップとグーグルアースがある。厳密には前者が地図で、後者は衛星写真を使った「バーチャル地球儀」であるが、現在、グーグルマップとグーグルアースはブラウザ上で簡単に切り替え可能であり、両者の間に絶対的な差異を見出すことは難しくなっている。こうした状況を踏まえて、ここでは、グーグルアースを「地図としての写真」[ブラック 二〇〇一：一三]ととらえ、地図をめぐる景観人類学的な研究を用いながら考察していく。

二　地図をめぐる景観人類学

「現実に存在する空間を科学的、客観的に描写したもの」というのが常識的な地図観であろう。しかし、こうした見方とは異なり、地図は権力作用と深い関係がある。地図は世界をありのままに描写したものではなく、ある特定の時間と場所において、ある特定の意図をもって作製されたものであり、そうして作製された地図は、ある種の偏向性を帯びながらも現実世界に作用するのである。すなわち、地図とは、現実を客観的に写し取ったものではなく、現実をつくりだすためのモデルなのである［トンチャイ 二〇〇三：二三九―二四〇：アンダーソン 一九九七：二八七：棚橋 二〇一〇］。

景観人類学もまた、この地図が持つ権力性に注目してきた。たとえば、アンジェラ・スミスは、イギリスによる植民地支配下のアイルランドにおいて、陸地測量部により作製された地図では、イングランド系地主層の家屋、植民地支配と関連が深い施設、歴史的建造物、学校などが強調される一方、現地社会の儀礼や神話、日常生活において重要な意味を持つ丘や山の頂上などは、名前すら記載されていないと指摘する。こうした選択的表示により、イギリスによる支配以前の歴史を消去するとともに、地図作製当時のアイルランドがイギリスによって統治されているというイメージをつくりあげ、また、その統治を正当化する役割を果たしてきたというのである[Smith 2003: 75-78]。スミスは植民地主義の支配側の技法としての側面に注目していたが、地図が持つこうした権力作用を利用してきたのは、国家などの支配的な権力を持つ主体のみに限られない。現在では、多くのマイノリティ集団が、近代的な手法を用いて自分たちの地図をつくりだそうとする動きがみられる[石垣 二〇一一；Fox et al.（eds.）2005]。

ここで注意しておきたいのは、人類学的研究では、地図と政治的な権力との関係を単純化するのではなく、多様な主体と景観が一つの地図の中でせめぎ合う状況を読み解いてきた点である。スミスによれば、先述のアイルランドの地図において詳細に記載されている地名は、地図作製者によってさまざまな変更が加えられたが、その多くが現地社会の神話や儀礼、歴史などを呼び起こすものとして残っているという[Smith 2003: 78-80]。また、地図の作製の過程にはさまざまな主体が絡み合う複雑な過程を持つのであり、たとえば、大航海時代以降のオセアニアで西洋人によって作製された海図・地図は、ヨーロッパの人びとの「外来者の眼」だけでつくられたのではなく、「島民の眼」との拮抗関係と相互補完的な関係の中で作り出されていったものであるという[棚橋 二〇一〇：一七四－一七八；Jolly 2007]。さらに、作製された地図も単純に、ある特定の現実世界をつくりだすのではなく、多様な読みに開かれている。地図の作製者にそれぞれの文脈があったように、読み手にもそれぞれの世界観や欲望があり、それに応じてさまざまなやり方で地図を流用していくのである[棚橋 二〇一〇：一九三－

二〇〇; Smith 2003: 84-85]。

このように、地図は、現地社会の人びと、地図の作製者、地図の閲覧者という、それぞれ内部に多様性を持つ三者の複雑な関係の中でかたちづくられるものとしてとらえることができよう。スチュワートとストラザーンは、外部者によってつくられた景観を「外的景観(outer landscape)」、内部者によって生きられた景観を「内的景観(inner landscape)」と呼ぶ[Stewart and Strathern 2003: 8]。景観人類学は、この外的景観と内的景観がどのように対立、交渉、整合しうるのかを問うてきた[河合 二〇一三]。本章ではその問いについて、地図を通して検討するものである。地図はその作製と読解においてさまざまな主体と景観が絡み合う過程を伴い、そうした絡み合いを解きほぐしていくことで、地図作製者がつくりだそうとした外的景観のみならず、地図作製者が抑圧しようとした現地の人びとの内的景観をも、浮き上がらせることができるだろう。また、地図は閲覧者の多様な解釈に開かれており、時に作製者の意図からはズレたかたちで流用されることも考慮に入れるならば、内的景観／外的景観の絡み合いは、さらに複雑な過程を伴うと予想される。

さて、ここで、グーグルアースという、現代的な地図の特徴について説明しておきたい。グーグルアースで使われている衛星写真は、情報を図像化した地図よりも客観的なもののようにみえる。しかし、それは地図と同様にさまざまな作為が施されたものである。たとえば、衛星データのどの波長を選択し、地上の何を強調するのか、どの地理的な範囲を表示するのか、どのような文脈にその衛星データを位置づけるのかなどによって、与える印象がかなり異なったものになる[ブラック 二〇〇一:十三]。他方で、既存の地図と大きく異なる点として、グーグルアースでは、写真や文字テクストなどを衛星写真や地図データの上に配置する＝マッピングすることが可能であり、通常の地図と比べて、格段に多くの情報を付けたすことができる点をあげることができる。さらに、情報を付け加えることができるのは、何も作製者だけではない点も重要である。グーグルアースを利用した地図の中には、閲覧者がコメントや写真などを付け加えていくことを前提としたものもある。閲覧者は作製者がつくりだしたもののみならず、他の閲覧者によるコメントなどを参考にしながら、その地図をどのようにとらえるべきかを判断する。よって、既存の地図とは異なり、グーグルアースでは作製者の意図のみならず、閲覧者がそれをどのようにそれをとらえているのかが、その地図の持つ意味を考える上で重要になってくる。

以上、地図をめぐる景観人類学とグーグルアースという、現代的な地図の持つ特徴について説明してきた。本章では、具体的な事例として、グーグルアースを使った新たな地図、「ツバル・ビジュアライゼーション・プロジェクト」（以下、「ビジュアライゼーション」）を検討していく。「ビジュアライゼーション」とは、ポリネシア・ツバルの衛星写真の上に、ツバル人の顔写真と彼らのメッセージをマッピングしたものである。ツバルは気候変動が招く海面の上昇によって将来的に海中に没してしまうといわれており、これまでにも日本や西洋などの外部のマスメディアによって「沈む国」と表象されてきた。本章では、「ビジュアライゼーション」において、ツバルをめぐる表象がどのように生産・再生産されているのか、多様な主体と景観の交錯を解きほぐしながら考察したい。

三　気候変動の視覚化とツバル

具体的な検討に入る前に、同プロジェクトが生み出された背景について説明しておきたい。端的にいえば、それは気候変動の被害の視覚化を進めてきた世界的な動きの中に位置づけられる。

気候変動とは、二酸化炭素をはじめとする温室効果ガスの人為的な排出によって、世界の大気および海洋の平均温度が上昇し、降水量、日照時間などが大きく変化することである。そうした変化に伴い、干ばつや大雨、台風、熱波、寒波、大雪などの極端な気象が増加し、生態系や人びとの生活に、多様で深刻な影響を及ぼすことが懸念されている。気候変動とは、一言でいえば世界の「平均」気温の上昇だが、その具体的な現れ方は非常に複雑で、地域や時期によって、どのような影響が現れるのかが異なる。そのため、一般的なイメージとは異なり、短期的な影響として高緯度の地域において大寒波が押し寄せたとしても不思議ではない。

気候変動は、各国の政府、大学その他の研究機関などにより世界中に張り巡らされた観測ネットワークで得られたデータを、統合して一つの知見へと集積していくことで、科学的な数値というかたちでようやく可視化される。現在、最も妥当な科学的見地と認められている「気候変動に関する政府間パネル（IPCC）」の報告書によれば、世界の平均気温は、一八八〇年から二〇一二年の間に〇・八五（〇・六五～一・〇六）℃上昇し、それに伴い世界の平均海面は一九〇一年から二〇一〇年の間に、〇・一九（〇・一七～〇・二一）メートル上昇したという［IPCC 2013］。

こうした数値は重要であるが、必ずしもそれが直接的に、人びとの意識や行動を変化させるわけではない。実際の人びとの意識や行動に影響を及ぼす上で重要になってくるのは、気候変動をめぐるイメージであり、だからこそ、環境保護活動家やマスメディアなどは人びとの意識や行動を変革させるために、被害の視覚化を試みてきたのである［Sheppard 2005; Doyle 2007; Lester and Cottle 2009; Manzo 2010a, 2010b］。さまざまなイメージの中でも、とりわけ「破滅的な結末」の視覚化が有効であると考えられており［Beck 2009: 86］、海面上昇に「沈む国」ツバルは、そのための恰好の題材とされてきた。

ツバルは、南太平洋に位置する島嶼国であり、地理的な区分でいうとポリネシアに属する。九つの島から構成される国土の総面積は約二六平方キロメートル、人口は二〇一一年の推計で一万一二〇六人と［Tuvalu Statistics 2013］、世界で最も小さい国の一つである。ツバルを構成する島々は、いずれもサンゴによって形成された環礁であり、最大でも五・六平方キロメートル、最少では〇・四平方キロメートルしかなく、標高も海抜数メートル程度しかない。こうした地理的特徴から、ツバルは気候変動に起因する海面上昇の被害が最も早くかつ最も深刻なかたちで現れると考えられている。近年の科学的なデータによれば、ツバル付近の平均海面は一九五一年から二〇〇一年の間に年間二ミリの割合で上昇しており［Church et al. 2006］、また、エルニーニョをはじめとする短期的な変動を受け、一九九三年三月から二〇〇六年九月までの間に年間五・八ミリの割合で上昇、つまり、十三年六ヶ月の間に七八・三ミリ上昇したと報告されている［Hall 2006: 4］。

ツバルは二〇〇〇年代以降、気候変動に「沈む国」として日本や欧米のマスメディアにおいて大きく取り上げられるようになり、その被害が映し出されてきた。マスメディアでとりあげられてきた被害には、たとえば、首都フナフティ環礁における高潮や海水の湧出、侵食などがある。確かに、毎年二月頃、一年の中で最も潮位が高くなる通称キングタイドの時期には陸地にまで海水が押し寄せてきたり、内陸の標高の低い場所では、地中から海水が湧き出したりする現象がみられる。また、島の周囲が侵食され、多くのココヤシが倒れかけている様子も確認できる。

ただし、平均海面の上昇により、洪水や侵食などの被害が出ることは確かであるが、現在、ツバルで起きているとされるさまざまな被害が気候変動のみに起因するかというと、必ずしもそうではない。たとえば、被害が頻発しているといわれているツバルの首都フナフティ環礁は、第二次世界大戦中に駐留した米軍が滑走路を建設する際に、湿地を埋め立てたり、比較的標高が高い箇所を掘削したりした経緯がある。現在、地中から海水が湧き出している地点は、かつて湿地帯であった箇所や掘削された箇所で起きているのである［Yamano et al. 2007］。また、侵食に関してみてみると、一九八四年と二〇〇三年の間の変化では、フナフティ環礁の面積は全体として二・八%増加したという研究もある。侵食によって島が小さくなっている箇所があるものの、別の箇所では砂が堆積して新たな土地が造成されており、全体としての面積はほとんど変化していない［Webb 2006］。島の海岸線は常に波の影響によって変化しつつあり、侵食があるからといって、それのみで海面上昇が起きていることの証拠であると結論づけられるわけではない。

とはいえ、海面が上昇していないと決めることもまた、誤りである。先述の指摘は、海面上昇の被害といわれているものに対して批判的に検討しているのであって、海面の上昇それ自体を否定しているわけではない。結局のところ、気候変動による海面上昇というグローバルな要因と、フナフティ環礁の地形的・社会的状況というローカルな要因との両者が絡み合って被害（ただし、現段階では限定的な被害）が生起しているというのが妥当な答えであろう。さらに、現在起きていることと、将来起きるであろうこととは区別する必要がある。ＩＰＣＣは将来的な変化のシナリオをいくつか設定して予測しているが、最悪のシナリオを辿った場合、気温は二一世紀中頃には二・〇（一・四〜二・六）℃、二一世紀末には三・七（二・六〜四・八）℃上昇し、海面水位は二一世紀中頃には〇・三〇（〇・二二〜〇・三八）メートル、二一世紀末には〇・六三（〇・四五〜〇・八二）メートル上昇するとしている［IPCC 2013］。こうした変化により、上述の影響や被害が顕在化もしくは深刻化することが懸念される。

マスメディアによる「沈む国」ツバルをめぐる表象においても特徴的なのは、ツバルの人びとは将来的に被害者となるという点で、被害が先取りされているという点である。現在においては気候変動の影響とされる現象自体は、島の生活に深刻な被害を与えるまでに至っておらず、科学的な知見においても、あるいは島の人びとの考えにおいても重要になってくるのが、現在ではなく未来の問題である。現在の状況はあくまでも今後、予想される出来事の「予兆」に過ぎないのである。ただし、それが予兆するものは「破壊的な結末」、つまり、ツバルの国土と、そこで暮らす人びとの喪失である。この意味で、「沈む国」ツバルの視覚化は、まさに悲劇性を帯びたものとなる。

四　写真家と「情報アーキテクト」の出会い

「ツバル・ビジュアライゼーション・プロジェクト」は写真家で環境保護活動家の遠藤秀一氏とウェブデザインの専門家である渡邉英徳氏の出会いによって生まれた、新たなかたちの地図である。

遠藤氏はＮＰＯ法人ツバル・オーバービュー（Tuvalu Overview）の創設者かつ現代表で、ツバルを足掛かりに地球温暖化問題に長らく関与してきた人物である。ツバル・オーバービューは、自給自足的な生活を理想とし、先進国のライフスタイルの変革と低炭素社会への転換を訴えてきており、主な活動としては、ツバルを題材に、日本人向けに環境問題の啓発活動とツバルにおける環境問題への対策案の実施がある。前者の啓発活動として、日本の学校や企業、地方自治体などで講演をおこなうほか、テレビ出演などを通して、ツバルにおける気候変動の被害を訴えてきた。また、日本のテレビ局の現地取材のコーディネートのほとんどをツバル・オーバービューが担当しており、日本のマスメディアによるツバル表象に大きく関与してきた。後者の対策案の実施としては、ツバルに常駐していた日本人スタッフが、フナフティ環礁の地方政府やコミュニティと連携しながらマングローブの植林、侵食対策の提案、ゴミの清掃活動などを行ってきた。

遠藤氏のツバルとの関わりは、一九九八年に、インターネットのドメイン名である「.tv（ドット・ティーヴィー）」の落札のために首都フナフティ環礁を訪れた時にはじまる。その後、「島での伝統的な暮らし方」に感銘を受けて、しばしばツバルを訪ねるようになり、やがて、写真集［遠藤 二〇〇四］を出版するとともに、先述した通りのさまざまな活動へと手を広げていった。こうした活動が認められ、二〇一〇年にはツバル政府より環境親善大使に任命されている。現在、ツバル・オーバービューが最も力を入れて進めている活動が「ツバルに生きる一万人の人類」（以下、「一万人事業」）である。一万人というのはツバルの全人口の概数であり、簡単にいってしまうと、このプロジェクトは国民全員の顔写真を取り、彼ら一人一人から気候変動の防止に向けたメッセージを得ることを目的としたものである。遠藤氏をはじめとするチームがツバルを構成する島々を一つ一つ

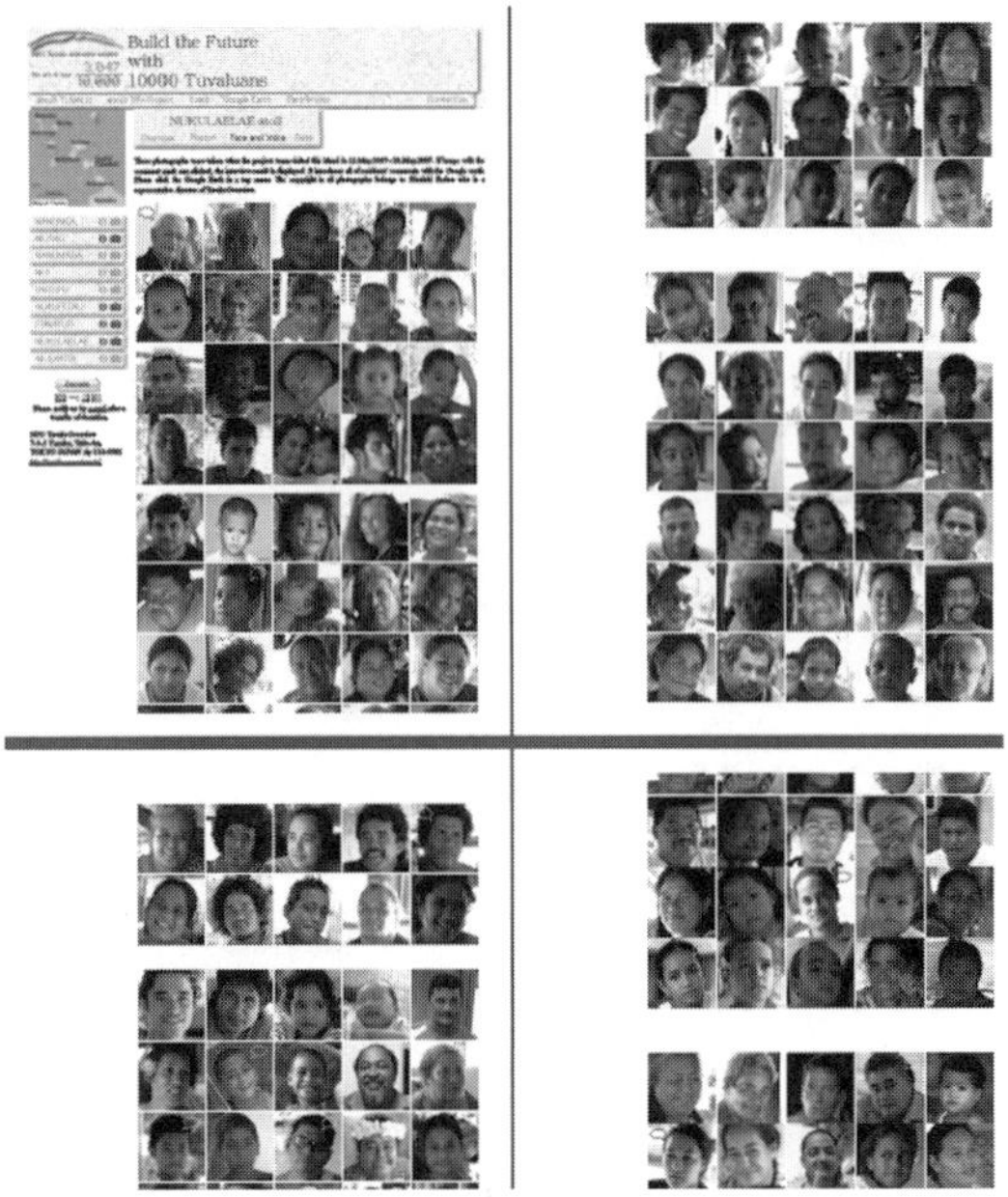

図11－1　「一万人事業」のウェブサイトで公開されるヌクラエラエ環礁の人びとの顔写真（http:10000.tv/islad/nukulaelae/face.html）

訪れ、それぞれ二週間から一ヶ月ほど時間をかけて全島民の顔写真を撮影し、インタビューを行っている。二〇〇七年から始められた同事業は、現在、九つある島のうち、五つの島で計三〇四七人の撮影を終えている。[1]半分以上の島での撮影を終えているものの、首都のフナフティ環礁の人口は全人口の約半数を占める五〇〇〇人を擁していることから、人口比でいうと国民の三割程度となっている。撮影されたすべての顔写真と彼らからのメッセージのいくつかはウェブサイト上で公開されている[2]（図11－1参照）。

「一万人事業」の目的は、気候変動の被害を視覚化することである。「一万人事業」の趣旨説明をみていくと、次のように説明されている。ツバルが気候変動に起因する海面の上昇によって、「五〇年から一〇〇年の間に、海の下に没すると予測されて」おり、今後、国土そのものが消失し、人びとは自国で生活していくことが困難になるという。そうした状況にあるツバルの人びとの顔写真を撮影し、それを展示していくことは、気候変動の被害者を示すことであり、それは非常に大きなメッセージを伝えることにつながるというのである。「本プロジェクトの目的は、ツバルの過酷な現状を世界中の人びとに知ってもらうこと」である。なぜならば、それこそが「世界中の人びとに［温室効果ガスの］排出削減を訴えかける」（［　］内筆者挿入）ものであるからだ。「ツバルの人びと以上にこのメッセージを伝えることができるだろうか。彼らは海面上昇の危機にさらされながら生きているのだ」［Tuvalu Overview 2007］。

二〇〇九年、この「一万人事業」は渡邉英徳氏との出会いによって新たな方向に展開する。渡邉氏は首都大学東京の准教授で、「情報アーキテクト」を名乗るウェブデザインの専門家であり、二〇〇五年以降、グーグルアースを活用したデータ・アーカイブズのあり方を模索してきた。[3]渡邉氏は、「一万人事業」で撮影された顔写真やインタビューで得られた彼らからのメッセージをグーグルアース上にマッピングすることで「ツバル・ビジュアライゼーション・プロジェクト」という作品をつくりだした。[4] 現在までのところ「一万人事業」のデータがマッピングされているのはヌクラエラエ環礁のみに限られるため、本章ではヌクラエラエ環礁の人びとの顔写真とメッセージを検討の対象とする。このプロジェクトはインターネット上で見ることができるほか、[5] 日本やフランスにおいて展示も行われており、二〇〇九年度の文化庁メディア芸術祭において審査委員会推薦作品に選ばれている。

渡邉氏は、グーグルアースを「仮想世界に再現された『もうひとつの地球』」［渡邉 二〇一三：八九］であり、グーグルアース上にデータをマッピングする作業を「『神様の見た地球』に『人の営み』を載せる」ことと表現している［渡邉 二〇一三：九四］。「神様のみた地球」とは人工衛星や宇宙空間から見える地球を指しており、「人の営み」とは人間がつくりだした建造物などではなく、人びとがそれぞれの視点でみた世界を意味している［渡邉 二〇一三：九七］。言い換えるならば、「神様の見た地球」とは空から見た鳥瞰であり、「人の営み」とは地表の人びとの視点で見た虫瞰である。グーグルアース上にマッピングすることは、人びとの「視点」を一望することなのである。言い換えるならば、それは単なる鳥瞰ではなく、虫瞰を鳥瞰するものであるといえよう。この点はこれまでの地図にはないものであり、グーグルアースのような新たな技術によって可能になったものとして、特筆に値するだろう。

さらに興味深いことに、こうした特徴を生かして、渡邉氏はツバルの「実相」を伝えたいと主張している。「実相」とは「真実のありのままの姿」という仏教用語であるが、「ビジュアライゼーション」では「市井の人びとの姿と日常風景」こそが「実相」であるという［渡邉他 二〇一〇：三〇八］。彼は「実相」を伝えることで、「海面上昇の被害を受けている気の毒な国」という「一面的な見方」を自省的にとらえ返し、ツバルにまつわる

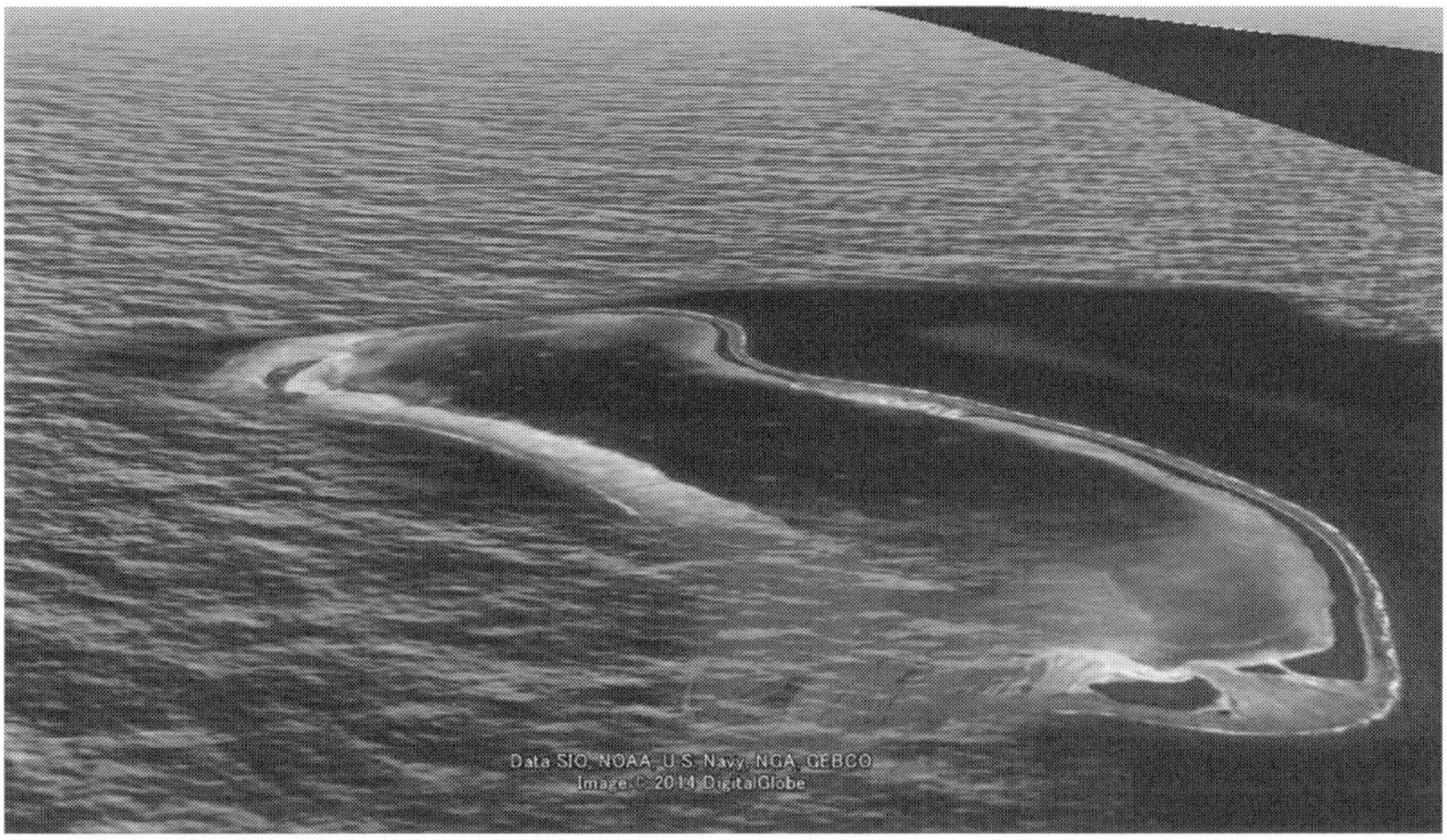

図11－２　グーグルアース上のヌクラエラエ環礁（http://tv.mapping.jp/ge.html）

先入観を解消することを目指しているという［渡邉 二〇一三：一一一］。この点、「ビジュアライゼーション」は「一万人事業」と、必ずしもその意図を完全に共有しているわけではないことが確認できる。すなわち、「一万人事業」が「被害を受ける気の毒な国」の視覚化を目的とするのに対し、「ビジュアライゼーション」は、それも含めた、ツバルやそこに住む人びとを多面的に映し出すことを目的としているのである。

五　「ツバル・ビジュアライゼーション・プロジェクト」

それでは、「ビジュアライゼーション」を具体的にみていこう。まず、目に入ってくるのが、ヌクラエラ環礁の衛星写真とその上に浮かぶ人びとの顔写真である（図11－2、11－3参照）。「一万人事業」においては、当時島に居住していた三二九人すべてを撮影したというが[6]、ヌクラエラ環礁の上に配置されているのは、その内の二五三人である。残りの七

図11－３　グーグルアース上のヌクラエラエ環礁にマッピングされる人びと
（http://tv.mapping.jp/ge.html）

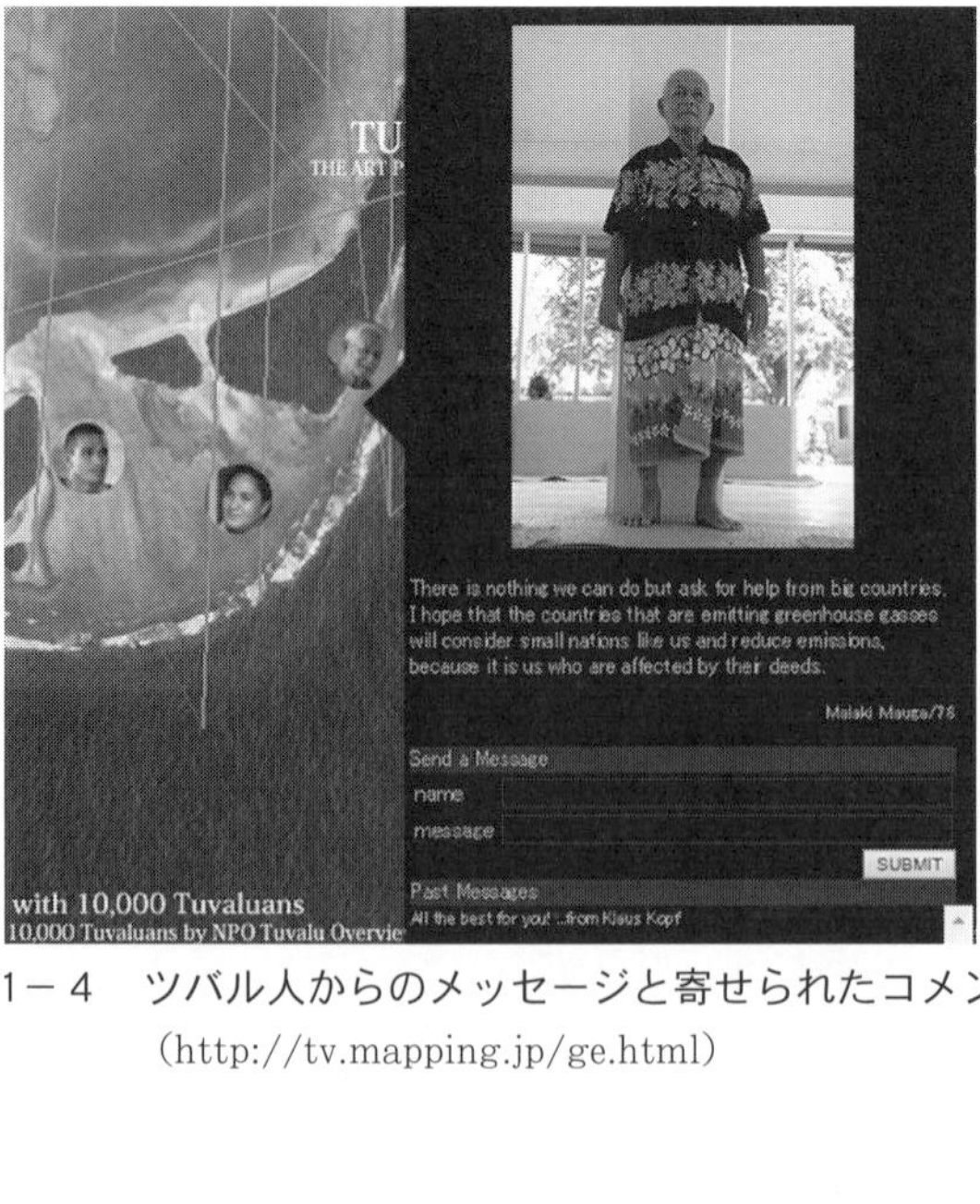

図11－４　ツバル人からのメッセージと寄せられたコメント
（http://tv.mapping.jp/ge.html）

六人のほとんどは十歳以下の子どもで、この背景には、彼らからは、意味のあるメッセージを引き出せなかったという理由があると推測できる。

顔写真をクリックすると、スナップ写真へと拡大され、メッセージが表示される（図11－4参照）。いくつかの例外を除いて、ほとんどのケースで個々人の写真になっており、家族写真や島民全体の集合写真などは使われていない。表示されるメッセージは「一万人事業」の写真撮影の際に行ったインタビューに基づくものであり、そこでの質問項目としては、①人生で一番大切なもの、②日々の生活の中で最も幸せを感じる時、③将来の夢、④気候変動に関する見解、⑤問題の原因をつくった人びとに対するメッセージ、の五つであった。メッセージの内容からどの質問に応えたのかについて集計すると、①が三七人、②が六四人、③が三四人、④が一二六人、⑤が三九人となっている[7]。大まかにいうと、①から③までが彼らについての質問であり、④から⑤が気候変動についての質問と二分することができ、前者と後者が、だいたい半々の割合になっている。

メッセージの内容をみていこう。①人生で一番大切なものに関しては、「私にとって最も重要なものは自分の家族です」、「私の人生にとって最も重要なのは家族のために働くことです。マングローブを植えたり、タロイモやバナナを育てたり、豚を飼育したりすることなどです」などのように、家族、あるいは家族のために働くこととする者が多かった。ほかにも、「自分たちの子どもがいい教育を受け、いい人生を歩んでくれることです」や「学校で勉強することが最も重要です」などのように、子どもや自分自身の教育を取り上げたものや、「私はツバルの伝統と文化を守り、継承していくことが大切だと考えます」などのように、伝統をあげる者もいた。②日々の生活の中で最も幸せを感じる時も①と同様に、「家族のための仕事はすべて楽しいです。特に料理が好きで、自分の家族が私の料理でお腹いっぱいになってくれた時は、とても幸せです」などのように、家族や子どもと過ごす時や家族のために働く時をあげた者が多かった。ほかにも、「私はツバルの伝統を守るために働くことが好きです」などのように、伝統をあげた者も男性に多くみられる。若者や子どもたちは、スポーツや音楽などをあげていた。③将来の夢として子どもたちは、教師、医師、船員、スポーツ選手などをあげていたほか、二十代や三十代では「家族で島に住み続けたい」というものも多かった。

④気候変動に関する見解に該当する者の、ほぼすべての者が海面上昇について言及し、それを重要な問題であると位置づけていた。「私は海面が上昇していると思う。私はその徴候を自分の目で確かにみてきた。昔と比べて、今はキングタイドの時に、これまでこなかったところまで海水が押し寄せるようになった」などのように、自分が目撃したことを証拠にする者も多く、「もしこの島が海面上昇によって沈むのかと思うと、私はとても悲しくなる。すごく心配である」などのように「悲しい」や「心配」などのマイナスの感情表現とともに語られている。そして、その後には、他国への移住か、あるいは、海面が上昇しても島に住み続けるという、決意表明が続けられることも多い。他方で、海面は上昇していない、あるいは今後も上昇することはないなどと、否定する者は八人おり、「わからない」、「神のみぞ知る」、「特に意見はない」、「半信半疑」とする者は五人いた。明確に海面の上昇を否定する者は神や聖書に言及しており、たとえば、「私は神が人間と地球を創ったと信じており、神はそれを壊すことはないと信じている」などが、その理由としてあげられている。⑤問題の原因をつくった人びとに対するメッセージは、④気候変動に関する見解の後に表明されることが多い。内容に関して特徴的なのは、ツバルの被害者性とその無力さと、先進国の加害者性とものごとを変えることができる能力が、対照的に語られている点である。たとえば、「私たちにできることは、大国に助けを求めることだけである。温室効果ガスを排出している国々は、私たちのような小さな国のことに思いを馳せ、排出量を減らしてもらいたい。彼らの行動に

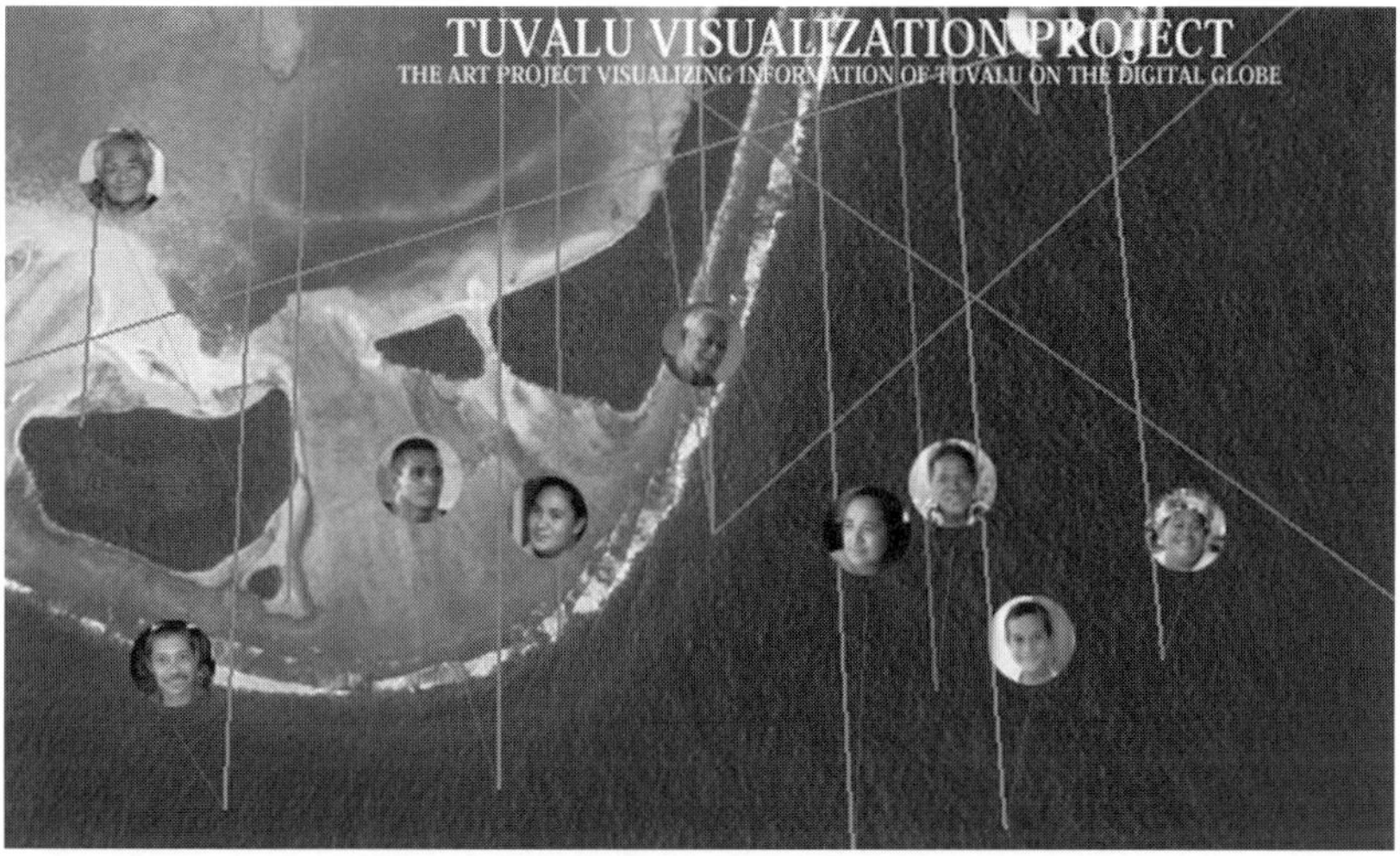

図11－5　つながりを表わす線（http://tv.mapping.jp/ge.html）

よって影響を受けるのは、私たちなのだから」などが、典型的な例である。

メッセージとして表示されるものの中には、複数の質問に対する回答を組み合わせたものも多い。たとえば、次の例は、①人生で一番大切なものと、④気候変動に関する見解が合わさっている。「私にとってツバルの伝統的な生活ほど重要なものはない。しかし、私はそれを諦め、海面上昇から逃れるためにハワイに移住しようと考えている」。また、次の例は②、③、④を合わせて「私はお皿を洗うのと家の掃除をするのが好きです。将来は看護師になりたいです。海面が上昇していると考えると、とても怖いです。もし、そうならフィジーに逃げたいです」となっている。

ツバル人によるメッセージの下には、閲覧者が書き込むことのできる掲示板が配置されている。二〇一四年十二月二十日現在、掲示板には計約三〇〇〇のコメントが書き込まれている。そうしたものの中には、単なるあいさつ程度のものも多いが、[8] ツバル人のメッセージに対する真摯なコメントもある。たとえば、気候変動の被害や先進国の排出削減について

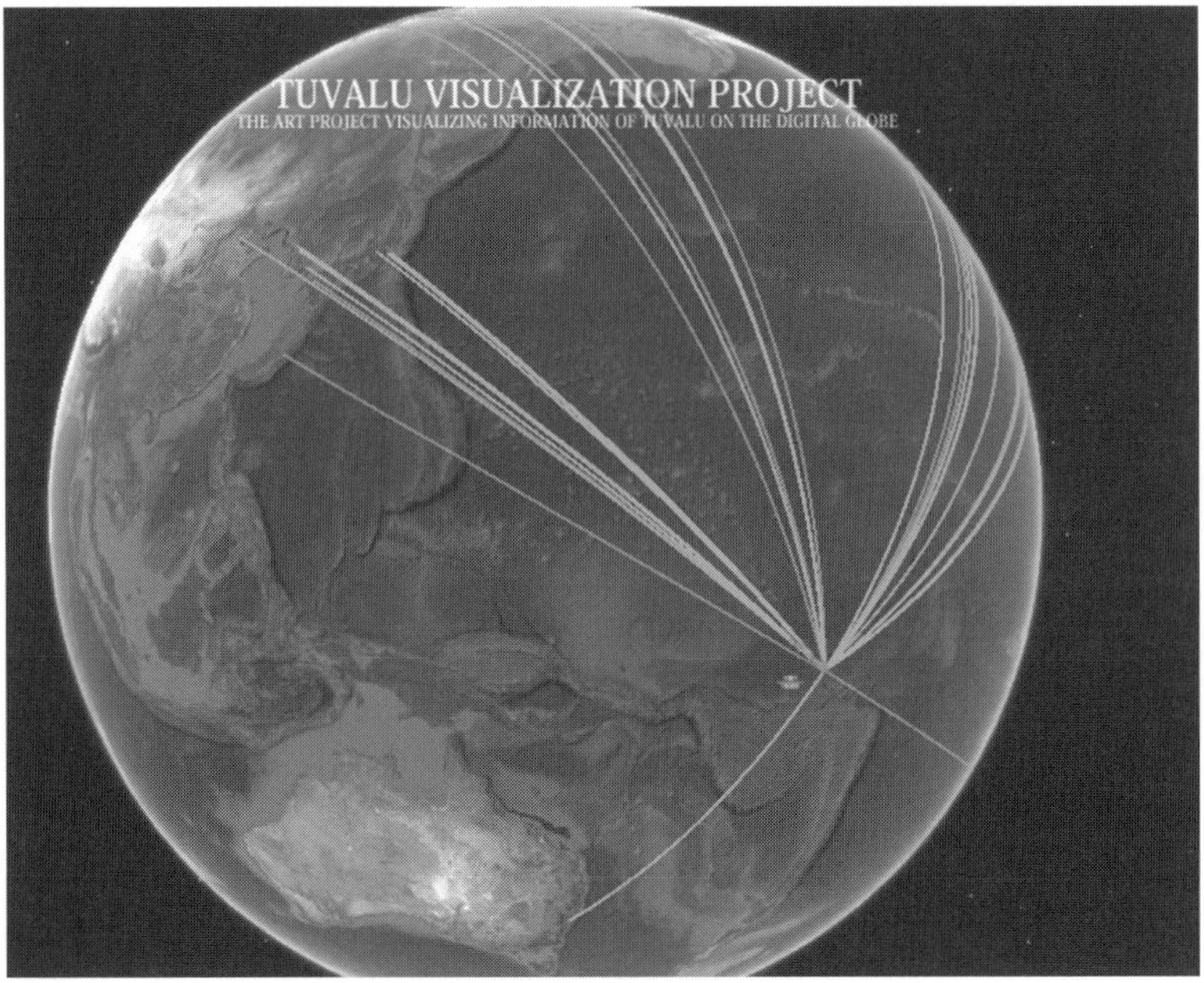

図11－6　ツバルとのつながり（http://tv.mapping.jp/ge.html）

言及したメッセージには、「私もまた同じことを望みます。あなた方にはこの問題の責任はありません。私たちこそがそれを負うべきです。あなたの家族にもよろしくお伝えください」とコメントされていた。ツバル人によるメッセージと同様に、先進国とツバルを対照的にとらえ、前者が対策を取ることのできる加害者、後者を無力な被害者としてとらえているコメントが多かった。

掲示板へコメントを書き込むと自動的に位置が特定され、その国とツバルの間に線で結ばれ、「つながり」が表現される。二〇一四年現在、ヨーロッパ、アメリカ、日本、中国、韓国、オーストラリアなどの国がツバルと線でつながっていた（図11－5、11－6）。ツバルから書き込むとどのようになるのかは不明であるが、少なくとも、ツバル語での書き込みはなく、ツバル人と思しき者からの発言は数件しかなかった。ヌクラエラエ環礁をはじめとするツバルの離島部ではインターネットの整備状況はかなり悪く、「ビジュアライゼーション」にアクセスすることはかなり困難であると思われる。そのため、顔写真として掲載されている人物からの返答は確認できていない。[9]

六　被害者の視覚化の諸相

冒頭で説明したように、地図には多様な主体と景観が複雑に絡み合う。それでは、「ビジュアライゼーション」では、それらがどのように絡み合い、ツバルをめぐる表象がどのように生産・再生産されているのかを解き明かしていこう。

「ビジュアライゼーション」では気候変動や海面上昇に言及した一六五人中一五二人（九二％）[10]が、海面上昇によって現在／将来的にツバルに大きな被害が出ている／出ると言及するか、あるいは先進国に削減を訴えるなど、海面上昇の被害が将来的に深刻化することを前提とするような発言を行っている。他方で、海面が上昇したとは思わない、あるいは今後も上昇するようなことはないと明確に否定している者はわずか八人（五％）で、わからない、あるいは半信半疑とした者も五人（三％）であった。先述した通り、「ビジュアライゼーション」は国民全員の顔写真を撮る「一万人事業」のデータをグーグルアース上にマッピングすることでできあがったものである。そして、「一万人事業」の意図は、地球温暖化の被害者である「沈む国」ツバルを視覚化することにあった。こうした点を背景に、「一万人事業」のデータを引き継いだ「ビジュアライゼーション」で表示されるツバル人のメッセージには気候変動の被害を示すという意図に合ったものが多く採用されていると考えられる。

「一万人事業」のインタビューが行われた二〇〇七年の前年に筆者は、海面上昇の認識に関して調査を行っている。それによると、ヌクラエラエ環礁と同じ離島であるナヌメア環礁では、七〇人中三三人(四七%)が「平均海面は上昇していない」、一四人(二〇%)が「わからない」と回答しており、「平均海面が上昇した」と回答した人は二三人(三三%)に過ぎなかった[小林 二〇〇八]。単純な比較はできないが、「ビジュアライゼーション」で表示されたメッセージは気候変動をめぐる多様な意見の中から、ツバルの被害を訴えるのに適したものがより多く選ばれている可能性が高い。

このように、ツバルの人びとの内的景観に対して、ある種の変換が加えられることで、地図作製者が望む外的景観が形成されていることが確認できる。ただし、必ずしもすべての側面において内的景観に変換が加えられているわけではない。「一万人事業」では、先進国とツバルが加害者と被害者、世界を変えられる者と変えられない者として両者の非対称性を強調し、この非対称性を認識することは問題解決のための土台であるとされている。それを端的に表すのが、インタビューに設定された⑤問題の原因をつくった人びとに対するメッセージという質問である。温室効果ガスを排出する先進国は加害者であり、ツバルは気候変動の原因物質である温室効果ガスをほとんど排出していない。それにもかかわらず、ツバルはその影響を真っ先に受ける被害者であるが、気候変動を止めるために温室効果ガスの排出を大幅に削減することや、ツバルにおいて被害を最小限に抑える適応策を実施することは先進国にしかできない。「ツバル人一万人の命は工業先進国の手に懸かっている」[Tuvalu Overview 2007: 2]というメッセージを導き出すものである。

先進国とツバルを対照的にとらえて、前者に問題の責任があるという考えはツバルの人びとの間でも一般的なとらえ方である。筆者の聞き取り調査でも確認したことであるが、気候変動や海面上昇についてツバルの人びとに質問すると、海面上昇を信じる者のすべてが自らの被害者性と無力さを強調していた。「ビジュアライゼーション」では八十歳の男性による「海面上昇を止めるためにツバルができることは何もありません。先進国はこの問題に関して私たちを支援してもらいたいです」というメッセージがあるが、そうした発言を筆者はこれまでにも何度も耳にしている。その意味で、この点に関してツバルの人びとは「一万人事業」とその意図を共有し、気候変動の被害者ツバルという表象を共に生産しているといえよう。こうした被害者性と無力さを訴えることは、オセアニアの島嶼国すべてにみられるものではない。たとえば、同じ環礁国家であるマーシャル諸島では、気候変動の原因は自分たちにあるととらえており、その解決のために自分たちが行動を起こす必要があると主張するのが一般的であるという［Rudiak-Gould 2010］。

それでは、閲覧者はこうしたツバル人のメッセージをどのようにとらえているのだろうか。コメントを読むと、彼らの大半もまた、こうした被害者ツバルという表象を受け入れ、そしてその再生産に加担していることがわかる。「私たちの島が沈んでしまうと思うと、とても怖いです。発展途上国の人は温室効果ガスの排出を削減して欲しいです。これ以上車を使わないでください。」という十四歳のツバル人女性のメッセージに対して、韓国の中学生を名乗る人物が「私たちはあなたが安全かどうか心配しています。地球温暖化に関しては申し訳ないと思っております。私たちは車の使用を控えるように自分の両親に言ってみます」とコメントしている。

さらに、閲覧者は時に、積極的に被害者ツバルという表象の生産に参与している。ツバル人によるメッセージの約半分は気候変動とは関係のない、人生で一番大切なもの、日々の生活の中で最も幸せを感じる時、将来の夢に関してであり、たとえば、「私は英語の本を読むのが好きです」という、至って「たわいない」メッセージもある。また、少ないながらも、気候変動に関するメッセージにおいても、すべてのツバル人が、気候が変動し、海面が上昇していると考えているわけではないことが示されている。中には「私は神を信じているので、海面が上昇するとは思わない。神は二度と洪水を起こさないと約束してくれたのです」などのように、被害者という視覚化に真っ向から異議を唱えるものもある。

しかし、こうした被害者ツバルという表象に当てはまらないメッセージに対しても、閲覧者は、被害者としてのツバルをそこに見出し、加害者である自分たちと対照させてコメントしている。「私は英語の本を読むのが好きです」という少女のメッセージに対しても、「私も本を読むのが好きです。でも、英語の本は読むことができません。［……］気候変動や海面上昇、そしてツバルのことを知った時、それはひどいことだなと思い、エアコンの温度を高くしました」というように、気候変動という文脈で閲覧者の見解が表明されてしまう。ほかにも先述の海面上昇を信じていないというツバル人のメッセージに対しては、「あなたが正しいと思います。しかし、万が一のために…。私が住んでいる世界の人びとは資源の無駄遣いをやめるべきだと思います。あなたとあなたの家族に幸あれ!!」というコメントが付され、「沈む国」ツバルという表象の中に位置づけられる。

他方で、閲覧者のコメントは作製者の意図やツバル人の考えとすべてが重なるわけではない。作製者とツバル人は、先進国とツバルを加害者と被害者としてとらえ、しばしば前者が問題解決できる者、後者が問題解決できない者ととらえている点では共通していることを指摘したが、閲覧者のすべてが必ずしもそのようにとらえているわけではなかった。たとえば、「西洋に住んでいても普通の人びとでは変化を起こすことは難しい。私たちができることは少ないが、政府を動かし、本当の変化をもたらすため必要がある」のように先進国に住む者もまたツバルの人びとと同様に無力であることが示唆される。また、ツバルの人びとの無力さを訴えたメッセージに対しては、「あなたはすでにこのサイトでアクションを起こしていますよ」、「私は一人のメキシコ市民としてあなたを助けるために何ができるわけではないが、あなたの国家ならできますよ。あなたを助けてくれるように、政府や国連に訴えかけていきましょう」などのように、ツバルの方がむしろ、先進国の一般的な人びとよりも大きな影響力を持つ点を指摘するものや、それぞれの立場を踏まえながらも、共に問題解決に向けて連帯していこうとする意見をみることができる。

なお、ツバルの人びとが「ビジュアライゼーション」の景観を被害者としてのツバル人という枠組みで眺めているわけではないことも付言しておく。約三〇〇〇個あった閲覧者のコメントの中で確実にツバル人だと思われる書き込みは、少なくとも三つあった。それらはすべて五八歳のある女性に対するメッセージであった。どうやらこの女性は写真の撮影後に亡くなっていたようで、このページを閲覧した彼女の子どもや孫などの親族により「安らかにお眠りください」などの追悼の言葉が書き込まれていた。「ビジュアライゼーション」による被害者の視覚化では、気候変動という枠組みの中でツバルを眺めるような傾向が見受けられたが、このメッセージは、必ずしもツバルの人びとがその文脈で「ビジュアライゼーション」をとらえているわけではないことを示すものである。

七　おわりに——地図と景観の未来に向けて

本章では、グーグルアースのツバルの衛星写真の上にツバル人の顔写真と彼らのメッセージをマッピングした、「ツバル・ビジュアライゼーション・プロジェクト」について検討してきた。

地図は空間的な現実の客観的な描写ではなく、権力作用と深い関係がある。ただし、これまで景観人類学が明らかにしてきたように、地図と権力との関係は単純ではなく、多様な主体と景観が対立、交渉、整合する過程を伴う。この点はグーグルアースを使用した「ビジュアライゼーション」にも、当てはめることができるだろう。「ビジュアライゼーション」は、地図の作製者、地図の対象となるツバルの人びと、地図を閲覧する者の三者が複雑に絡み合いながら、ツバルをめぐる表象が生産・再生産されていた。

「ビジュアライゼーション」は被害者としてのツバルを訴える「一万人事業」からそのデータを引き継ぐとともに、それが持つ傾向性をも色濃く残していた。気候変動や海面上昇をめぐるツバルの人びとの多様な意見の中から被害者としてのツバルに整合的なメッセージが多く掲載され、それ以外のものは軽視されていた可能性が高いことを指摘した。つまり、ツバルの人びとの内的景観は作製者の意図に合わせて取捨選択され、被害者としてのツバルという外的景観がつくりあげられていた。また、この過程には作製者だけでなく、閲覧者もまた積極的に参与していた。そのことは、「私は英語の本を読むのが好きです」というツバル人の少女のたわいないメッセージや、海面が上昇しているとは思わないというツバル人のメッセージに対して、気候変動や海面上昇の被害者としてのツバル人という文脈で閲覧者がコメントしていたことに端的に表れている。

ただし、「ビジュアライゼーション」自体は、現地社会の人びとの多面性を伝えることを目的としており、通常の地図以上に、現地社会の多様な視点を取り入れることが技術的に可能になっている。たとえば、気候変動に関するツバル人のメッセージの中には、少ないながらも、気候変動に懐疑的な意見が示され、被害者という視覚化に真っ向から異議を唱えるものも確認できた。また、それは閲覧者の多様な応答をも伺い知ることができるものであった。先述のように、閲覧者の多くが作製者の意図に沿った形でコメントを寄せていたが、気候変動をめぐる加害/被害の構造に関しては、作製者の意図と顕著なズレを示すものもあった。作製者は先進国が加害者でツバル人が被害者という枠組みを提示していたのに対して、閲覧者の中には、そうした枠組みを超えて問題解決に向けて連帯していく必要性を指摘するものがあった。このように、「ビジュアライゼーション」から、内的景観と外的景観の重なりとズレ、あるいは作製者、現地社会の人びと、閲覧者による多様なとらえ方を読み解くことができる。

最後に、「ビジュアライゼーション」が持つ応用的な可能性についての若干の考察を示したい。筆者は人類学的なフィールド調査を通して、多少なりともツバル社会と関わりを持ってきた。そして、ツバル社会が今後、気候変動に起因するさまざまな悪影響を被ることが予想される以上、それに対して、筆者もささやかながら何かしらの提言を果たす責任を感じている。そのため、ツバルをめぐる表象を批判的に検討しつつも、それが持つ積極的な意義については大きく評価していきたい。

「ビジュアライゼーション」の持つ意義として、それが被害者としてのツバルを訴えながらも現地社会の多様なとらえ方を視覚的に表現しうる点を指摘できる。これまでの気候変動の視覚化においては、「破滅的な結末」をめぐる外的景観をつくりだすことに主眼がおかれる一方で、多様な内的景観を提示することは、ほとんどなかった。気候変動への対策として、現在では、温室効果ガスの排出を削減し、気候変動それ自体を抑制しようとする緩和策に加えて、さまざまな影響が起きることを前提に、そうした悪影響を低減するための適応策が議論されている。被害者としてのツバルという「破滅的な結末」をめぐる外的景観は緩和策を訴えかけるために今後も必要とされる一方で、現地社会の個別の文化・社会的な文脈を考慮に入れる必要がある適応策においては内的景観を知ることが重要になってくる。

ただし、内的景観を知るに際しては、他者の視点を読み解くリテラシーが必要となる。「ビジュアライゼーション」では、少ないながらも、既存の「沈む国」ツバルとはズレた現地社会のとらえ方をみることができた。しかし、閲覧者の中には、そうしたズレに注目することなく、既存の表象の中にそうしたメッセージを回収してしまった者も多かった。地理学者のイーフー・トゥアンによれば、子どもたちも五、六歳になると、それまでできなかった上空から鳥瞰した時の眺めを想定することが可能になるといい、自分たちと同じ平面上にいる他者の視点よりも、上空から地上を見下ろす「神のような視点」の方が取りやすいという［トゥアン 一九九三：五三―五六］。これは、地図的な景観は人間が持つ基本的な空間把握能力に基づくものであることと、他者の視点を想像することの難しさを示唆するものといえる。

地図は、そこから多様な主体の多様な意図や景観のせめぎ合いを読み解くことができる可能性に満ちたものである。そのためには地図を読む能力のみならず、他者の視点を想像する能力が必要になってくる。それにより、地図は作製者の意図とした外的景観と、作製者によって抑圧されてしまっているかもしれない、現地社会の内的景観を鮮明に浮かび上がらせるツールにもなるだろう。

――注

（1）二〇〇七年五月にヌクラエラエ環礁、二〇〇八年八月にニウタオ島、二〇一〇年八月にヌクフェタウ環礁、二〇一二年二月にバイツップ環礁、二〇一三年二月にヌイ環礁でプロジェクトを遂行しており、残りはナヌメア環礁、ナヌマンガ島、フナフティ環礁である。

（2）Tuvalu Overview "Build the Future with 10000 Tuvaluans." (http://10000.tv/index.html /)。

（3）主な作品に、「長崎アーカイブ」(http://nagasaki.mapping.jp/) や「広島アーカイブ」(http://hiroshima.mapping.jp/) などがある。

（4）「ビジュアライゼーション」にはこのほかにも、渡邊研究室がツバルで独自に撮影した景観写真のマッピングがある。
（5）Tuvalu Overview and Hidenori Watanave Laboratory "Tuvalu Visualization Project: The Art Project Visualizing Information of Tuvalu on the Digital Globe" (http://tv.mapping.jp/)。
（6）ただし、「一万人事業」のウェブサイト上で公表されているのはそれより一人少ない三一八人である（http://10000.tv/island/nukulaelae/face.html)。
（7）複数の質問に回答しているケースはそれぞれにカウントしたため、合計の人数が回答者数よりも多くなっている。なお、二つの質問に回答している者は四三人、三つは三人であった。
（8）たとえば、「Hello」、「How are you?」、「bonjour」などの簡単なあいさつ表現か、「Good luck」、「cool」、「beautiful」といった簡単な感想か、「Hello. I am Mike. How are you?」などの自己紹介、意味不明（言語不明）の表現などである。また、同じコメントが複数掲載されていることも多い。
（9）なお、掲示板に書き込まれたコメントにはツバル人から回答が得られないことについての不満も表明されていた。
（10）小数点以下、四捨五入。以下、同様。

参考文献

〈日本語文献（五十音字順）〉

アパデュライ、A
二〇〇四『さまよえる近代――グローバル化の文化研究』（門田健一訳）平凡社。
アーリ、J
一九九五（一九九〇）『観光のまなざし』（加太宏邦訳）法政大学出版局。
アンダーソン、B
一九九七『増補　想像の共同体――ナショナリズムの起源と流行』（白石さや・白石隆訳）NTT出版。
飯島典子
二〇〇七『近代客家社会の形成――「他称」と「自称」のはざまで』風響社。
池谷和信
二〇〇三「地球環境問題への新しい挑戦と文化人類学」池谷和信（編）『地球環境問題の人類学――自然資源へのヒューマンインパクト』世界思想社、十六―四一頁。
石垣　直
二〇一一『現代台湾を生きる原住民――ブヌンの土地と権利回復運動の人類学』風響社。
石澤良昭・丸井雅子
二〇一〇『グローバル／ローカル――文化遺産』（地域立脚型グローバルスタディーズ叢書）上智大学出版。
石村　智
二〇一四「海外の遺跡をまもる――国際協力としての文化遺産保護」『遺跡をさぐり、しらべ、いかす：奈文研六十年の軌跡と展望』クバプロ、一二七―一四八頁。

市川光雄
二〇〇三「環境問題に対する三つの生態学」池谷和信（編）『地球環境問題の人類学――自然資源へのヒューマンインパクト』世界思想社、四四－六四頁。
稲葉信子
二〇〇二「世界遺産における文化的景観の保護」『文化庁月報』一月号：八－一一。
宇検村・伊仙町・奄美市教育委員会（編）
二〇一一『「奄美遺産」の取り組み』宇検村・伊仙町・奄美市教育委員会。
遠藤秀一
二〇〇四『ツバル――海抜一メートルの島国、その自然と暮らし』国土社。
太田啓子
二〇一〇「十九世紀におけるメッカの『中心』性――メッカ巡礼とヨーロッパ」『人間文化創成科学論叢』十三：三九－四七。
大西秀之
二〇一〇「奄美・加計呂麻島の環境認識に関わる第二次調査概報」『現代社会フォーラム』六：八九－一〇八。
二〇一一「奄美・加計呂麻島の環境認識に関わる第三次調査概報」『現代社会フォーラム』七：八三－一〇三。
二〇一三「世界遺産を巡るポリティックスとアジアの文化的価値」国立国会図書館関西館アジア情報課（編）『アジア情報室通報』十一（四）：二－七。
二〇一四「考古学からみた景観とは何か」考古学研究会（編）『考古学研究六十の論点――考古学研究会六十周年記念誌』考古学研究会、一三一－一三二頁。
大西秀之・角南聡一郎・石村智
二〇〇九「奄美・加計呂麻島の環境認識に関わる第一次調査概報」『現代社会フォーラム』五：九十－一〇一。

大塚和夫
二〇〇二 「巡礼」大塚和夫・小杉泰・小松久男・東長靖・羽田正・山内昌之（編）『岩波イスラーム辞典』岩波書店、四八七―四八九頁。
岡本亮輔
二〇一二 『聖地と祈りの宗教社会学』春風社。
オジェ、M
二〇〇二 『同時代世界の人類学』（森山工訳）藤原書店。
夏 遠鳴
二〇一二 「『客都』の変遷――清末以降の梅州における客家意識の形成と客家文化の創生」（河合洋尚訳）瀬川昌久・飯島典子（編）『客家の創生と再創生』東京：風響社、五一―七六頁。
河合 洋尚
二〇〇三 『人為的構築環境（built environment）の社会人類学的研究――植民地期香港の都市計画と新界宗族の風水解釈の変遷過程』東京都立大学社会科学研究科修士論文。
二〇〇七 「客家風水の表象と実践知――広東省梅州市における囲龍屋の事例から」『社会人類学年報』三三：六五―九四。
二〇〇八 「中国広州市における『私伙局』ブームの一考察――本地人と客家人によるサウンドスケープの再生」『民俗文化研究』九：五八―八三。
二〇一三 『景観人類学の課題――中国広州における都市環境の表象と再生』風響社。
河上夏織
二〇〇八 「世界遺産条約のグローバル戦略を巡る議論とそれに伴う顕著な普遍的価値の解釈の質的変容」『外務省調査月報』一：一―二四。

川田順造
一九九七　「人間中心主義のゆくえ」川田順造他（編）『岩波講座　開発と文化（三）　反開発の思想』岩波書店。
鹿児島民俗学会（編）
一九七〇　『奄美の島かけろまの民俗』第一法規出版。
北川香子
一九九八　「ポスト・アンコールの王城――ロンヴェークおよびウドン調査報告」『東南アジア――歴史と文化』二七。
二〇〇六　『カンボジア史再考』連合出版。
キムリッカ、W
二〇〇五　『現代政治理論』（千葉眞、岡崎晴輝訳）日本経済評論社。
京都市都市計画局都市景観部風致保全課
二〇一三　『京都市風致地区条例による許可基準の解釈と運用』京都市都市計画局都市景観部風致保全課。
グッツォーニ、U
二〇〇二　『住まうこととさすらうこと』（米田美智子訳）晃洋書房。
クライナー、J
一九八二「南西諸島における神観念・世界観の再考察――奄美の祝女（ノロ）信仰を中心に」『沖縄文化研究』十：一五三―二〇九。
クリフォード、J
二〇〇二　『ルーツ――二〇世紀後期の旅と翻訳』（毛利嘉孝他訳）月曜社。
クリフォード、J・マーカス、M（編）
一九九六　『文化を書く』（春日直樹他訳）紀伊国屋書店。

黒田　末寿
二〇一三「制度の進化的基盤――規則・逸脱・アイデンティティ」河合香吏（編）『制度――人類社会の進化』京都大学学術出版会、三八九－四〇六頁。
小杉　泰
二〇〇四「巡礼（イスラームのことば　十二）」『月刊言語』三三（一二）：十二－十五。
小林　誠
二〇〇八「地球温暖化言説とツバル――海面上昇に関する語りと認識をめぐって」『社会人類学年報』三四：一五九－一七六。
坂本　勉
一九九九「メッカ巡礼とイスラム改革運動」歴史学研究会（編）『巡礼と民衆信仰』青木書店、二六二－二九〇頁。
里見　龍樹
二〇一一「『海の民』のトポジェニー――ソロモン諸島マライタ島北部の海上居住民ラウ／アシにおける移住伝承と集団的アイデンティティ」『くにたち人類学研究』六：二六－五三。
二〇一四『ソロモン諸島マライタ島北部のアシ／ラウにおける『海に住まうこと』の現在――別様でありうる生の民族誌』東京大学大学院総合文化研究科博士論文。
シェーファー、R・M
一九八六『世界の調律――サウンドスケープとはなにか』（鳥越けい子・小川博司・庄野泰子・田中直子・若尾裕訳）東京：平凡社。
下野敏見
一九八六『南日本民俗の探求』八重岳書房。
杉山　洋（編）

二〇〇八　『カンボジアにおける中世遺跡と日本人町の研究』（文部科学省科学研究費補助金特別研究促進費成果報告書）奈良文化財研究所。
住谷一彦・クライナー、J
一九七七　『南西諸島の神観念』未来社。
諏訪淳一郎
二〇〇五　『ローカル歌謡の人類学――パプアニューギニア都市周辺集落における現代音楽の聴取と民衆意識』青森：弘前大学出版会。
二〇一二　『パフォーマンスの音楽人類学』東京：勁草書房。
関根康正
二〇〇九　「総括――『ストリートの人類学』という批評的エスノグラフィーの実践と理論」関根康正（編）『ストリートの人類学　下巻』国立民族学博物館、五一九－五五六頁。
セルトー、M
一九八七　『日常的実践のポイエティーク』（山田登世子訳）国文社。
ソジャ、E・W
二〇〇五　『第三空間――ポストモダンの空間論的展開』（加藤政洋訳）青土社。
高木桂蔵
一九九一　『客家――中国の内なる異邦人』講談社新書。
田中　志敬
二〇〇九　「住民自治組織とまちづくり」リムボン・まちづくり研究会（編）『まちづくりコーディネーター』学芸出版社、六四－七八頁。
棚橋　訓

二〇一〇　「地図と権力――マーシャル諸島ローラ島の地図作製をめぐる権力作用の一考察」塩田光喜（編）『知の大洋へ、大洋の知へ！　――太平洋島嶼国の近代と知的ビッグバン』彩流社、一六七―二〇二頁。
寺村裕史
二〇一四　『景観考古学の方法と実践』同成社。
土井清美
二〇一五　『途上と目的地――スペインサンディアゴ徒歩巡礼路　旅の民族誌』春風社。
トゥアン、Y
一九九三　『空間の経験――身体から都市へ』（山本浩訳）筑摩書房。
一九九二　『トポフィリア――人間と環境』（阿部一・小野有五訳）せりか書房。
鳥越けい子
二〇〇二　「『残したい日本の音風景』をめぐって」『エコソフィア』九：三三―四一。
二〇〇〇　『サウンドスケープ――その思想と実践』東京：鹿島出版社。
鳥越皓之
一九九九　『景観の創造――民俗学からのアプローチ』昭和堂。
トンチャイ、W
二〇〇三　『地図が作ったタイ――国民国家誕生の歴史』（石井米雄訳）明石書店。
中川　眞
一九九二（二〇〇四）　『平安京　音の宇宙』東京：平凡社。
中山清美
二〇一二　「未来に生かす文化遺産」弓削政己・岩多雅朗・飯田卓・中山清美『名瀬のまち　いまむかし』南方新社、一五一―一八一頁。

西村正雄
二〇〇七 「遺産と記憶――チャンパサックの世界遺産とその遺産管理のために」ラオス地域人類学研究所編『ラオス南部――文化的景観と記憶の探求』雄山閣、二四一―二六五頁。

ハーヴェイ、D
一九九九 『ポストモダニティの条件』（吉原直樹訳）青木書店。
二〇〇七 『ネオリベラリズムとは何か』（本橋哲也訳）青土社。

長谷川清
二〇〇八 「都市のなかの民族表象――西双版納・景洪市における〈文化〉の政治学」塚田誠之（編）『民族表象のポリティクス――中国南部における人類学・歴史学的研究』風響社、三八九―四一八頁。

林　勲男
一九九九 「『生きられた空間』の所有――パプアニューギニアの熱帯雨林に生きる人びとと土地」杉島敬志（編）『土地所有の政治史――人類学的視点』風響社、二七五―二九七頁。

フェルド、S
一九八八 『鳥になった少年――カルリ社会における音・神話・象徴』（山口修・山田陽一・卜田隆嗣・藤田隆則訳）東京：平凡社。
二〇〇〇 「音響認識論と音世界の人類学――パプアニューギニア・ボサビの森から」山田陽一（編）『自然の音・文化の音――環境の響きあい』（山田陽一訳）京都：昭和堂、一二六―一六三頁。

フーコー、M
一九七〇 『知の考古学』（中村雄二郎訳）河出書房新社。
一九七七 『監獄の誕生――監視と処罰』（田村俶訳）新潮社。

ブラック、J

二〇〇一　『地図の政治学』（関口篤訳）青土社。
穂積重信（編）
二〇〇〇　『奄美の歴史と年表』徳之島郷土研究会。
町村敬志
一九九九　『越境者たちのロスアンジェルス』平凡社。
松岡正子
二〇一二　「四川地震後におけるチャン文化の復興と禹羌文化の創出」瀬川昌久（編）『近現代中国における民族認識の人類学』昭和堂、一三四－一六五頁。
松田素二
二〇〇九　『日常人類学宣言！──生活世界の深層へ／から』世界思想社。
松浦晃一郎
二〇一一　「人類の文化遺産をいかに守るか」安江則子（編）『世界遺産学への招待』法律文化社、二一－二六頁。
三浦恵子
二〇一一　『アンコール遺産と共に生きる』めこん。
三留理男
二〇〇四　『悲しきアンコール・ワット』集英社。
水谷　周
二〇一〇　『イスラーム巡礼のすべて』国書刊行会。
宮城栄昌
一九七九　『沖縄のノロの研究』吉川弘文館。
森本幸裕（編）

二〇一二　『景観の生態史観――攪乱が再生する豊かな大地』京都通信社。
ラトゥール、B
一九九九　『科学が作られているとき――人類学的考察』（川崎勝・高田紀寄志訳）産業図書。
リム、B
二〇〇九　「『まちづくりコーディネーター』とは」リムボン・まちづくり研究会（編）『まちづくりコーディネーター』学芸出版社、八―一四頁。
リンチ、K
二〇〇七　『都市のイメージ　新装版』（丹下健三・富田玲子訳）岩波書店。
ルフェーヴル、H
二〇〇〇　『空間の生産』（斉藤日出治訳）青木書店。
レルフ、E
一九九九　『場所の現象学――没場所性を越えて』（高野岳彦他訳）筑摩書房。
箭内　匡
二〇〇八　「イメージの人類学のための理論的素描」『文化人類学』七三（二）：一八〇―一九九。
二〇一一　「情動（アフェクトゥス）をモンタージュする――フレデリック・ワイズマンのニューヨーク」西井凉子（編）『時間の人類学――情動・自然・社会空間』世界思想社、三八―六一頁。
山田陽一
一九九七　「ワヘイの音・身体・記憶」青木保他（編）『神話とメディア』東京：岩波書店、一八五―二〇八頁。
山下晋司
二〇一四　『公共人類学』東京大学出版会。
若林幹夫

二〇〇九　『増補　地図の想像力』河出書房新社。
鷲谷いずみ
二〇〇四　『自然再生――持続可能な生態系のために』中央公論新社。
渡邉英徳
二〇一三　『データを紡いで社会につなぐ――デジタルアーカイブのつくり方』講談社現代新書。
渡邉英徳・原田真喜子・遠藤秀一
二〇一〇　「"Tuvalu Visualization Project"――遠隔地の実相を伝えるデジタル地球儀ネットアート」『日本バーチャルリアリティ学会論文誌』十五（三）：三〇七―三一四。
渡邊欣雄
一九九一　『民俗知識論の課題――沖縄の知識人類学』凱風社。
一九九三　『風水――気の景観地理学』人文書院。
二〇〇一　『風水の社会人類学――中国とその周辺比較』風響社。

〈中国語文献〉

陳　運棟
一九八三（一九七八）　『客家人』聯亜出版社。
葛　栄玲
二〇一四　『景観的生産――一個西南屯堡村落旅遊開発的十年』北京大学出版社。
河合洋尚
二〇一二　「客家建築与文化遺産保護――景観人類学視野」『学術研究』三四一：五五―六〇。
二〇一五　「景観人類学的動向和視野」（周星訳）『広西民族大学学報（哲学社会科学版）』三七（四）：四四―五九。

羅　香林
一九九二（一九三三）『客家研究導論』上海文芸出版社。
湯　芸
二〇一三　「多族交互共生的儀式景観分析――貴州黔中跳花場儀式的人類学考察」『西南民族大学学報（人文社科版）』三四（四）：十六―二三。
小林宏至
二〇一三　「客家建築研究与後現代人類学視角」河合洋尚（編）『日本客家研究的視角与方法――百年的軌跡』北京：社会科学文献出版社、一三〇―一四一頁。
周　建新
二〇〇六　『動蕩的囲龍屋――一個客家宗族的城市化遭遇与文化抗争』北京：中国社会科学出版社。

【オンライン情報】

「太陽透視鏡：屈天橋底　舞龍獅」（二〇一三年四月二三日）『太陽報網頁　東方互動ON. CC』http://the-sun. on. cc/cnt/news/20130423/00410_010. html（2015/05/12 accessed）

〈欧語文献（アルファベット順）〉

Anderson, A.
2011 *Landscapes of Relations and Belonging: Body, Place and Politics in Wogeo, Papua New Guinea*. New York: Berghahn.
Ang C.
1986 Les *êtres surnaturels dans la region populaire khmère*. Paris: Cedoreck.

Antrop, M.

2000 Background Concepts for Integrated Landscape Analysis. *Agriculture, Ecosystems and Environment* 77 (1-2): 17-28.

Appadurai, A.

1988 Introduction: Place and Voice in Anthropological Theory. *Cultural Anthropology* 3: 16-20.

1995 The Production of Locality. In R, Fardon (ed.) *Counterworks: Managing the Diversity of Knowledge*, London and New York: Routledge, pp. 204-225.

Basso, K. H.

1996 Wisdom Sits in Places: Notes on a Western Apache Landscape. In S. Feld and K. H. Basso (eds.) *Senses of Place*. Santa Fe, New Mexico: School of American Research Advanced Seminar Series, pp. 53-90.

Beck, U.

2009 *World at Risk*. Cambridge, UK: Polity.

Bender, B.

1992 Theorizing Landscapes, and the Prehistoric Landscapes of Stonehenge. *Man* 17: 735-755.

2001 Introduction. In B. Bender and M. Winner (eds.) *Contested Landscapes: Movement, Exile and Place*. Oxford and New York: Berg, pp. 1-18.

Bender, B. (ed.)

1993 *Landscape: Politics and Perspectives*. Oxford: Berg.

Bender, B. and M. Winner (eds.)

2001 *Contested Landscapes: Movement, Exile and Place*. Oxford: Berg.

Bharucha, R.

2003 *Rajasthan an Oral History: Conversations with Komal Kothari.* New Delhi: Penguin Books India.

Bianchi, R. R.

2004 *Guests of God: Pilgrimage and Politics in the Islamic World.* Oxford: Oxford University Press.

Boissevain, K.

2012 Preparing for the Hajj in Contemporary Tunisia: Between Religious and Administrative Ritual. In B. Dupret, T. Pierret and P. Pinto (eds.) *Ethnographies of Islam: Ritual Performances and Everyday Practices.* Edinburgh: Edinburgh University Press, pp. 21-20.

Bonnemaison, J.

1985 The Tree and the Canoe: Roots and Mobility in Vanuatu Societies. *Pacific Viewpoint* 26: 30-62.

Caftanzoglou, R.

2001 The Shadow of the Sacred Rock: Contrasting Discourses of Place under the Acropolis. In B. Bender and M. Winner (eds.) *Contested Landscapes: Movement, Exile and Place.* Oxford and New York: Berg, pp. 21-35.

Casey, E.

1993 *Remembering: A Phenomenological Study.* Bloomington: Indiana University Press.

Church, J.A., N.J. White, and J.R. Hunter

2006 Sea-level Rise at Tropical Pacific and Indian Ocean Islands. *Global and Planetary Change* 53: 155-168.

Coleman, S. and J. Elsner.

1995 *Pilgrimage Past and Present: Sacred Travel and Sacred Space in the World Religions.* London: British Museum Press.

Colling, P.
1997 Subsistence Hunting and Wildlife Management in the Central Canadian Arctic. *Arctic Anthropology* 34(1): 41-56.
Cresswell, T. and P. Merriman (eds.)
2011 *Geographies of Motilities, Practices, Spaces, Subjects.* Farnham: Ashgate.
Crumley, C. L. (ed.)
1994 *Historical Ecology: Cultural Knowledge and Changing Landscapes.* School for Advanced Research Press.
2001 *New Directions in Anthropology and Environment: Interactions.* Oxford: Altamira.
Dawson, A. and Mark J.
2001 Migration, Exile and Landscapes of the Imagination. In B. Bender and M. Winner (eds.) *Contested Landscapes: Movement, Exile and Place.* Oxford: Berg, pp. 319-332.
della Dora, V.
2015 Where the Tourist's Gaze Fades: Performing Landscape and the Sacred in Meteora. In A. Maddrell, della Dora, A. Scafi and H. Walton. *Christian Pilgrimage, Landscape and Heritage: Journeying to the Sacred.* London: Routledge, pp. 67-87.
Digance, J.
2003 Pilgrimage at Contested Sites. *Annals of Tourism Research* 301: 143-159.
Doyle, J.
2007 Picturing the Clima(c)tic: Greenpeace and the Representational Politics of Climate Change Communication. *Science as Culture* 16(2): 129-150.
Edensor, T.

1995 *Tourists at the Taj: Performance and Meaning at a Symbolic Site*. Oxford: Routledge.

2010 *Geographies of Rhythm: Nature, Place, Motilities and Bodies*. Farnham: Ashgate.

Fairhead, J. and M. Leach

1996 *Misreading the African Landscape*. Cambridge University Press.

1998 *Reframing Deforestation: Global Analyses and Local Realities: Studies in West Africa*. Routledge.

Feld, S.

1996 Waterfalls of Song: An Acoustemology of Place Resounding in Bosavi, Papua New Guinea. In S. Feld and K. H. Basso (eds.) *Senses of Place*. Santa Fe: School of American Research Advanced Seminar Series, pp. 91-135.

Feld, S. and K. H. Basso (eds.)

1996 *Senses of Place*. Santa Fe, New Mexico: School of American Research Advanced Seminar Series.

Fox, J. J.

1997 Place and Landscape in Comparative Austronesian Perspective. In J. Fox (ed.) *The Poetic Power of Place: Comparative Perspectives on Austronesian Ideas of Locality*. Canberra: Department of Anthropology, Australian National University, pp. 1-21.

Fox, J, S. Krisnawati and P. Hershock (eds.)

2005 *Mapping Communities: Ethics, Values, Practice*. Honolulu: East-West Center.

Frey, N.

1998 *Pilgrim Stories: On and Off the Road to Santiago, Journeys Along an Ancient Way in Modern Spain*. University of California Press.

Global Wind Energy Council

2012 *Global Wind Statistics 2012*. Belgium: GWEC.

Gordon, P, and H. W. Richardson

1996 Beyond Polycentricity: the Dispersed Metropolis, Los Angeles, 1970-1990. *Journal of the American Planning Association* 62(3): 289-295.

Gow, P.

1995 Land, People, and Paper in Western Amazonia. In E. Hirsch and M. O'Hanlon (eds.) *The Anthropology of Landscape: Perspectives on Place and Space*. Oxford: Clarendon Press, pp. 43-62.

Guo, P.

2003 Island Builders: Landscape and Historicity among the Langalanga, Solomon Islands. In P. J. Stewart and A. Strathern (eds.) *Landscape, Memory and History*. London: Pulto Press, pp. 189-209.

Gupta, A. and Ferguson, J.

1997 Culture, Power, Place: Ethnography at the End of an Era. In A. Gupta and J. Ferguson (eds.) *Culture, Power, Place: Explorations in Critical Anthropology*. Durham and London: Duke University Press.

Hammoudi, A.

2006 *A Season in Mecca: Narrative of a Pilgrimage*. Translated by P. Ghazaleh. New York: Hill & Wang P ublication.

Harper, J.

2003 Memories of Ancestry in the Forests of Madagascar. In P. J. Stewart and A. Strathern (eds.) *La ndscape, Memory and History*. London : Pulto Press, pp. 89-107.

Harrison, S.

2004 Forgetful and Memorious Landscapes. *Social Anthropology* 12(2): 135-151.

Harvey, P.

2001 Landscape and Commerce: Creating Contexts for the Exercise of Power, In B. Bender (ed.) *Contested Landscapes: Movement, Exile and Place.* Oxford and New York: Berg, pp. 197-210.

Henderson J. C.

2011 Religious Tourism and its Management: The Hajj in Saudi Arabia. *International Journal of Tourism Research* 13: 541-552.

Hirsch, E.

1995 Landscape: Between Place and Space. In E. Hirsch and M. O'Hanlon (eds.) *The Anthropology of Landscape: Perspectives on Place and Space.* Oxford: Clarendon Press, pp. 1-30.

Hirsch, E. and M. O'Hanlon (eds.)

1995 *The Anthropology of Landscape: Perspectives on Place and Space.* Oxford: Clarendon Press.

Hoinacki, L.

1996 *El Camino: Walking to Santiago de Compostela.* Pennsylvania University Press.

Holston, J.

1999 The Modernist City and the Death of Street. In S. M. Low (ed.) *Theorizing the City: The New Urban* Anthropological Reader. New Brunswick, New Jersey, and London: Rutgers University Press.

Humphrey, C.

1995 Chiefly and Shamanist Landscapes. In E. Hirsch and M. O'Hanlon (eds.) *The Anthropology of Landscape: Perspectives on Place and Space.* Oxford: Clarendon Press, pp. 135-162.

2001 Contested Landscapes in Inner Mongolia: Walls an Cairns. In B. Bender and M. Winner (eds.) *Contested Landscapes: Movement, Exile and Place.* Oxford and New York: Berg, pp. 55-68.

Ingold, T.
1993 The Temporality of Landscape. *World Archaeology* 25: 152-74.
2000 *The Perception of Environment.* London: Routledge.
2009 Against Space: Place, Movement, Knowledge. In P. Kirby (ed.) *Boundless Worlds: An Anthropological Approach to Movement.* New York: Berghahn.

IPCC
2013 Summary for Policymakers. In T. F. Stocker, D. Qin, G.-K. Plattner, M. Tignor, S.K. Allen, J. Boschung, A. Nauels, Y. Xia, V. Bex and P.M. Midgley (eds.) *Climate Change 2013: The Physical Science Basis. Contribution of Working Group I to the Fifth Assessment Report of the Intergovernmental Panel on Climate Change.* Cambridge University Press, Cambridge, United Kingdom and New York, NY, USA.

James, A., J. Hockey and A. Dawson (eds.)
1997 *After Writing Culture: Epistemology and Praxis in Contemporary Anthropology.* London and New York: Routledge.

Jeenah, N. and S. Shaikh.
2000 *Journey of Discovery: A South African Hajj.* Cape Town: Full Moon Press.

Jencks, C.
1996 Hetero-Architecture and the L.A. School. In A. J. Scott et. al. (eds.) *The City: Los Angeles and Urban Theory at the End of the Twentieth Century,* Berkley and Los Angeles: University of California Press, pp. 47-75.

Jolly, M.
2007 Imagining Oceania: Indigenous and Foreign Representations of a Sea of Islands. *The Contemporary*

Pacific 19 (2): 508-545.

Keesing, R.

1982 *Kwaio Religion : The Living and the Dead in a Solomon Island Society*. New York : Columbia University Press.

Kelley, R.

1993 Wealth and Illusions of Wealth in Los Angeles Iranian Community. In R. Kelley et al. (eds.) *Irangeles: Iranians in Los Angeles*. Berkeley: University of California Press, pp. 247-273.

Küchler, S.

1993 Landscape as Memory: The Mapping of Process and its Representation in a Melanesian Society. In B. Bender (ed.) *Landscape: Politics and Perspectives*. Oxford: Berg, pp. 85-106

Laguerre, M. S.

2011 *Network Governance of Global Religions: Jerusalem, Rome and Mecca*. London: Routledge.

Larsen, J.

2001 Tourism Mobilities and the Travel Glance: Experience of Being on the Move. *Scandinavian Journal of Hospitality and Tourism* 1(2): 80-98.

Layton, R.

1995 Relating to the Reproduction of the Ancestral Past. In E. Hirsch and M. O'Hanlon (eds.) *The Anthropology of Landscape: Perspectives on Place and Space*. Oxford: Clarendon Press, pp. 210-231.

1997 Representing and Translating People's Place in the Landscape of Northern Australia. In A. James, J. Hockey and A. Dawson (eds.) *After Writing Culture: Epistemology and Praxis in Contemporary Anthropology*. London and New York: Routledge, pp. 122-143.

1999 The Alawa Totemic Landscape: Ecology, Religion and Politics. In P. Ucko and R. Layton (eds.) *The Archaeology and Anthropology of Landscape: Shaping your Landscape.* Routledge, pp. 219-239.

Lee, J. and T. Ingold

2006 Fieldwork on Foot: Perceiving, Routing, Socializing. In P. Collins and S. Coleman (eds.), *Locating the Field: Space, Place and Context in Anthropology.* Berg, pp. 67-86.

Leonard, K.

1997 Finding One's Own Place: Asian Landscapes Revisioned Rural California. In A. Gupta and J. Ferguson (eds.) *Culture, Power, Place: Explorations in Critical Anthropology.* Durham and London: Duke University Press, pp. 118-136.

Lester, E. A., and S. Cottle

2009 Visualizing Climate Change: Television News and Ecological Citizenship. *International Journal of Communication* 3: 920-936.

Long, D. E.

1979 *The Hajj Today: A Survey of the Contemporary Makkah Pilgrimage.* New York: Albany.

Lorimer, H.

2011 New Forms and Spaces for Studies of Walking. In T. Cresswell and P. Merriman, (eds.) *Geographies of Motilities, Practices, Spaces, Subjects.* Farnham: Ashgate, pp. 19-34.

Low, S. M.

1996 The Anthropology of Cities: Imaging and Theorizing the City. *Annual Review of Anthropology* 25: 383-409.

1999 Spatializing Culture: The Social Production and Social Construction of Public Space in Costa Rica. In

S. M. Low (ed.) *Theorizing the City: The New Urban Anthropology Reader.* New Brunswick, New Jersey, and London: Rutgers University Press, pp. 111-137.

Low, S. M. and D. Lawrence (eds.)

2003 *Anthropology of Space and Place: Locating Culture.* Blackwell Publishing.

Lowenthal, D.

2007 Living with and Looking at Landscape. *Landscape Research* 32 (5): 635-656.

Maddrell, A., V. della Dora, A. Scafi and H. Walon.

2015 *Christian Pilgrimage, Landscape and Heritage: Journeying to the Sacred.* London: Routledge.

Manzo, K.

2010a Imaging Vulnerability: the Iconography of Climate Change. *Area* 42(1): 96-107.

2010b Beyond Polar Bears?: Re-envisioning Climate Change. *Meteorological Applications* 17(2): 196-208.

Merleau-Ponty, M.

1964 *Sense and Non-Sense.* Northwestern University Press.

Mitchell, W. J. T. (ed.)

2002 *Landscape and Power,* 2nd Edition. Chicago: University of Chicago Press.

Modarres, A.

1998 Settlement Patterns of Iranians in the United States. *Iranian Studies* 31(1): 31-49.

Morad, A. H.

2011 *Destinasi Haji & Umrah: Travelog Haji Bergambar.* Selangor: PTS Islamika SDN. BHD.

Morphy, H.

1993 Colonialism, History and the Construction of Place: The Politics of Landscape in Northern Australia.

In B. Bender (ed.) *Landscape: Politics and Perspectives*. Oxford: Berg, pp. 205-243.

1995 Landscapes and the Reproduction of the Ancestral Past. In E. Hirsch and M. O'Hanlon (eds.) *The Anthropology of Landscape: Perspectives on Place and Space*. Oxford: Clarendon Press, pp. 184-209.

Munn, N. D.

1970 The Transformation of Subjects into Objects in Walbiri and Pitjantjatjara Myth. In R. M. Berndt (ed.) *Australian Aboriginal Anthropology: Modern Studies in the Social Anthropology of the Australian Aborigines*. Nedlands: University of Western Australia Press, pp. 141-163.

Nash, R. F.

1967 *Wilderness and American Mind*. Yale University Press.

Odum, E. P.

1953 *Fundamentals of Ecology*. W. B. Saunders.

Olwig, K.

2008 Performing on the Landscape versus Doing Landscape: Perambulatory Practice, Sight and the Sense of Belonging, In T. Ingold and L. Vergunst, J. (eds.) *Ways of Walking: Ethnography and Practice on Foot*. Ashgate.

Ong, A.

1996 Cultural Citizenship as Subject-Making: Immigrants Negotiate Racial and Cultural Boundaries in the United States. *Current Anthropology* 37(5): 737-762.

O' Sullivan, A.

2001 Crannogs: Places of Resistance in the Contested Landscape of Early Modern Ireland. In B. Bender and M. Winner (eds.) *Contested Landscapes: Movement, Exile and Place*. Oxford and New York: Berg, p

p. 87-101.

Peters, F. E.

1996. *Mecca: A Literary History of the Muslim Holy Land.* Princeton: Princeton University Press.

Piscatori, J.

2005 Managing God's Guests: The Pilgrimage, Saudi Arabia and the Politics of Legitimacy. In P. Dresch, and J. Piscatori (eds.) *Monarchies and Nations: Globalisation and Identity in the Arab States of the Gulf.* London: I. B. Tauris, pp. 222-245.

Rodman, M.

1992 Empowering Place: Multilocality and Multivocality. *American Anthropologist* 94 (3): 640-656.

Rodman, M. and M. Cooper

1989 The Sociocultural Production of Urban Space: Building a Fully Accessible Toronto Housing Cooperative. *City & Society* 3: 9-22.

Rotenberg, R.

1993 On the Salubrity of Sites. In R. Rotenberg and G. McDonogh (eds.) *The Cultural Meaning of Urban Space.* Westport, Connecticut and London: Bergin and Garvey, pp. 17-30.

1995 *Landscape and Power in Metropolitan Vienna.* Baltimore: Johns Hopkins Press.

1999 Landscape and Power in Vienna: Gardens of Discovery. In S. M. Low (ed.) *Theorizing the City: The New Urban Anthropology Reader.* New Brunswick, New Jersey, and London: Rutgers University Press, pp. 111-137.

Rotenberg, R. and G. McDonogh (eds.)

1993 *The Cultural Meaning of Urban Space.* Westport, Connecticut and London: Bergin and Garvey Rudiak-

Gould, Peter.

Rudiak-Gould, P.

2010 *The Fallen Palm: Climate Change and Culture Change in the Marshall Islands*. VDM Verlag.

Rutheiser, C.

1999 Making Place in the Nonplace Urban Realm: Notes on the Revitalization of Downtown Atlanta. In S. M. Low (ed.) *Theorizing the City: The New Urban Anthropology Reader*. New Brunswick, New Jersey, and London: Rutgers University Press, pp. 317-341.

Sanadjian, M.

1995 Temporality of "Home" and Spatiality of Market in Exile: Iranians in Germany. *New German Critique*, 3-36.

Santos-Granero, F.

1998 Writing History into the Landscape: Space, Myth, and Ritural in Contemporary Amazonia. *American Ethnologist* 25 (2): 128-148.

Selwyn, T.

1995 Landscape of Liberation and Imprisonment: Toward an Anthropology of the Israel Landscape. In E. Hirsch and M. O' Hanlon (eds.) *The Anthropology of Landscape: Perspectives on Place and Space*. Oxford: Clarendon Press, pp. 114-134.

Sheppard, S. R. J.

2005 Landscape Visualisation and Climate Change: The Potential for Influencing Perceptions and Behaviour. *Environmental Science & Policy* 8(6): 637-654.

Smith, A.

2003 Landscape Representation: Place and Identity in Nineteenth-Century Ordnance Survey Maps of Ireland. P. J. Stewart and A. Strathern (eds.) *Landscape, Memory and History: Anthropological Perspectives*. London: Pluto Press, pp. 71-88.

Solnit, R.

2000 *Wanderlust: a History of Walking*. Penguin Books.

Sterne, J.

1997 Sounds like the Mall of America: Programmed Music and the Architectonics of Commercial Space. *Ethnomusicology* 41(1): 22-50.

Stewart, P. J. and A. Strathern

2000 Naming Places: Duna Evocations of Landscapes in Papua New Guinea. *People and Culture in Oceania* 16: 87-107.

2001 Origins versus Creative Powers: The Interplay of Movement and Fixity. In A. Rumsey and J. Weiner (eds.) *Emplaced Myth: Space, Narrative and Knowledge in Aboriginal Australia and Papua New Guinea Societies*. Honolulu: University of Hawaii Press, pp. 79-98.

2003 Introduction. In P. J. Stewart and A. Strathern (eds.) *Landscape, Memory and History: Anthropological Perspectives*. London: Pluto Press, pp. 1-15.

2005 Cosmology, Resources and Landscape: Agencies of the Dead and the Living in Duna, Papua New Guinea. *Ethnology* 44 (1): 35-47.

Stewart, P. J. and A. Strathern (eds.)

2003 *Landscape, Memory and History*. London: Pulto Press.

Strang, V.

1997 *Uncommon Ground: Cultural Landscapes and Environmental Values.* Oxford: Berg.

2003 Moon Shadows: Aboriginal and European Heroes in an Australian Landscape. In P. J. Stewart and A. Strathern (eds.) *Landscape, Memory and History.* London: Pulto Press, pp. 108-135.

Strathern, M.

1987 Out of Context: The Persuasive Fictions of Anthropology. *Current Anthropology* 28: 251-281.

Sugiyama, H. (ed.)

2013a *The Discovery of the Krang Kor Site: Exploring into Post-Angkor Period.* Nara National Research Institute for Cultural Properties, Japan and Ministry of Culture and Fine Arts, Cambodia.

2013b *Longvek: Inventory and Map for Distribution of Archaeological Sites.* Nara National Research Institute for Cultural Properties, Japan and Ministry of Culture and Fine Arts, Cambodia.

Tilley, C.

1994 *A Phenomenology of Landscape: Places, Paths and Monuments.* Oxford: Berg.

Toren, C.

1995 Seeing the Ancestral Sites: Transformations in Fijian Notions of the Land. In E. Hirsch and M O' Hanlon (eds.) *The Anthropology of Landscape: Perspectives on Place and Space.* Oxford: Clarendon Press, pp. 163-183.

Tress, B., G. Tress., H. Dècamps and A.-M. d'Hauteserre

2001 Bridging Human and Natural Sciences in Landscape Research. *Landscape and Urban Planning* 57 (3-4): 137-141.

Tsing, A.

2000 The Global Situation. *Cultural Anthropology* 15 (3): 327-360.

Turner, M.G., R.H. Gardner and R.V. O'Neill

2001 *Landscape Ecology in Theory and Practice: Pattern and Process.* Springer [『景観生態学——生態学からの新しい景観理論とその応用』（中越信和・原慶太郎監訳）文一総合出版、二〇〇四]。

Turner, V. and E. Turner.

1995 *Image and Pilgrimage in Christian Culture.* New York: Columbia University Press.

Ucko, P. J. and R. Layton (eds.)

1999 *The Archaeology and Anthropology of Landscape.* London: Routledge.

Vo, L. T.

2008 Constructing a Vietnamese American Community: Economic and Political Transformation in Little Saigon, Orange County. *Amerasia Journal* 34(3): 85-109.

Walker, F.

1976 Abbot Kinney's Venice. In J. and L. Caughey (eds.), *Los Angeles: Biography of a City.* University of California Press.

Wanamaker, M.

2010 *Westwood* (*Images of America*). Arcadia Publishing.

Webb, A.

2006 *Tuvalu Technical Report: Coastal Change Analysis Using Multi-temporal Image Comparisons-Funafuti Atoll.* SOPAC Project Report 54. SOPAC.

Wu, J.

2006 Cross-disciplinarity, Landscape Ecology, and Sustainability Science. *Landscape Ecology* 21: 1-4.

Wu, J. and R. Hobbs (eds).

2007 *Key Topics in Landscape Ecology*. Cambridge University Press.

Yamani, M.

2004 *Cradle of Islam: The Hijaz and the Quest for Identity in Saudi Arabia*. London: I. B. Tauris.

Yamano, H., H. Kayanne, T. Yamaguchi, Y. Kuwahara, H. Yokoki, H. Shimazaki, M. Chikamori

2007 Atoll Island Vulnerability to Flooding and Inundation Revealed by Historical Reconstruction: Fongafale Islet, Funafuti Atoll, Tuvalu. *Global and Planetary Change* 57(3-4): 407-416.

Zhou, M. Y-F. Tseng and R. Kim

2008 Rethinking Residential Assimilation: The Case of Chinese Ethnoburb in the San Gabriel Valley, *California. Amerasia Journal* 34(3): 55-83.

【資料・配布用パンフレット】

Voluntary Carbon Standard-India 2009 *Jaisalmer Wind Project - Project Profile*.

Wind World-Clean Energy Forever 2014 Can Wind Energy Look Forward to a Better Era?, *WINDPRO*, Vol. 2, Issue 5.

【新聞記事・オンライン文献】

Hall, P. 2006 *What the South Pacific Sea Level and Climate Monitoring Project is Telling Us*. Briefing paper to Pacific Climate Change Discussions at AusAID, Friday 10 November 2006. (http://www.bom.gov.au/pacificsealevel/presentations/briefing_paper_spslcmp_nov_2006.pdf 二〇〇七年九月二六日閲覧)

Mostasari, Ali and Ali Khodamhosseini 2004 *An Overview of Socioeconomic Characteristics of the Iranian-American Community based on the 2000 U.S. Census*. Iranian Studies Group at MIT. http://www.isgmit.org/projects-

storage/census/socioeconomic.pdf（二〇〇七年十一月九日閲覧）
Tuvalu Statistics 2013 *Tuvalu Statistics at a Glance.* (http://www.spc.int/prism/tuvalu/)
Tuvalu Overview 2007 *Build the Future with 10000 Tuvaluans* (http://10000.tv/about-this/index.html 二〇一四年十二月三十日閲覧)
Rutledge, P. B. 2014. The Psychology of the Selfie: Why Self-curated Images make us feel Closer to Each Other, and to Celebrities. https://www.psychologytoday.com/blog/positively-media/201407/the-psychology-the-selfie（二〇一五年五月十七日閲覧）
AP (*Associated Press*). http://www.ap.org/（二〇一五年五月十七日閲覧）
Arab News. http://www.arabnews.com/（二〇一五年五月十七日閲覧）
The Guardians. http://www.theguardian.com/international（二〇一五年五月十七日閲覧）
Independent. http://www.independent.co.uk/（二〇一五年五月十七日閲覧）
NYT (New York Times). http://www.independent.co.uk/（二〇一五年五月十七日閲覧）

あとがき

　景観を主題とする著作や論文は、一九九〇年代半ばから二十世紀初頭にかけて英語圏で急速に増加し、すでに多くの研究蓄積がある。だが、日本の人類学界で景観を研究しているというと、「それは地理学や建築学の研究対象ではないのか」と言われることが少なくないし、生態や認知に関心を寄せる人類学者からは「ありふれた古いトピック」と一蹴されることもある。

　本書で述べたように、確かに景観とかかわる人類学的な研究は数十年前からおこなわれており、一九九〇年代に急に景観が人類学の研究の対象となったわけではない。しかし、一九九〇年代以降に出現した景観人類学という領域は、それまでの研究蓄積を継承しながら、近代化、グローバル化、植民地主義、文化表象、個の身体実践、視覚と審美眼の権力性といった問題関心を加えて、新たに展開するようになっている。

　景観人類学に特徴的なのは、この分野はポストモダン人類学の波とともに出現してはいるが、必ずしもポリティカル・エコノミーや文化のポリティクスといった問題に収斂されず、むしろ人びとの身体実践を描き出すことを重視している、ということである。もちろん景観人類学の関心の一つは「まなざし」にあり、他者が現地を俯瞰的に見てイメージをつくりだしたり、現地の人びとがそれを逆利用したりする事象も、研究対象となる。しかし、それ以上に景観人類学は、近代化やグローバル化の波にさらされても、祖先から受け継がれた知恵や行為を重視したり、個々人（または人間と物的環境）の相互作用を通して新たな記憶や実践を共有したりするような、身体実践を追っていくことを研究の根幹としている。

　こうした景観をめぐる人びとの身体実践は、現地の人が言葉にして表すことが難しいような感覚的なものであり、「まなざし」だけではなく、聴覚や味覚など他の五感ともかかわってくる。それゆえ、景観人類学は、実際にはランドスケープ（＝土地へのまなざし）という言葉以上の事象を研究対象としている。

こうした景観人類学の枠組みについて、本書は、身体・政治・マテリアリティの三つの位相を設定し、議論を進めてきた。本書では、第Ⅰ部で身体とマテリアリティの関係を、第Ⅱ部で身体と政治の関係を、第Ⅲ部で政治とマテリアリティの関係を再検討しているが、この区分はあくまで便宜的なものであり、実際には明確に区分することができない。とりわけ、本書の各執筆者は、身体実践（認知・動作）の観察を調査の出発点としているため、いずれの各章も、身体実践の重要性を配慮したうえで、政治やマテリアリティとの関係を追求したものとなっている。

冒頭で述べたように、本書は、景観人類学の視点と手法を踏まえたうえで、その問題点を指摘し、新たなアプローチを導き出すことを目的としている。本書で特に考察の対象としたのは、従来の、当事者／他者、内的景観／外的景観という二分法的区別をどのように乗り越えるかである。その結果、さまざまな新しい視点が提示されたことは、本書を読んでいただければお分かりになると思う。ただし景観人類学に今後取り組んでいかねばならない課題がまだ多く残されていることは、最後に触れておかねばならないだろう。

そのうちの一つは、景観をめぐる時間性の問題を、どのように景観人類学の議論に組み込んでいくかについてである。本書の大半の事例がそうであるように、景観人類学は、国内外へフィールドワークに出かけて見聞した事象を研究対象とするため、コンテンポラリーな事象を扱うことが多い。しかし、本書で提示された内的景観と外的景観をめぐる動態的変化を理解するためには、より長いスパンを考慮した事例の提示と考察が必要になってくる。その解決法の一つは、歴史文献にあたることであるが、特に内的景観をめぐる人びとの認知や実践は、文字として残されているとは限らない。その場合、一つの地点で数十年とフィールドワークを続け、気長に変化を観察する努力が必要になってくるかもしれない。

また、景観人類学は、景観を研究テーマとする他の隣接領域、たとえば地理学、考古学、建築学、都市工学、生態学、景観学などと対話可能な分野のはずである。だが、これらの領域といかに対話していくかについて、景観人類学ではあまり議論がなされてきたとは思えない。もちろん我々は、隣接領域における景観研究を全く視野に入れてこなかったわけではない。国立民族学博物館で開催した共同研究会では、人類学の出身者だけでなく、歴史学、民族考古学、民族音楽学など、隣接領域を専攻とするメンバーも加わり、脱領域的な視野から議論を展開した。また、共同研究会では、生態人類学・霊長類学からのアプローチやアフリカの事例を学ぶため、京都大学の山越言先生を招き、「構築される自然——西アフリカにおける景観イメージのポリティクスと自然保護」と題する発表をしていただいた。その結果、当研究会では、景観人類学の特長は〈場所〉における調査研究を丹念におこなうことにあるという認識が、共有されるようになっていったように思える。ただし、それが他の隣接領域の調査にどのように生かされうるのか、そして、どのような問題意識を共有することができるのかといった議論は、まだ十分になされていない。この点については、諸隣接領域の研究者と議論を深めるだけでなく、特に共同調査をおこなうことによって、景観人類学の特長や問題点を新たに模索していかねばならない。

ただし、日本では景観人類学を専門とする研究者自体がまだ多いとはいえない。我々は本書の出版を契機として、景観人類学に関心を抱き、この分野の課題に取り組む研究者がより一層増えることを、期待している。また、景観人類学は、前述の通り英語圏に起源するが、中国など東アジアの人類学界においても徐々に関心が増しているようである。景観人類学をテーマとする国際的な交流も、今後促進していかねばならないことの一つである。

我々は、そうした基盤を、まず日本でつくる願いを込めて共同研究会を組織し、本書の内容について議論を重ねてきた。ただし、上述のように、日本では景観人類学を専門とする研究者がそれほど多くはないため、国立民族学博物館の共同研究会に申請するにあたり、メンバーを集めることだけでも多くの時間を要した。本書の執筆者である十一名のメンバーの大半は、共同研究会を開始する以前には面識のない人びとであり、景観人類学やそれと関連する研究をしている人を探すため、知人の知人を辿ってコンタクトをとることから始めた。それだけに、国立民族学博物館の共同研究会発足から本書の完成に至るまで、実に多くの方に支えていただいた。

まず、共同研究会の開催に助成をいただいた国立民族学博物館、および貴重なコメントをいただいた同機関の先生方に厚く御礼申し上げたい。また、共同研究会の申請やネットワークの構築にあたり、元興寺文化財研究所の角南聡一郎さん、および当時編者と同じ国立民族学博物館の機関研究員であった藤本透子さん（現・同館助教）と相島葉月さん（現・マンチェスター大学講師）には大変お世話になった。また、同じく機関研究員であった松本雄一さん（現・山形大学准教授）には、共同研究会のオブザーバーとして貴重な意見をいただいた。ここで全ての方のお名前を挙げることはできないが、各執筆者の個々の研究および共同研究にご助言をいただいた方々にも、この場を借りてお礼を申し上げたい。

本書出版にあたり、館外での出版を奨励する国立民族学博物館の制度を利用した。また最後になるが、時潮社社主の相良景行氏と同社の相良智毅氏には多大なるお力添えをいただいた。出版環境の厳しい中、馴染みのない分野の刊行にご理解いただき、出版にご尽力いただいたことに、心より感謝申し上げる。

二〇一五年七月五日

編　者

景観人類学

身体・政治・マテリアリティ

2016年3月24日 第1版第1刷　定　価＝3,500円＋税

編著者　河　合　洋　尚 ©

発行人　相　良　景　行

発行所　㈲　時　潮　社

174-0063 東京都板橋区前野町 4-62-15

電 話 (03) 5915-9046

FAX (03) 5970-4030

郵便振替　00190-7-741179　時潮社

URL http://www.jichosha.jp

E-mail kikaku@jichosha.jp

印刷・相良整版印刷　製本・壷屋製本

ISBN978-4-7888-0706-8

執筆者紹介（執筆順）

河合洋尚（かわい・ひろなお）

東京都立大学大学院社会科学研究科博士課程修了。博士（社会人類学）。現在、国立民族学博物館研究戦略センター助教。専門は社会人類学、都市人類学、漢族研究。

主な業績：Creating Multiculturalism among the Han Chinese: Production of Cantonese Landscape in Urban Guangzhou, *Asia Pacific World*, 3-1, Berghahn, 2012,『景観人類学の課題――中国広州における都市環境の表象と再生』（風響社、2013年）、『全球化背景下客家文化景観的創造――環南中国海的個案』（編著・暨南大学出版社［広州］、2015年）。

椿原敦子（つばきはら・あつこ）

大阪大学大学院人間科学研究科博士後期課程単位取得退学。博士（人間学）。現在、国立民族学博物館外来研究員。専門は都市人類学、ディアスポラ研究。

主な業績：「トランスナショナルな社会運動における共感＝代理の政治―ロサンゼルス在住イラン人の抗議運動の事例から」『コンタクト・ゾーン』七号（2015年）、Putting 'Tehrangeles' on a Map: A Consideration of Space and Place for Migrants. *Bulletin of the National Museum of Ethnology* 37(3): 331-357, 2013.

土井清美（どい・きよみ）

東京大学大学院総合文化研究科博士課程満期退学。博士（学術）。青山学院女子短期大学ほか兼任・非常勤講師。専門は、人類学、巡礼・観光研究。フィールドワーク論。

おもな業績：Onto Emerging Ground: Anticlimactic Movement on the Camino de Santiago de Compostela, *Tourism-An International Interdisciplinary Journal* 59(３), 2011、『途上と目的地―サンティアゴ徒歩巡礼

路　旅の民族誌』(春風社、2015年)。

辻本香子（つじもと・きょうこ）

総合研究大学院大学文化科学研究科比較文化学専攻博士課程単位修得退学。現在、日本学術振興会特別研究員ＰＤ（大阪大学)。専門は民族音楽学、文化人類学、サウンドスケープ論。

主な業績：「音の民族誌としての〈サウンドスケープ〉研究の系譜と展望」(『東洋音楽研究』第74号、2009年)、Choreographic Percussion: Methods of Combining Rhythm Patterns and Sporting Movements in Chinese Dragon Dance, *Osaka-Goldsmiths Graduate Symposium 2014 and 2015*（*Journal of HANDAI Music Studies, Osaka University, Musicology Division, Special Issue* 2015)。

里見龍樹（さとみ・りゅうじゅ）

東京大学大学院総合文化研究科博士課程単位取得退学。博士（学術)。現在、日本学術振興会特別研究員ＰＤ（一橋大学)。専門は文化人類学、メラネシア民族誌。

主な業績：An Unsettling Seascape: *Kastom* and Shifting Identity among the Lau in North Malaita, Solomon Islands. *People and Culture in Oceania* 28, 2012,「身体の産出、概念の延長――マリリン・ストラザーンにおけるメラネシア、民族誌、新生殖技術をめぐって」(共著、『思想』2013年２月号)、「人類学／民族誌の「自然」への転回――メラネシアからの素描」(『現代思想』2014年１月号)。

安田　慎（やすだ・しん）

京都大学大学院アジア・アフリカ地域研究研究科五年一貫博士課程修了。博士（地域研究)。現在、帝京大学経済学部観光経営学科講師。専門は、中東地域研究、観光学。

主な業績：Commitment for Strategy: Religious Entrepreneur Networks in

Syrian Shi' ite Religious Tourism. *The Journal of Sophia Asian Studies,* 31, pp. 36-49, 2013,「倫理からシャリーア・コンプライアントへ—オールタナティブ・ツーリズムとしてのイスラミック・ツーリズムの発展」(『観光学評論』1巻1号、2013年) などがある。

岩田京子（いわた・きょうこ）

立命館大学大学院先端総合学術研究科一貫制博士課程在学。専門は歴史学、文化人類学、近代風景論。

主な業績：「風景思想の転換に参与したローカルエリート——小林吉明による京都市郊外の風致保全・保勝事業を事例に」(『Core Ethics』11号、2015年)、「1930年代の京都における風致林保全の学知の動態」(『社叢学研究』13号、2015年)。

小西公大（こにし・こうだい）

東京都立大学大学院社会科学研究科博士課程修了。博士（社会人類学)。現在、東京学芸大学教育学部准教授。専門は社会人類学、南アジア地域研究。

主な業績：*Jaisalmer: Life and Culture of the Indian Desert,* D. K. Printworld, 2012（共著), Phantasm in Lime: The Permeating 'Modernity' in Manganiyar Community of Rajasthan, *International Journal of South Asian Studies* 7, 2015,「『民俗芸能』が創造されるとき——文化運動と生存戦略」粟屋利江他編『現代インド（5） 周縁からの声』(東京大学出版会、2015)。

石村　智（いしむら・とも）

京都大学大学院文学研究科博士課程修了。博士（文学)。現在、独立行政法人国立文化財機構東京文化財研究所無形文化遺産部主任研究員。専門は考古学・文化遺産学。

主な業績：「海外の遺跡をまもる—国際協力としての文化遺産保護—」『遺跡をさぐり、しらべ、いかす——奈文研60年の軌跡と展望』(クバプロ、

2013年)、「海から見た万葉の景観」(『万葉古代学研究所年報』10号、2012年)、「フィジー諸島共和国におけるESDの調査と実践――サステイナブル・ツーリズムと景観保全」(奈良文化財研究所紀要2011、2011年)。『ラピタ人の考古学』(渓水社、2011年)。

大西秀之(おおにし・ひでゆき)

北海道大学大学院文学研究科(北方文化研究施設)単位満了退学。博士(文学)。現在、同志社女子大学現代社会学部准教授。専門は人類学。

主な業績:『技術と身体の民族誌――フィリピン・ルソン島山地民社会に息づく民俗工芸』(昭和堂、2014年)、The Formation of the Ainu Cultural Landscape: Landscape Shift in a Hunter-Gatherer Society in the Northern Part of the Japanese Archipelago, *Journal of World Prehistory* 27(3-4), Springer, 2014,『トビニタイ文化からのアイヌ文化史』(同成社、2009年)、『東アジア内海世界の交流史――周縁世界における社会制度の形成』(共編著、人文書院、2008年)。

小林　誠(こばやし・まこと)

首都大学東京大学院人文科学研究科博士後期課程単位取得満期退学。博士(社会人類学)。現在、首都大学東京大学院人文科学研究科客員研究員。専門は社会人類学、環境人類学。

主な業績:「地球温暖化言説とツバル――海面上昇に関する語りと認識をめぐって」(『社会人類学年報』34号、弘文堂、2008年)、「伝統を知る方法――ツバル・ナヌメア島民による首長制と伝承をめぐる調査」(『社会人類学年報』38号、弘文堂、2012年)、「神話の真実の在り処――ポリネシア・ツバルにおける憲章作成と合意の政治(『アジア・アフリカ言語文化研究』86号、2013年)。

【ア】

【カ】

【サ】

【タ】

【ナ】

【ハ】

【マ】

【ヤ】

【ラ】